생각의 속도가
부의 크기를 바꾼다

21ST CENTURY BUSINESS ICONS

© Sally Percy, 2023

생각의 속도가
부의 크기를 바꾼다

비즈니스 아이콘 21인이 먼저 달려간 혁신의 순간

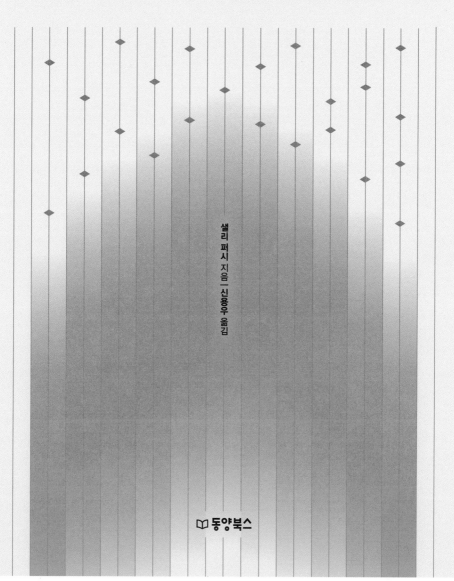

샐리 퍼시 지음 _ 신용우 옮김

📖동양북스

일러두기

1. 이 책에 등장하는 이름 및 고유명사는 국립국어원 외래어 표기법을 기준으로 하였습니다.

2. 이 책은 총 21개의 장으로 구성되어 있으며, 각 장에서 세계적인 기업을 대표하는 비즈니스 아이콘을 한 명씩 다룹니다. 다만 5장과 14장은 하나의 팀으로 보았으며, 편의상 '비즈니스 아이콘 21인'으로 지칭하였습니다.

★★★★★ ─────────

현재 성공한 비즈니스 아이콘들에 대해 잘 알고 싶고, 그들처럼 성공하고 싶은 모두에게 재미와 영감을 줄 책이다.

오드리 탕, 심리학자이자 리더십 개발 교육가

★★★★★ ─────────

1% 앞선 이들을 통찰력 있게 분석한 책이다. 모든 장이 새롭고 흥미로우며, 핵심 요약까지 아주 훌륭하다. 몇 번이고 다시 읽을 만한 책이다.

로저 델브스, 헐트 국제경영대학원의 리더십 및 경영 실무 교수

★★★★★ ─────────

앞선 생각을 하고 싶은 사람이라면 반드시 읽어야 할 책! 동기와 영감을 부여해 자꾸 다시 읽게 된다.

마르티나 도허티, 경영 심리학자이자 리더십 강사

★ ★ ★ ★ ★

생각의 속도를 높여 한 단계 더 성장하고 싶다면 이 책을 읽어라. 스토리텔링에 능한 저자가 세계에서 가장 영향력 있는 비즈니스 아이콘들을 조명한다.

존 멀린스, 런던 경영대학원 부교수

★ ★ ★ ★ ★

이 책은 1% 앞선 생각으로 혁신을 일으킨 이들의 이야기를 세밀하게 다루어 많은 깨달음을 준다. 세계적인 비즈니스 아이콘을 꿈꾸는 사람은 물론, 그저 자신의 길을 묵묵히 걷는 사람도 이 책을 읽으면 성공으로 향하는 길을 찾을 수 있다.

라미즈 카림, 3R 전략의 창립자이자 경영 이사

★ ★ ★ ★ ★

지금 가장 영향력 있는 비즈니스 아이콘들이 어떻게 정상에 올랐는지 궁금하다면 이 책을 보라. 빠른 생각으로 앞선 사람들의 여정을 재미있게 풀어내서 책장이 술술 넘어간다.

패트릭 우드먼, 잡지 〈다이얼로그〉의 편집자이자 프리랜서 컨설팅 편집자

★★★★★ ─────────────────────────

1%의 차이가 어떤 혁신을 가져오는지 알고 싶다면 이 책을 반드시 읽어야 한다. 평범한 경영서가 아니기에 더더욱 추천하고 싶은 책이다!

마크 시먼즈, 창의력 전문가이자 정신 건강 챔피언

★★★★★ ─────────────────────────

저자는 지금 가장 성공한 비즈니스 아이콘들의 철학, 사고방식, 행동, 그리고 배경에 관한 독특한 통찰을 제공한다. 이 책은 복잡한 요즘 사회에 앞선 생각이 얼마나 강한 힘을 갖는지 알려줄 것이다.

데이비드 리틀, TCM의 CEO이자 문화인류협회의 창립학회장

★★★★★ ─────────────────────────

기업 및 리더십 전문가의 반짝이는 통찰력으로 쓴 보석 같은 책이다. 앞선 생각으로 수많은 사람을 이끈 비결과 생각의 속도를 높일 수 있는 유용한 조언을 얻을 수 있다.

맷 시먼즈, 포르투나 어드미션스의 이사이자 〈블루스카이 씽킹〉의 최고 편집자

◆ 차례 ◆

PART 1

확실한 목표가
생각의 속도를 높인다

PART 2 ||||||||||||||||||||||||||||||||||||||||

1%의 빈틈을 찾으면
기회가 찾아온다

딱 1%만 앞서 생각해도
부의 크기는 커진다

묵시가 없으면 백성은 방자해진다.

잠언 29장 18절

"지금 우리에게 가장 긍정적인 영향을 준 리더는 누구
인가?"

사람들에게 이렇게 물어보면, 예수 그리스도부터 윌리엄 셰익스피
어, 헨리 포드 그리고 넬슨 만델라까지 무수한 이름들이 쏟아져 나온
다. 어쩌면 온라인 쇼핑몰의 절대 강자 아마존을 이끄는 제프 베이
조스나 새로운 소통의 시대를 연 메타의 마크 저커버그를 답하는
사람도 있을 것이다. 이중 절대다수는 남자다.

　하지만 세상에 이름을 널리 알린 남성들만 사회를 바꾼 것은 아
니다. 알려지지 않았더라도 앞선 생각으로 중요한 변화를 이끈 사
람은 어느 시대에나 존재했다.

그들은 다른 사람보다 앞선 생각으로 타인을 도울 방법을 찾고, 힘든 일이든 좋은 일이든 다 함께 나누며 공동체를 이끌었다. 또 주변 사람들과 힘을 합쳐 중요한 목표를 이뤘고, 때로는 대의를 위해 자신의 목숨까지 바쳤다. 당연히 여기에는 남녀의 구별이 없다.

◆ ◆ ◆

한 사람의 앞선 생각이 세상을 바꾼다

오늘날 이토록 좋은 세상을 누릴 수 있는 이유 역시 과거의 앞선 사람들 덕분이다. 저명한 과학자, 성직자, 발명가, 군주, 정치인, 작가, 철학자 그리고 사업가까지. 더 나은 사회를 만드는 데 도움을 준 사람은 셀 수 없이 많다.

이들의 공통점은 남들보다 1% 앞선 생각을 했다는 것이다. 생각의 속도가 빠른 사람들은 자연스레 리더의 역할을 맡기도 한다. 이때 그들은 그저 목표만 제시하지 않는다. 구성원 모두가 목표를 달성할 수 있도록 현실적인 도움을 준다. 또한, 그들은 공정하고 진정성 있게 공동의 임무를 수행하며 신뢰를 쌓는다.

나아가 최악의 상황에서도 버틸 수 있는 동기를 부여한다. 때로는 불합리한 태도를 취하더라도, 구성원이 더 높은 목표를 향하게 만들어 모두를 위한 최선의 결과로 이끈다.

다른 사람을 이끄는 능력은 아주 중요하다. 단순히 인류의 생존과 번영에 뒷받침했기 때문만은 아니다.

사실, 리더란 단지 높은 위치에 있거나, 지식을 더 많이 쌓은 사람을 가리키지 않는다. 무슨 일을 하고, 어디에 사는지, 혹은 아랫사람이 얼마나 많은지에 관계없이 누구나 자신의 길에서 리더다. 우리는 모두 결정을 내리고, 결과는 물론 다른 사람의 삶에도 영향을 끼치며, 종종 꾸준히 상황에 관여하기 때문이다.

누구든 리더가 될 수 있다. 다만, 각각의 수준에 따라 책임의 범위가 다르다.

예를 들어, 한 국가를 이끄는 일은 작은 공동체를 이끄는 일보다 무거운 책임감이 따른다. 수만 명의 직원을 둔 글로벌 기업의 경영자와 구멍가게의 사장이 책임져야 할 범위는 다르다. 그래서 더 성장하고 싶다면 자신보다 더 큰 조직을 이끄는 사람들을 봐야 한다.

오늘날 기업을 이끌려면 지역적 긴장, 경제적 불확실성, 급격한 기술 변화부터 '조용한 퇴사(퇴사하지 않은 채, 최소한의 일만 하는 태도)', 재택근무의 보편화 같은 직장 문화의 확연한 변화까지 방대한 부분에서 방향을 잡아야 한다.

동시에 '좋은 지도자'에 관한 기대감도 커지고 있다. 요즘에는 단순히 카리스마 넘치는 외향적인 사람이 아니라, '팀을 하나로 만드는' 능력을 갖춘 사람을 좋은 지도자라고 평가한다. 실제로 조용하고 내향적인 사람이 앞선 생각으로 팀을 똘똘 뭉치게 해 훌륭한 성과를 내기도 한다.

생각의 속도가 부의 크기를 바꾼다

빠른 생각의 속도로 찬란한 혁신을 일으키다

이 책에서는 1% 앞선 생각으로 꿈을 이루고 부를 쌓은 사람들을 살펴본다. 성별이나 시장의 범위를 막론하고 오늘날 가장 영향력 있는 사람들을 선별했다.

먼저 16개의 장으로 구성된 PART 1에서는 세계적인 기업의 비즈니스 아이콘에 초점을 맞췄다. 이미 재계에서는 유명한 인물들로, 대부분 억만장자다.

억만장자가 곧 좋은 리더를 의미할까? 많은 사람이 꼭 그렇지는 않다고 말한다. 하지만 그 부의 크기는 남들보다 빠르게 생각하고 실행했음을 명백히 보여준다. 다시 말해, 이 책에서 소개하는 비즈니스 아이콘들은 생각의 속도가 빠를수록 부의 크기가 커진다는 진리를 증명한 셈이다.

PART 2에서는 아직 유명하지 않지만, 1%의 빈틈을 찾은 선구자 5명을 살펴본다. 이들은 사회와 환경에 집중하는 전도유망한 비즈니스 아이콘들이며, PART 1에서 소개한 아이콘들과 많은 공통점을 가지고 있다. 게다가 이들의 앞선 생각에서 현시대의 변화를 엿볼 수 있다.

즉, 이 책에는 남들과 다른 생각의 속도로 찬란한 혁신을 일으킨 비즈니스 아이콘들이 나온다. 21세기를 대표하는 비즈니스 아이콘 21인이다. 앞선 생각으로 한계를 넘어선 아이콘들이라고 할 수 있다. 선정 기준은 간단하다. 생각의 속도가 빨랐던 사람들 가운데 집필 당시 살아 있으며, 사업을 여전히 이어가고 있고, 세상을 조금이라도 바꾼(혹은 바꾸는 중인) 사람을 선정했다.

이렇게 다소 적은 인원을 뽑을 때면 누구를 제외할지 매우 어려운 고민에 빠진다. 특히 요즘 세상은 빠르게 변하고, 리더에 관한 기대도 점차 커지고 있다. 따라서 다양한 분야의 비즈니스 아이콘들을 폭넓게 선정했다. 그래서 이 책에는 아직 유명하지 않은 인물이 멋진 경력을 쌓은 재계의 인사를 대신해 들어가기도 했다.

전통적인 '비즈니스 아이콘'이라고 말할 수 없어도, 세상에 큰 문화적 영향을 끼친 인물도 연구할 필요가 있다. 이 책에서 소개하는 비트코인의 창시자 사토시 나카모토와 유튜브 채널 이름인 미스터 비스트로 더 유명한 지미 도널드슨이 바로 그런 인물들이다. 이들의 이야기를 다룰 때는 당연하게도 나의 문화적 소양과 내가 서구 경제권에서 생활하는 영어 원어민이라는 점이 영향을 끼쳤다.

나는 언론인으로서 여러 해 동안 리더십과 경영에 관한 글을 썼다. 영국 리더십 연구소Institute of Leadership 공식 저널의 편집자였으며, 포브스닷컴에서 리더십 분야 기고자로 활동 중이다. 그리고 앞서 집필한《금융의 정점에 도달하라Reach the Top in Finance》에서는 최고의 지위에 오른 전문 금융인들의 특징을 집중적으로 다뤘다. 이렇듯 나는 앞선 생각을 하는 사람들을 꾸준히 연구하며, 생각의 속도가 부의 크기를 바꾼다는 사실을 깨달았다.

생각의 속도가 부의 크기를 바꾼다

'무엇이 훌륭한 비즈니스 아이콘을 만드는가?'라는 주제는 매우 매력적이다. 기업뿐만 아니라 세상에 영향을 끼치는 아주 중요한 주제이기 때문이다. 앞선 생각으로 세계를 이끄는 사람들의 이야기를 읽고 나면 분명 많은 교훈을 얻게 될 것이다.

이 책에서는 비즈니스 아이콘들의 긍정적인 면에 주로 집중했다. 그 이유는 두 가지다. 첫째, 이 책은 더 나은 세상을 만드는 데 영향을 준 사람들의 업적과 앞선 생각을 살펴보기 위해 기획했다. 둘째, 비즈니스 아이콘들에 관한 부정적인 정보는 그 양의 편차가 심하다. 모두 결점이 있지만, 특정 사람들의 결함은 훨씬 자주 언급된다. 그래서 공정하게 이 책에서는 결점을 크게 강조하지 않았다.

물론 누구나 리더가 될 수 있다. 하지만 실제로 세계 최고의 비즈니스 아이콘이 되기는 매우 힘들다. 엄청난 열정과 인내심, 회복력이 필요하며 대개 성공하기까지 큰 희생이 따른다.

이제 1% 앞선 생각으로 세상을 변화시킨 비즈니스 아이콘들의 이야기 속으로 들어가보자.

지금 가장 영향력 있는 비즈니스 아이콘은 누구일까?

정답은 없다. 10명에게 물으면 몇 명은 같은 답을 할 수도 있지만, 각자 다른 사람을 뽑을 확률이 높다. PART 1에서는 오늘날 영향력이 큰 비즈니스 아이콘을 소개하겠다. 예상한 인물도 있고, 예상외의 인물도 있을 것이다. 어쨌든 PART 1에서 소개하는 인물들은 모두 앞선 생각으로 이미 엄청난 성공을 거둔 자들이다.

지금부터 전 세계의 다양한 시장에서 활약하며, 자신만의 확고한 철학을 가진 뛰어난 비즈니스 아이콘들을 만나보자. 내가 그랬듯이, 1% 앞선 이들의 이야기 속에서 영감을 얻기 바란다.

PART 1

확실한 목표가
생각의 속도를
높인다

1장
제너럴 모터스

──── General Motors ────

"과정과 승리를 혼동하지 마라."[1]

메리 배라 Mary Barra

자동차를 잘 모르는 사람도 '쉐보레'는 익숙할 것이다. 쉐보레를 보유하고 있는 곳이 바로 제너럴 모터스다. 한때 세계 최대의 자동차 제조사였던 제너럴 모터스는 미국에서 가장 유명한 자동차 시리즈를 다수 보유하고 있다. 쉐보레, 뷰익, 캐딜락, 폰티악이 대표적이다.

제너럴 모터스는 1908년 미국 미시간주의 가장 큰 도시인 디트로이트에 설립된 후, 꾸준히 성장했다. 그 결과 2023년 1월 기준, 약 500억 달러로 기업 가치를 평가받았으며,[2] 전 세계에 15만 명 이상의 직원을 둔 기업으로 성장했다.

하지만 그저 평탄하게 성장한 것은 아니다. 2008~2010년 금융 위기 때 차량 판매가 급감하면서 격동의 시기를 겪었다. 2009년 당시 미국 정부는 제너럴 모터스의 파산을 막아주는 대신, 지분의 61%를 약 500억 달러에 가져갔다. 그리고 2013년에 정부는 회사의 모든 주식을 매각했다.[3]

이처럼 힘든 시기가 지난 2014년 1월, 메리 배라는 제너럴 모터스의 CEO가 됐다. 이는 매우 의미 있는 일이었다. 스텔란티스(전 크라이슬러)와 포드자동차를 포함한 미국의 3대 자동차 기업의 첫 번째 여성 CEO였기 때문이다. 게다가 2016년에 그녀는 회장에 오르기까지 했다.

◆ ◆ ◆

현장 경험으로 앞서 생각할 기반을 쌓다

메리 배라와 제너럴 모터스의 인연은 1980년에 시작됐다. 그해 배라는 18세의 나이로 폰티악 모터 본부에 라인 검사관으로 입사했다. 그 뒤, 제너럴 모터스에서 여러 일을 하며 경력을 쌓았다.

특히 입사 초기에 생산 공정에서 일하면서 앞서 생각할 수 있는 기반을 쌓았다. 실제로 훗날 배라는 그 시간 덕분에 자동차 사업을 더 깊이 이해할 수 있었다고 밝혔다.[4]

당시 배라는 GMIGeneral Motors Institute(현재의 케터링대학)에서 전기공학을 공부했다. GMI는 1926년부터 1982년까지 제너럴 모터스가 운영한 기관으로, 수년 동안 자사에서 일할 인재를 꾸준히 키운 곳이다. 하지만 GMI의 졸업생 가운데 제너럴 모터스의 CEO가 된

사례는 배라가 처음이다.[5]

그녀는 1985년에 이학사 학위를 받으며 GMI를 졸업했고, 5년 뒤에는 스탠퍼드 경영대학원에서 MBA를 취득했다. 배라는 제너럴 모터스에서 다양한 직책을 거치며 차근차근 올라갔다. 디트로이트-햄트램크 제조 공장의 관리자, 글로벌 제조 부문 부사장, 그리고 글로벌 인사 담당 부사장을 역임했다. 또 CEO가 되기 전, 제품 개발 부사장도 맡았다. 이렇듯 그녀는 제너럴 모터스 제품의 디자인과 기술, 품질을 책임지며 전 세계에 신차를 출시했다.[6]

◆◆◆
안전보다 중요한 것은 없다

배라는 CEO 자리에 오른 직후 '점화 스위치 결함'이라는 큰 논란에 직면했다. 점화 스위치 결함으로 운전 중 차의 시동이 꺼지고, 운전대와 에어백이 정상적으로 작동되지 않았다. 이 결함 때문에 발생한 사고로 124명이 사망하고, 275명이 다쳤다.[7] 결국 제너럴 모터스는 2014년 2월과 3월, 소형 차량 260만 대를 리콜했다.

배라는 늦어도 10년 전에 했어야 할 리콜을 회사가 지나치게 오래 미뤄왔다며 진심으로 사과했다. 또한 '무능과 태만의 반복'이 이런 사태를 일으켰다고 인정했다.[8]

특히 배라는 이번 사태로 목숨을 잃거나 다친 사람들과 그 주변 사람들에게 진심으로 사과했다. 잘못을 솔직하게 인정하고, 인간적으로 사과하는 그녀의 태도에 사람들은 다시 마음을 열었다.

배라는 비슷한 비극이 반복되지 않도록 '안전을 위해 말해요'라는 프로그램을 만들었다. 직원들이 차량 안전에 관해 걱정되는 부분을 보고하고, 더 안전한 차를 만들 방안을 제안하도록 독려한 것이다. 그 덕분에 제너럴 모터스에는 '안전과 품질이 가장 우선인 문화'가 자리 잡기 시작했다.[9]

이렇게 배라는 제너럴 모터스에 새로운 바람을 일으켰다. 비용 절감을 위해 문제를 쉬쉬하던 문화에서, 고객의 안전을 우선시하고 책임감, 협동심, 정직함에 가치를 두는 문화로 바꾸었다. 남들보다 항상 앞서 생각하던 그녀였기에 이런 변화도 이끌 수 있었다.

◆ ◆ ◆

항상 도전하며 앞서갈 1%를 찾아라

최근 제너럴 모터스는 새로운 변화를 꾀하고 있다. 내연기관 엔진 차량을 생산하던 기업에서, 전기차 생산에 집중하는 기업으로 변하는 중이다. 이 변화의 중심에도 메리 배라가 있다.

사실 제너럴 모터스는 휘발유를 많이 쓰는 트럭과 SUV를 제조하는 회사로 유명하다. 그런데도 배라는 탄소 배출을 줄이기 위해 2035년부터 전기차만 판매하겠다는 목표를 발표했다. 이 목표를 위해 가장 먼저 디트로이트-햄트램크 공장을 전기차만 조립하는 전용 공장으로 바꾸고, 이름도 '팩토리 제로'로 변경했다.

생각의 속도가 부의 크기를 바꾼다

또한, 자회사인 자율주행 자동차 기업 크루즈Cruise를 통해 샌프란시스코에 전기 자율주행 택시를 대규모로 도입했다. 2022년 1월, 배라는 자사의 무인 차량에 처음 타보고 "그저 놀라울 따름"이라며 감탄했다.[10] 그러나 자율주행 택시가 사고를 내서 깊은 고민에 빠지기도 했다.

배라는 전기차 업계에 들어오려고 고군분투하는 기업들이 많은 만큼, 제너럴 모터스도 빠르게 바뀌어야 한다고 생각한다.[11] 제너럴 모터스가 미래에 얼마나 성장할지는 전기차 생산 능력을 비롯해 배터리와 소프트웨어 같은 분야에서 얼마나 우위를 차지하느냐에 달려 있다.

배라는 다양성과 포용성을 매우 중요하게 생각한다. 나아가 다양한 생각을 존중해야 성공할 수 있다고 믿는다. 실제로 그녀는 제너럴 모터스를 '세계에서 가장 포용적인 기업'으로 만들겠다는 포부를 밝히기도 했다. 이 야심 찬 목표를 이루기 위해 다양한 인력을 채용하고, 직원들에게 전문성을 개발할 기회를 제공하겠다는 계획도 세웠다.[12] 또한, 배라는 2002년에 조직된 '제너럴 모터스 포용 위원회'의 창립 멤버다.[13]

2021년, 〈타임〉은 배라를 '세계에서 가장 영향력 있는 100인'에 선정하며, 다른 사람에게 힘을 주는 '변화의 주역'이라고 칭했다. 남들보다 조금 더 앞서 생각했을 뿐인데, 세상은 그녀의 놀라운 영향력을 인정했다. 그리고 그녀는 그 호칭에 걸맞게 정말 많은 분야에서 변화를 이끌고 있다.

배라는 흑인 인재들을 위한 일자리 100만 개를 창출하고자 주요 기업과 최고 경영진이 연합한 원텐OneTen에 가입했다.[14] 또 2022년 1월부터 2년간 미국을 선도하는 기업 CEO들의 명망 있는 연합인 비즈니스 라운드 테이블BRT의 회장을 역임했다. 이 또한 최초의 여성 회장이었다.

◆ ◆ ◆

생각의 속도로 부의 크기를 바꾸다

배라는 남성이 압도적인 자동차 업계에서 성공을 거두며, 세계에서 가장 주목받는 여성 임원 중 하나가 됐다. 물론 이 정도에 부담을 느낄 인물은 아니다. 배라의 어머니가 딸에게 늘 "높은 자리에 당당하게 앉을 권리가 있다"며 믿음을 준 덕분이다.[15] 배라는 일하면서 여성이라서 불리했던 점도 있었지만 유리한 부분도 있었다고 생각한다.[16]

배라는 최선을 다하면 누구나 발전할 수 있다고 믿는다. 그래서 그녀는 다른 사람의 의견에 기꺼이 귀를 기울인다.

또한, 배라는 공경하는 자세를 중요하게 생각한다. 그래서 항상 구성원을 공경하며, 그들의 성장과 안위를 우선시하고, 권한을 나누려 한다. 더 나아가 그녀는 다른 사람에게 건설적인 의견을 주어 더 나은 결정을 하도록 돕고, 문제가 생기면 그 이유를 분석해 해결할 수 있도록 돕는다.[17]

배라는 제너럴 모터스의 인사 담당 부사장으로 있을 때, 긴 복장 규정을 '알맞게 입으세요'로 줄이며 유명한 일화를 남겼다. 이 일화만 봐도 그녀의 성향을 알 수 있다. 배라는 사안을 단순하게 만들고, 구성원이 스스로 결정하고 책임지도록 권한을 준다.[18]

과거에 제너럴 모터스는 시장의 변화에 발 빠르게 적응하지 못해 문제를 겪었다. 그래서 배라는 현재에 안주하지 않으려고 노력한다. 그녀는 항상 미래를 내다보며 어떤 변화가 생길지 예측한다. 기업이 단순히 살아남는 데 그치지 않고, 수십 년 동안 번영하려면 시대에 맞게 변해야 한다고 믿기 때문이다. 제너럴 모터스가 전기차로 전환하는 데 전념하는 이유도 이 때문이다.

배라는 제너럴 모터스의 회장이자 CEO로서 무엇이 가장 중요한지 명확히 알고 있다. 그래서 기업의 성장을 위해 가장 중요한 일에 시간을 쏟는다. 일하는 데 불필요한 방해 요소는 피하고 적재적소에 사람을 배치해 전략을 세운다.[19]

또한 그녀는 더 살기 좋은 지구를 만드는 방향으로 제너럴 모터스를 이끌고 있다. 제너럴 모터스의 홈페이지에는 '사고 제로로 생명을 구하고, 탄소 배출 제로로 다음 세대에 더 건강한 지구를 물려주며, 차량 정체 제로로 고객들의 귀중한 시간을 돌려주는' 세상을 꿈꾼다는 포부가 적혀 있다.[20]

배라는 타인과 끈끈한 관계를 맺는 데 능숙하며, 진정성 있고 소탈

한 인물로 통한다. 그녀는 조용하지만 자신감 있게 행동하고, 인정이 넘치고 겸손하며, 자신의 기업과 업계, 세상이 직면한 큰 문제를 해결하기 위해 단호한 결단력을 발휘하며 많은 사람에게 영감을 주고 있다. 나아가, 배라는 남성이 압도하는 업계에서 여성도 성공할 수 있다는 걸 보여주고, 더 많은 여성이 업계 최고에 도달하는 길을 열어줬다.

비즈니스 아이콘 메리 배라의 1%

- 직원을 공경하자.
  리더의 역할은 구성원 모두가 능력을 최대한 발휘하도록 권한을 주는 것이다.

- 자신의 기업을 안팎으로 알고 있어야 한다.
  자신의 기업을 속속들이 알아야 더 객관적으로 파악할 수 있고, 업계를 선도할 앞선 생각을 떠올릴 수 있다.

- 다른 사람에게 의견을 구하자.
  조언과 충고를 두려워하지 말자. 그 누구도 모든 정답을 알 수 없다.

- 문제를 회피하지 말자.
  문제가 무엇인지, 문제를 해결하기 위해 무엇을 하고 있는지 솔직하게 마주해야 한다.

- 지평선 너머에 일렁이는 변화의 움직임을 살펴보자.
  그래야 앞서 생각하고 미래를 대비할 수 있다.

생각의 속도가 부의 크기를 바꾼다

2장

아마존

— Amazon —

"신뢰와 좋은 평판을 얻고 싶으면 어려운 일을 계속 잘 해내면 된다."[1]

제프 베이조스 Jeff Bezos

아마존은 소개가 따로 필요 없는 세계 최대의 온라인 소매 업체다. '만물상'이라는 별명에 걸맞게 책, 장난감, 전자기기, 식료품, 전동 공구까지 다양한 상품을 판매한다.

　사실 아마존은 미국과 독일, 영국을 포함한 21개국에서만 운영되지만, 상품은 200개 이상의 국가와 지역에 배송된다. 다시 말해, 수억 개의 상품을 전 세계 수억 명의 고객에게 제공하는 곳이다. 그러다 보니 아마존에서 일하는 직원도 매우 많다. 약 150만 명의 직원들이 전 세계 곳곳에 있는 아마존 고객을 위해 일한다.

♦ ♦ ♦
인생을 바꾼 결정적 순간

아마존을 만든 제프 베이조스는 1964년 뉴멕시코주 앨버커키에서 태어났다. 어머니인 재키는 당시 겨우 17세였고, 제프의 친부와는 얼마 못 가 이혼했다. 재키는 어린 나이에 아이를 낳아 녹록지 않은 생활을 했지만 성실하게 아이를 키웠다. 책임감 강한 어머니 밑에서 자란 덕분에 제프 베이조스 역시 '끝내주는 끈기'를 기를 수 있었다.[2]

그녀는 제프가 4세일 때 마이크라고 불리는 쿠바 이민자 미겔 베이조스와 재혼했다. 마이크는 제프를 입양했고, 그때부터 제프도 베이조스의 성을 따르며 그를 진짜 아버지로 여겼다.

베이조스는 텍사스와 플로리다에서 자랐다. 학창시절부터 뛰어난 영재였던 그는 프린스턴대학에 진학해 전기공학과 컴퓨터 과학을 공부했다.[3] 그는 졸업 후 뉴욕에 있는 헤지펀드 디이쇼 D. E. Shaw & Co에서 일하던 중 인터넷에 관한 글을 읽고, 인터넷이 기하급수적으로 성장하고 있다는 사실을 깨달았다.

이를 엄청난 기회라고 생각한 베이조스는 다른 사람보다 먼저 뛰어들겠다고 결심했다. 1% 앞선 생각을 한 순간이었다. 그래서 그는 1994년에 직장을 그만두고, 당시 아내였던 매켄지와 시애틀의 정보기술 중심지 근처로 이사해 아마존을 시작했다.

처음에 아마존은 온라인 서점이었다. 물론 베이조스의 최종 목표는 모든 상품을 판매하는 온라인 상점을 만드는 것이었다. 그러나 일단 한 가지 상품으로 자신의 가설을 검증해봐야 한다고 생각했다. 그래서 공상과학의 열렬한 팬이자 책벌레였던 그는 책을 팔기로 했다. 책이 대형 도매상에게 구매할 수 있는 썩지 않는 상품이라는 이유도 한몫했다. 게다가 온라인 서점이라 매장보다 훨씬 더 많은 책을 전시할 수 있었다.[4]

아마존을 처음 시작할 당시 부부는 차고를 개조해 운영했다. 자금은 베이조스와 그의 부모님 재산, 그리고 무이자 대출로 마련했다. 당시 그는 부모님에게 투자금을 모두 잃을 확률이 70%라고 경고했다.[5] 하지만 베이조스의 부모님이 발 빠르게 투자한 결과, 현재는 그들도 억만장자가 된 듯하다.[6] 앞선 생각으로 부모님과 함께 부를 누린 셈이다.

아마존이라는 이름이 붙게 된 데 거창한 배경은 없다. 사실 인터넷이 막 등장했을 때는 웹사이트를 대체로 알파벳 순서대로 나열했다. 그래서 베이조스는 사전에서 'A' 부분을 샅샅이 살펴보고 회사 이름을 아마존으로 정했다. 세계에서 가장 큰 강처럼 세계에서 가장 큰 서점이 되길 바랐던 것이다.[7]

◆◆◆

200조 원, 앞선 생각으로 얻은 부의 크기

아마존의 웹사이트는 1995년 7월 16일에 공식적으로 열렸다. 그 후 아마존은 빠르게 도약하며 베이조스가 선두 주자임을 증명했다.

아마존의 도약은 놀라울 정도였다. 아마존은 첫 주에만 1만 2천 달러의 주문을 받았고,[8] 1996년에는 1,600만 달러의 매출을 달성했다.[9] 그리고 1997년 5월 15일, 창립된 지 2년도 되지 않은 아마존은 성공적인 신규 상장(기업공개)을 통해 5,400만 달러를 모금하고 4억 3,800만 달러의 시장 가치를 인정받았다.[10] 게다가 그해 수익은 1억 4,780만 달러로 치솟았다.[11] 다른 사람보다 빨리 생각하고 내린 결정이 엄청난 부로 돌아온 것이다.

베이조스는 아마존의 의사결정 방식에 관한 핵심 원칙을 주주들에게 서면으로 설명했다. 현재 이 글은 '주주에게 보낸 전설의 편지'로 불린다.

이 편지에서 베이조스는 단기적인 이익보다는 장기적인 이익을 중요시하고, 소심한 투자보다는 과감한 투자를 하겠다고 약속했다. 또 다재다능한 직원들을 고용하고 유지하는 데 집중하겠다고 강조했다. 더불어 "아마존이 집착한다"라는 소리를 들을 만큼 '고객에게 집요하게 집중'하겠다고 맹세했다.[12] 1997년 아마존의 연례 보고서에 처음 실린 이 편지는 이후 매년 재발행됐다.

베이조스의 원칙과 앞선 생각은 아마존을 수십 년 동안 성공 가도를 달리게 하는 토대가 됐다. 실제로 아마존은 2000년 닷컴버블 붕괴(기술주의 가치 폭락) 당시 14억 달러의 순손실을 내고도 살아남았다.[13] 2001년 아마존은 첫 번째 분기에 500만 달러라는 다소 평범한 이익을 기록했지만,[14] 2021년에는 연간 330억 달러가 넘는

생각의 속도가 부의 크기를 바꾼다

이익을 냈다.[15]

아마존이 이렇게 성장하는 사이에 큰 사고가 났었다. 2003년 베이조스가 텍사스에서 헬리콥터 사고를 당한 것이다. 아마존에 큰 혼란이 닥칠 뻔한 사고였다. 하지만 다행히 그는 심각한 부상을 입지 않았고, 아마존을 세계적인 기업으로 키울 수 있었다.[16]

아마존은 창립자의 목표대로 '만물상'으로 거듭나기 위해 수년 동안 점진적으로 제품 품목을 늘렸다. 그리고 마침내 아마존은 세상을 바꿨다. 아마존은 많은 사람의 일상에 자연스럽게 스며들어 생활하고, 일하고, 콘텐츠를 소비하는 방식을 바꾸었다.

클라우드 컴퓨팅으로 운영되는 아마존 웹사이트, e-리더 킨들, 아마존 프라임의 유료 구독 및 빠른 배송 서비스, 스마트 스피커인 아마존 에코, 음성 지원 가상 비서인 아마존 알렉사 등 아마존은 여러 분야에서 놀라운 변화를 이끌었다. 또한, 베이조스는 아마존 초창기부터 '구매를 결정하는 데 도움을 주는' 사용자 후기의 힘을 굳게 믿었다.[17]

아마존의 수익 대부분은 제3의 판매자가 아마존의 마켓플레이스(전자상거래 플랫폼)에서 상품을 판매하고 내는 수수료와 요금에서 나온다. 실제로 2022년 2분기 아마존에서 판매된 상품의 57%는 제3의 판매자가 판매한 것이다.[18]

모두 알다시피 2020~2022년에는 코로나19가 기승을 부렸다.

그로 인해 사람들이 집에서 오랜 시간을 보내야 하자, 아마존은 사업을 확장하고 직원을 추가로 고용했다.[19] 이때 아마존은 공급망 문제로 씨름하며, 동시에 창고 직원을 감염병으로부터 안전하게 지키지 못했다는 비난을 받았다. 그러나 코로나19 팬데믹 때문에 소매업이 '필수 서비스'로 자리를 잡으며 그 어느 때보다 힘차게 위기에서 벗어났다.[20] 그의 앞선 생각이 아마존에게 찬란한 기회를 준 셈이다.

◆ ◆ ◆

한계를 두지 않아야 놀라운 성과를 얻는다

베이조스는 종종 "아마존은 '발명에 진심 어린 열정'을 지녔다"라고 말한다.[21] 실제로 아마존은 끊임없이 도전하고 발명하기로 유명하다. 계속 새로운 모습으로 바꾸고 기존 산업의 틀을 겁 없이 벗어난다.

지금 아마존의 모습을 보면 알 수 있다. 현재 아마존은 아마존 프라임 비디오, 아마존 뮤직, 오디오북 서비스인 오디블, 영상 스트리밍 서비스인 트위치를 통해 다운로드 및 스트리밍 콘텐츠를 배포한다.

또, 아마존 퍼블리싱에서 책을 출판하고, 아마존 스튜디오에서 영화와 TV 프로그램도 제작한다. 2022년에는 전설의 제작사인 메트로 골드윈 메이어를 85억 달러에 인수해 4,000편 이상의 영화와 1만 7,000편 이상의 TV 프로그램을 프라임 비디오에 가져왔다.[22]

생각의 속도가 부의 크기를 바꾼다

게다가 2020년에 아마존은 자율주행 로봇 택시 개발사인 죽스Zoox를 인수하면서 통합교통서비스 산업에 진출했다.[23] 그리고 온라인 기업으로서는 뜻밖에도, 오프라인 소매업의 세계로 뛰어드는 모험도 단행했다. 홀 푸드Whole Foods 마켓을 인수하고 무인 편의점인 '아마존 고'를 연 것이다. 베이조스는 이처럼 한계를 두지 않고 항상 열린 마음으로 생각해 앞설 수 있었다.

지금 아마존은 세계에서 가장 영향력 있고, 문화적 힘을 가진 기업으로 손꼽힌다.[24] 2023년 1월 기준, 아마존의 가치는 9,750억 달러로 지구상에서 다섯 번째로 가치 있는 기업이다.[25] 게다가 이 책을 집필하던 당시의 블룸버그 억만장자 지수에 따르면 베이조스는 순자산 1,170억 달러로 세계 부자 4위에 이름을 올렸다.[26] 역시 앞선 생각이 어마어마한 부를 가져다준 셈이다.

2021년 7월, 그는 다른 관심사에 집중하고자 아마존의 CEO 자리에서 물러났지만, 여전히 기업의 의장 자리는 유지하고 있다.[27]

◆ ◆ ◆

열정, 생각의 속도를 높이는 강력한 도구

그렇다면 베이조스가 관심을 둔 다른 분야는 무엇일까? 아마존은 경이로운 성공을 거뒀고, 당연히 창업자인 베이조스는 전심전력을 다했다. 그런데 그는 다른 분야에도 여전히 열정이 넘쳤다. 특히 '우주'를 향한 관심이 가장 컸다.

미국의 우주비행사 닐 암스트롱이 달에 발을 내디딘 그날, 베이조스는 우주에 매료됐다. 시간이 흐른 뒤, 2000년 그는 외계 경제를 창조하기 위해 우주비행선 기업인 블루 오리진을 창립했다. 그리고 마침내 2021년 7월, 베이조스는 처음으로 블루 오리진의 로켓을 타고 약 11분 동안 우주를 여행했다.[28] 지금도 베이조스는 수백만 명이 우주에서 생활하고, 모든 중공업이 지구를 벗어나는 미래를 꿈꾸고 있다.[29]

베이조스의 열정이 우주로만 향한 것은 아니다. 그는 저명한 일간지 〈워싱턴 포스트〉가 미국의 민주주의에 있어 '매우 중요한 역할'을 한다고 판단해 2013년에 언론사를 인수했다.[30]

그는 더 나은 사회를 만들기 위한 노력도 하고 있다. 2018년에 설립한 베이조스 데이 원 펀드Bezos Day One Fund는 노숙자 문제를 해결하고, 저소득층 지역사회 유치원을 위한 모금 활동에 집중하고 있다.[31] 그리고 2020년에는 베이조스 지구 펀드를 만들어 기후 변화와 자연 보호를 위해 노력하는 단체에 100억 달러를 지원하겠다고 약속했다.[32]

하지만 아마도 그가 가장 의욕적으로 탐구하는 대상은 '영원한 삶'일 것이다. 베이조스는 노화 역행 방법을 연구하는 알토스 랩스Altos Labs라는 생물공학 스타트업에 투자하기도 했다.[33]

생각의 속도가 부의 크기를 바꾼다

생각의 속도로 부의 크기를 바꾸다

베이조스는 분명히 아주 똑똑한 사람이다. 하지만 똑똑하다고 해서 모두 성공하거나 부를 얻지는 못한다. 앞서 생각해야 성공과 부가 따라온다. 실제로 똑똑한 사람 중에 그가 쌓은 부의 반의반만 누리는 사람도 많다.

그렇다면 베이조스는 어떻게 1% 앞선 생각을 할 수 있었을까? 그 비결은 대담한 예측, 끝없는 지적 호기심, 위험을 감수하는 용기와 실수에서 배우는 태도에 있다. 베이조스는 실험의 힘을 믿으며, 장기적 관점의 성공에 철저하게 집중한다. 실제로 그는 아마존 주주들 사이에서 '장기적인 가치 창출'이 유행하기 전부터 지지했다. 베이조스는 1997년 연례 보고서에서 아마존의 주주들에게 이렇게 말했다.

> "아마존 성공의 근본적인 척도는 우리가 장기적으로 창출하는 주주의 가치에 있다."[34]

베이조스는 강한 직업의식과 엄격한 기준을 가진 비즈니스 아이콘으로 유명하다. 그는 목표를 달성하기 위해 구성원을 강하게 몰아붙이는 경향이 있다. 그러다 보니 아마존과 블루 오리진은 혹독한 기업이라는 비난을 받기도 했다.[35, 36]

그는 '일과 삶의 균형'이라는 말보다 '일과 삶의 조화'라는 말을 더 좋아한다고 공공연히 말해왔다. 쉽게 말해, 직장에서 행복해야 집에서도 행복하며, 그 반대의 경우도 마찬가지라고 생각한다.[37] 그는 아마존 주주들에게 쓴 첫 번째 편지에서 이렇게 말했다.

> "이곳에서 일하는 건 쉽지 않습니다. 전 면접할 때 이렇게 말합니다. '당신은 오래, 열심히, 혹은 똑똑하게 일할 수 있지만, 아마존에서는 이 중 하나라도 빠지면 안 됩니다'라고 말이죠. 우리는 중요한 것을 만듭니다. 고객들에게 중요한 것, 후손들에게 남길 수 있는 것을 만들기 위해 일합니다. 결코 쉬운 일이 아닙니다."[38]

아마존을 구축하는 동안, 베이조스는 가장 총명한 인재를 고용해야 성공할 수 있다고 믿었다. 그래서 언제나 고용 기준을 높이기를 바랐다. 그는 이렇게 말했다.

> "이번에 고용한 사람이 항상 다음 고용 기준을 높여야 전체적인 인재군이 발전합니다."[39]

베이조스는 팀을 꾸릴 때도 1% 앞서 생각했다. 그는 작은 규모의 팀이 더 기민하고 생산적이라는 사실을 깨닫고 초창기에 일명 '피

생각의 속도가 부의 크기를 바꾼다

자 2판 규정'을 도입했다. 피자 2판이면 모두 식사를 마칠 수 있을 정도로 모든 팀의 규모가 작아야 한다는 규정이었다.[40]

또한, 베이조스는 슬라이드 자료로 발표하는 것을 싫어하기로 유명하다. 이야기의 힘을 약하게 만든다고 생각해서다. 그래서 아마존 직원들은 '이야기narrative'라는 6장짜리 문서에 자기 아이디어를 담아야 한다. 아이디어의 핵심이 명확하게 보이도록 추가 정보는 명료하게 적어야 하며, 때로는 보도된 자료를 포함해도 된다.[41] 이 생각들 역시 아마존의 힘을 키우는 데 큰 도움을 주었다.

베이조스는 어떤 결정을 내릴 때 매우 체계적으로 접근한다. 그는 높은 연봉을 받던 헤지펀드 기업을 그만두고 아마존을 창립할지 고민할 때 일명 '후회 최소화하기 방법'을 썼다. 80세가 되어 이 결정을 되돌아봤을 때 후회하지 않을지 상상하는 방법이다. 그는 이렇게 말했다.

> "저는 후회할 일을 최대한 줄이고 싶습니다. 그런데 '아마존'이라는 도전은 80세가 됐을 때도 후회하지 않겠다는 확신이 들었습니다. 이 분야에 뛰어든 건 후회하지 않겠지만…… 만약 시도조차 하지 않는다면 분명히 후회할 것 같았습니다."[42]

과거 베이조스는 많은 기업이 '획일적인' 방법으로 결정을 내린

다며 비판했다. 그는 기본적으로 결정을 내릴 때 두 가지 방식이 필요하며, 사안의 성격에 맞는 방식으로 결정해야 한다고 강조했다.

첫 번째 유형은 철회하기 힘들거나 할 수 없는 경우다. 이런 사안은 '규칙에 따라, 신중하게, 천천히 숙고하고 협의하여' 결정해야 한다. 두 번째 유형은 결정을 쉽게 바꾸거나 되돌릴 수 있는 경우다. 이런 사안은 판단력이 좋은 개인이나 작은 집단이 빠르게 결정하면 된다.

하지만 규모가 큰 조직은 대부분의 결정을 첫 번째 유형처럼 무거운 절차에 따라 내리는 경향이 있다. 그래서 느리고, 위험을 반사적으로 싫어하며, 충분히 실험하지 않는다는 것이다.[43] 베이조스는 이 부분을 강하게 지적했다.

베이조스는 새롭게 도전하거나, 위험을 감수해야 할 때 실패를 피할 수 없다고 생각한다. 아마존 역시 '수십억 달러의 실패'를 겪었다.[44] 그러나 베이조스의 생각은 확고하다. 그는 원하는 정보의 약 70%를 얻었을 때 결정해야 한다고 말한다. 90%까지 얻기를 기다리면 뒤처진다고 생각하기 때문이다.[45]

성격이 대범한 베이조스는 성질이 급하고 적대적인 대화 방식으로 비판을 받았다. 아마존의 역사를 담은 책《아마존, 세상의 모든 것을 팝니다》(21세기북스, 2014)의 저자인 브래드 스톤에 따르면, 베이조스는 수년 동안 직원들에게 불호령을 쳤다고 한다. 아마존에서 퇴사한 직원들의 전언에 따르면 "당신은 게으른 건가, 무능

생각의 속도가 부의 크기를 바꾼다

한 건가?", "세계 최고의 작전을 믿고 맡겼더니, 또 실망하게 만드는 군" 같은 말로 질책했다고 한다.[46]

하지만 한편으로 베이조스는 뛰어난 유머 감각과 호탕한 웃음소리로도 유명하다. 실제로 그의 시원한 웃음소리만 모아놓은 영상 편집본이 유튜브에 있을 정도다.[47]

비즈니스 아이콘 제프 베이조스의 1%

....

- 크게 생각하자.

  야망에 한계를 두지 말자. 비현실적인 목표를 세울 때 놀라운 일을 해낼 수 있다.

- 장기적으로 생각하자.

  실험하고 발명하고 때론 위험을 감수해야 한다. 그리고 대의를 위해서라면 단기적인 이익을 포기할 줄 알아야 한다.

- 지적 호기심을 가지자.

  새롭게 떠오르는 트렌드에 관심을 기울이자. 새로운 상품이나 서비스를 만들려면 무엇을 바꿔야 할지 항상 생각하자.

- 고객에게 집착하자.

  최상의 상품, 효율적인 공정, 최고의 인재가 있어도 고객이 없다면 무용지물이다.

- 최고가 되겠다는 목표를 세우자.

  목표가 높아야 앞선 생각을 떠올릴 수 있고, 더 크게 성공할 수 있다.

3장
스팽스

"진정으로 좋아하는 일을 하자."[1]

세라 블레이클리 Sara Blakely

중요한 약속이 있을 때 가장 신경 쓰이는 것이 바로 옷이다. 약속일이 다가올수록 어떤 옷이 가장 잘 어울릴지, 단점을 가려주는 멋진 옷은 없는지 고민이 커진다. 미국의 의류 기업인 스팽스는 사람들의 '옷 고민'을 해결해주는 곳이다. 특히 스팽스는 배와 엉덩이의 군살을 매끈하게 잡아주는 보정 속옷으로 유명하다. 게다가 브래지어, 재킷, 청바지, 레깅스는 물론, 수영복까지 판매한다.

스팽스는 스스로 '여성을 위한, 여성에 의한' 기업이라고 표현한다. 그만큼 여성이 멋지게 보이고 편하게 입을 수 있는 옷을 만드는 데 집중한다. 그렇다고 남성을 등한시하지 않는다. 남성을 위한 속옷도 개발했다.

스팽스는 미국 조지아주의 주도인 애틀랜타에 기반을 두고 있으며, 50개국 이상에 진출했다. 이 기업의 목표는 '한 번에 엉덩이 한 쪽씩' 세상을 나은 곳으로 만드는 것이다.[2]

◆◆◆
찬란한 혁신의 씨앗이 된 아이디어

스팽스라는 반짝이는 씨앗을 찾은 이야기는 1998년으로 거슬러 올라간다. 당시 27세였던 블레이클리는 파티에 가기 위해 한창 준비 중이었다. 이 옷 저 옷 입어보던 그녀는 크림색 바지의 옷매무새를 매끈하게 정리해줄 적당한 속옷이 없어 고민하고 있었다.

그때 갑자기 한 가지 아이디어가 떠올랐다. 그녀는 재빨리 가위를 집어 들고 보정 기능이 있는 팬티스타킹의 양쪽 다리를 허벅지쯤에서 잘라냈다. 블레이클리는 설레는 마음으로 자른 스타킹을 바지 속에 입었지만, 잘린 부분이 계속 말려 올라갔다. 결국 불만을 느낀 그녀는 '세상에 없던 속옷'을 만들겠다는 의지를 다졌다.[3] 1% 앞선 생각을 번뜩 떠올린 것이다.

원래 블레이클리는 능력 있는 변호사를 꿈꿨다. 그러나 로스쿨에 두 번 떨어진 뒤 꿈을 접었다. 결국 그녀는 플로리다 주립대학에서 법률 커뮤니케이션 학사로 졸업하고, 디즈니월드에서 잠시 일한 뒤 사무용품 기업 단카(현재는 일본의 프린터 대기업인 리코에 합병됐다)에 들어갔다. 그곳에서 그녀는 팩스 기계를 방문판매하는 일을 맡았다.

사실 그녀는 아주 의기소침한 편이었다. 하루는 팩스 기기를 판매하려고 사무실에 들어갔다가 잘못 찾아왔다고 말하고는 바로 나오기도 했다. 그래도 일에 열정이 없지는 않았다. 25세에는 단카의 전국 판매 트레이너가 되려고 했다. 다만, 앞으로 쭉 팩스 기기를 판매할 생각은 없었다. 블레이클리는 2016년 미국 공영라디오 NPR과의 인터뷰에서 "나를 위해 더 나은 삶을 만들겠다고 굳게 결심했었다"라며 당시를 회상했다.[4]

◆ ◆ ◆
앞선 생각에 확신을 가지면 생기는 힘

2000년에 블레이클리는 일하며 모은 5,000달러로 스팽스를 시작했다. 초기에는 애틀랜타로 이사해 단카의 영업직을 계속 이어갔다. 주변에는 스팽스 프로젝트를 최대한 비밀로 했다. 혹여나 다른 사람의 말에 자신감을 잃거나 방해를 받을까 봐 주말과 밤에 몰래 새로운 아이디어를 개발했다.

블레이클리는 시제품을 만들기까지 인내의 시간을 보내야 했다. 노스캐롤라이나주에 있는 수많은 양말 공장에 방문해 제조업자를 설득해야 했기 때문이다. 그러던 어느 날, 한 제조업자의 딸이 우연히 다리 부분을 자른 몸매 보정 스타킹을 보더니 좋아했다.

블레이클리는 제품의 특허를 받고 나서 이름을 고민하다가 '스

생각의 속도가 부의 크기를 바꾼다

팬스'라는 명칭을 떠올렸다. '스팽크spank'라는 단어에서 영감을 받아 붙인 이름이었다. 그녀는 스팽스라는 이름이 두 가지 이유로 마음에 쏙 들었다. 먼저, 실제 단어보다 만들어낸 단어가 제품에 더 효과적이라는 내용을 책에서 읽은 적이 있었다. 그리고 '스팽스'가 도발적이고 재미있게 들린다는 점도 좋았다.

그녀는 NPR 팟캐스트 인터뷰에서 스팽스를 '딱 맞는 이름'이라고 표현하며 설명을 덧붙였다.

> "저희 제품은 모두 뒤태와 관련 있어요. 뒤태를 더 예뻐 보이게 만들고 속옷 선을 가려주죠."[5]

마침내 제품을 손에 넣은 블레이클리의 다음 목표는 고객을 찾는 것이었다. 그래서 고급 백화점인 니만 마커스의 구매 담당자와 약속을 잡고 댈러스로 향했다.

그녀는 스팽스를 만들게 영감을 준 크림색 바지를 입고 구매 담당자 앞에 섰다. 그리고 바지 안에 스팽스를 입은 모습과 입지 않은 모습을 한 번씩 보여줬다. 구매 담당자는 그 차이를 보고 감탄했고, 7개의 매장에서 스팽스를 시험 판매하기로 했다.[6]

블레이클리의 노력은 여기서 멈추지 않았다. 그녀는 친구들에게 돈을 주고 그 7개의 매장에서 제품을 사달라고 부탁했다. 매장에서 스팽스를 더 주문하게 만들려는 전략이었다. 또 그녀는 자신의 '스팬스 착용 전후' 모습을 사진으로 크게 뽑아 제품을 직접 홍보하며 다녔다. 그리고 스팽스를 계산대와 가까운 곳에 배치하는 마케팅 솜씨까지 발휘했다.

수많은 노력 끝에 블레이클리는 큰 전환점을 맞이했다. 유명한 방송 진행자 오프라 윈프리에게 스팽스를 보낸 기발한 생각 덕분이었다. 스팽스를 받은 윈프리는 '가장 좋아하는 물건' 목록에 스팽스를 올렸다. 스팽스와 윈프리의 인연은 그 뒤로도 이어졌다. 여담이지만, 현재 윈프리와 할리우드 배우인 리스 위더스푼은 스팽스의 투자자다.

곧 블레이클리는 자신의 집에서 스팽스를 전 세계 여성들에게 발송했고, 또다시 색다른 결정을 내렸다. 스팽스를 홈쇼핑 채널 QVC에서 판매하기로 한 것이다. 사람들은 브랜드를 망치는 길이라며 그녀를 말렸다.

하지만 사람들의 걱정이 무색할 만큼 방송은 성공적이었다. 방송 5분 만에 무려 8,000벌의 스팽스가 판매됐다. 그녀의 기업은 문을 연 지 2년도 지나지 않아 입소문을 타고 수백만 달러의 매출을 올렸다.[7] 입소문의 힘은 실로 굉장했다. 스팽스는 사업을 시작하고 16년 동안 광고에 돈을 쓰지 않았다.[8] 누가 뭐라고 해도 자신의 생각에 확신을 갖고 나아간 덕분에 사업이 승승장구할 수 있었다.

마침내 2012년 스팽스는 2억 5,000만 달러의 연 매출을 올리는 성과를 냈고, 월스트리트의 분석가들은 기업의 가치를 10억

생각의 속도가 부의 크기를 바꾼다

달러로 평가했다. 〈포브스〉는 블레이클리를 표지에 내세우며, 당시 41세였던 그녀를 자수성가한 최연소 여성 억만장자로 소개했다.[9] 또한, 그녀는 〈타임〉에서 선정한 '세계에서 가장 영향력 있는 100인'에도 이름을 올렸다. 단 1%만 앞서 생각해도 세상을 바꿀 수 있음을 블레이클리 역시 증명한 셈이다.

◆ ◆ ◆

위기가 닥쳐도 부의 크기를 바꿀 수 있다

하지만 스팽스에도 위기가 닥쳤다. 허니러브Honeylove나 유명 모델 킴 카다시안이 만든 스킴스 같은 보정 속옷 브랜드와 치열한 경쟁에 놓였기 때문이다. 게다가 코로나19 팬데믹으로 파티와 결혼식이 급격하게 줄어들면서 보정 속옷의 수요마저 감소했다. 그렇게 사업은 어려운 국면을 맞이하고 말았다. 2020년 여름, 〈포브스〉는 스팽스의 가치를 5억 4,000만 달러로 평가했는데 이는 8년 전 평가의 거의 절반 수준이었다.[10]

결국 2021년 블레이클리는 스팽스의 가치를 12억 달러로 평가한 거대 사모펀드 운용 회사 블랙스톤에 주식의 대부분을 매각했다. 그녀는 블랙스톤의 투자를 받으면 경쟁이 심해진 시장에서 스팽스가 성공적으로 성장할 수 있으리라 확신했다. 그렇게 블레이클리는 기업의 경영 회장이자 대주주로 남게 됐다.[11] 그녀는 인스타그램에 이런 글을 남겼다.

"저는 정말 이 브랜드를 사랑하고, 앞으로도 계속 애정을 쏟을 겁니다. 기업이 최고의 잠재력을 발휘할 수 있게 꾸준히 돕고, 여성의 지위를 향상시키기 위한 모든 열정을 끝까지 보여주겠습니다."[12]

수년간 블레이클리는 기업뿐만 아니라 개인의 브랜드를 성장시키기 위해 노력했다. 기회가 오면 방송 출연도 마다하지 않았다.

대표적으로 2004년에 방송된 리처드 브랜슨의 〈억만장자의 반란The Rebel Billionaire〉을 들 수 있다. 출연자 16명이 브랜슨 회장의 복합 기업인 버진그룹을 물려받기 위해 일련의 과제를 수행하며 경쟁하는 프로그램이었다. 블레이클리는 이 프로그램에서 미국의 가구회사 러브색LoveSac의 창립자 숀 넬슨에게 마지막에 패하며 아쉽게 2위에 머물렀다.

그래도 매우 뜻깊은 도전이었다. 브랜슨은 "블레이클리에게 1위를 주지 않은 유일한 이유는 이미 성공했기 때문"이라고 말하며, 그녀가 재단을 시작할 수 있도록 개인 수표를 써줬다.[13]

갑자기 '재단'이라니 놀란 사람도 있을 것이다. 2006년 블레이클리는 여성에게 기업가 정신, 교육, 예술 분야를 지원해 더 좋은 세상을 만들겠다는 목표로 세라 블레이클리 재단을 설립했다.

이 재단의 상징 중 하나는 '행운의 빨간 가방'이다. 바로 블레이클리가 니만 마커스 백화점에 스팽스를 입점시킨 미팅에 메고 간

가방이다. 코로나19 팬데믹 기간에는 '빨간 가방 펀드'를 시작해, 미국의 여성 사업주 1,000명에게 어려운 시기를 견딜 수 있도록 기부금 5,000달러씩을 전달했다.[14]

블레이클리는 〈억만장자의 반란〉에 이어 ABC 방송사의 경연 프로그램 〈아메리칸 인벤터〉에 심사위원으로 출연했다. 또 전 세계의 사업가 지망생들이 자신의 사업 모델을 투자자에게 선보이는 프로그램인 〈샤크 탱크〉에도 출연했다. 드라마 〈빌리언스〉에서는 실제 자신의 역할로 깜짝 출연하기도 했다.

2021년 기준, 블레이클리의 순자산은 12억 달러로 평가됐다.[15] 네 아이의 어머니인 그녀는 빌과 멜린다 게이츠, 워런 버핏이 창립한 '더 기빙 플레지The Giving Pledge'에 서명했다. 자신의 재산 절반을 여성의 권익을 위해 기부하기로 약속한 것이다.[16]

여담이지만, 남편이자 동료 사업가인 제시 이츨러와 블레이클리는 프로 농구팀인 애틀랜타 호크스의 지분을 조금 가지고 있다.

◆ ◆ ◆

생각의 속도로 부의 크기를 바꾸다

블레이클리가 생각의 속도를 높일 수 있었던 힘은 '좋아하는 일'에서 나온다. 스팽스를 블랙스톤에 매각할 당시 올린 SNS 게시물에서 블레이클리는 성공적인 사업을 시작하고 싶다면 자기 일을 좋아해야 한다고 강조했다. 더불어 이 말도 전했다.

"진정으로 좋아한다면 자신이 할 수 있는 일을 절대 과소평
가하지 마세요."

그녀는 창업할 때 사업에 대한 배경지식도, 의류 업계에 아는 사
람도 없었다. 하지만 '가장 좋아하는 일'이라 도전할 용기를 냈다.
제품을 진짜 쓰는 사람이 나서야겠다고 생각하자 용기는 더욱 샘
솟았다.

"당시에는 남성이 여성의 속옷을 만들었는데, 전 제품으로
여성들을 대변하기로 결심했어요. 실제로 제품을 입는 사람
이 나서야 한다면…… 제가 해야겠다고 생각했죠."[17]

블레이클리는 십 대 때 비극적인 사건들을 연달아 겪고 성공하겠
다는 마음을 더욱 굳게 먹었다. 그녀는 절친이 차에 치이는 장면을
직접 목격했다. 게다가 같은 해에 부모님이 이혼했고, 얼마 지나지
않아 졸업 파티의 데이트 상대 두 명이 모두 사망했다.
그녀는 2012년 〈포브스〉와의 인터뷰에서 16세 때 목격한 죽음
이 삶을 더 간절하게 만들었다고 말했다.

"제 죽음에 관해 많이 생각해요. 이 생각이 실제로 동기부여
를 해줘요. 죽음은 언제든 찾아올 수 있어요."[18]

생각의 속도가 부의 크기를 바꾼다

블레이클리는 슬픈 경험 때문인지 '마음가짐'을 중요하게 여긴다. 특히 그녀는 사업가라면 긍정적으로 생각하고, 성공을 시각화하기 위해 노력해야 한다고 믿는다.

십 대 때 아버지에게 받은 카세트테이프가 이 생각에 큰 영향을 줬다. 지금은 고인이 된 동기부여 전문가 웨인 다이어의 강의가 녹음된 테이프였다. 강의 주제는 '한계가 없는 사람이 되는 방법'이었다. 그녀는 이 강의를 듣고 생각하는 방법을 익혀 긍정적인 마음가짐을 만들고, 앞으로 나아갈 수 있다는 사실을 깨우쳤다.

긍정적인 사고방식은 특히 미지의 영역에 뛰어들 때 유용하다.

"모르는 것을 받아들이면 가장 큰 자산이 돼요. 어떻게 해야 하는지 모를 때, 혁신이 생기고 마법이 일어나거든요."

그녀는 아직 꿈을 펼치지 못한 세상의 다른 여성들을 대신해 자신을 최대한 몰아붙이며 일했다. 단, 일할 때 '이유'에 집중해야 한다고 강조한다. 일하는 '이유'가 바로 고객과의 접점이기 때문이다. 고객들은 제품 자체보다는 제품이 해결해주는 문제에 관심을 갖는다. 블레이클리가 일하는 가장 큰 이유는 팬티 선이 안 보이도록 하는 데 있었다.

또 블레이클리는 비즈니스 아이콘을 꿈꾸는 사람들에게 타인의 생각을 너무 신경 쓰지 말라고 조언한다. 다른 사람의 이야기보다

오히려 실패하거나 곤란한 경험이 도움을 준다고 믿는다.

어린 시절 그녀의 아버지는 남매에게 실패하기를 독려했고, 매주 무엇을 실패했는지 물어봤다. 그 과정에서 실패의 의미를 다시 정의하고, 결과보다는 시도하지 않은 일에 더 집중하게 만든 것이다.

또한 블레이클리는 일의 우선순위를 정하고, 다른 사람에게 권한을 주는 것을 중요하게 생각한다. 가장 중요한 업무와 개인 문제에 집중하기 위해서다. 그녀는 이렇게 설명했다.

> "내 약점을 채워줄 인재를 찾는 데 시간을 투자해야 해요. 특정 분야에 딱 맞는 사람을 고용하면 내가 자유로워지고 더 중요한 일에 시간을 쓸 수 있어요."[19]

블레이클리는 의류 카테고리를 새롭게 재구성한 비즈니스 아이콘으로 존경을 받고 있다. 그녀는 경쟁자들의 일에 크게 연연하지 않는다. '혁신'에 가치를 두고 있기 때문이다.

> "세상에는 혁신가도 있고, 모방자도 있어요. 저는 혁신가가 되는 게 훨씬 좋아요. 더 어렵고 더 많은 일을 해야 하지만 그만큼 더 보람차요."

블레이클리는 밝고, 명랑하며, 불필요하게 진지해지지 않는 사람이다. 이렇듯 친근하고 따뜻한 '옆집 소녀' 같은 매력으로 자신의 브랜드를 돋보이게 한다. 그리고 열정적이어서 제품의 효과를 보여주기 위해서라면 망설임 없이 보정 속옷만 입은 채 광고 사진을 찍기도 한다.

또한, 블레이클리는 언제나 소비자와 '저녁 식사를 하며 친구와 대화하는 느낌'으로 소통하려 노력한다. 일종의 마케팅 전략인 셈이다.

블레이클리는 타인을 웃게 하는 능력이 사업에서 아주 강력한 도구라고 말한다. 그녀 역시 사업을 성장시키는 비밀 무기로 유머를 썼다. 사실 그녀는 스팽스를 시작하기 전에 스탠드업 코미디를 했다. 물론 사람들을 즐겁게 만드는 데 소질이 없다면, 그녀의 조언을 따르기 어려울 수도 있다.[20] 그래도 아무런 노력을 하지 않는 것보다 조금이라도 노력하는 편이 발전하는 데 도움이 될 것이다.

블레이클리는 돈과 매우 건강한 관계를 맺기로 유명하다. 그녀는 이렇게 말했다.

> "돈을 버는 게 재미있고, 쓰는 게 재미있고, 나누는 게 재미있어요."[21]

그녀가 나눔을 즐긴다는 사실을 보여준 일화가 있다. 블랙스톤이 스팽스를 인수할 때 따라준 직원들에게 감사한 마음을 전하고

자 모든 사원에게 세계 어디든 갈 수 있는 비행기 일등석 표와 함께
1만 달러를 선물한 것이다.

> "저는 직원들이 경험하기를 바랐어요. 제가 삶에서 더 많은
> 경험을 쌓을수록, 다른 사람에게 더 많이 베풀어야 한다는
> 게 저의 좌우명이에요."[22]

비즈니스 아이콘 세라 블레이클리의 1%

- 내 일을 가장 좋아해야 한다.
  내 일을 그 누구보다 좋아하면 생각의 속도를 높일 수 있고, 목표가 같더라도
  더 좋은 성과를 낼 수 있다.

- 최고의 아이디어는 일단 비밀로 하라.
  반짝이는 아이디어를 너무 일찍 공유하면 참견꾼들 때문에 자신감을 잃거
  나 포기할 수도 있다.

- 도움이나 투자를 받을 최적의 타이밍을 고민해야 한다.
  일을 다음 단계로 이끌려면 외부의 도움이 필요할 때가 있다.

- 마음가짐을 다잡아야 한다.
  긍정적인 생각으로 목표를 이루는 모습을 시각화하면 성공할 확률이 높아
  진다.

- 미루지 말자.
  인생은 짧다. 원하는 일을 할 시간이 얼마나 남았는지는 알 수 없다. 그러니
  지금 바로 하자.

4장

월그린스 부츠 얼라이언스

—— Walgreens Boots Alliance ——

"우리는 여기에 있다. 우리에게 익숙해져라."[1]

로절린드 브루어 Rosalind Brewer

2021년, 코로나19 팬데믹 당시 미국 국민 수천만 명에게 백신을 접종한 기업이 있다. 바로 월그린스 부츠 얼라이언스다. 미국에서 가장 크고 유명한 약국 체인점인 이 기업은 설립된 지 100년이 넘었으며, 매일 수백만 명의 고객을 맞이한다.[2] 직원 수는 32만 5,000명이 넘고, 미국, 유럽, 라틴아메리카에 약 1만 3,000개의 매장이 있다. 2022년에는 1,327억 달러의 판매를 기록했다.

◆ ◆ ◆

5남매의 막내에서 세계적인 비즈니스 아이콘으로

2021년 3월, 코로나19 바이러스가 한창 기승을 부릴 때 이 거대 기업의 고삐를 쥔 비즈니스 아이콘이 로절린드 브루어다.

디트로이트에서 자란 브루어는 5남매 중 막내였다. 그러다 보니 어릴 때부터 자기주장을 내세우는 방법을 자연스럽게 터득했다. 실제로 그녀는 월그린스 CEO에 임명되고 몇 달이 지났을 무렵, 스탠퍼드 경영대학원의 팟캐스트에 출연해 이런 말을 했다.

"식탁에서 마지막 빵을 먹으려면 진짜로 싸워야 했어요. 막내인 나를 돌보는 방법을 스스로 깨우쳐야만 했죠."

때로는 자기주장을 펼쳐서 문제가 되기도 했다. 일례로 브루어는 3학년 때 선생님께 수학 문제를 푸는 편법을 설명해드리려다 정학을 당했다.[3]

브루어의 부모님은 자동차 업계에서 일했다. 두 사람 다 고등학교를 끝까지 마치지 못해서인지 자식들만큼은 더 나은 교육을 받길 바랐다. 성적에 대한 기대감도 높았다. 부모님의 마음을 헤아렸던 5남매는 모두 대학을 졸업했다. 하지만 가족이 살던 미시간주 밖으로 대학을 간 자녀는 브루어가 유일했다.

브루어는 애틀랜타에 있는 스펠먼대학에서 화학을 공부했다. 스펠먼대학은 아프리카 출신 여성을 교육하는 데 중점을 둔 교양 및 과학 대학이었다. 그녀는 대학 생활을 하며 비판적 사고를 키웠다. 또 '나와 비슷해 보이지만, 전혀 다른 삶을 살아온 여성들'과 함께 소중한 시간을 보낼 수 있었다. 그러나 안타깝게도 졸업을 6주 앞두고 브루어의 아버지가 암으로 세상을 떠났다.[4]

브루어는 미국에서 가장 눈에 띄는 사업가다. 2021년, 그녀는 '포춘 500대 기업'을 이끄는 흑인 여성 4명 중 한 명이었다.[5] 게다가 〈포춘〉이 선정한 '2022년 가장 영향력 있는 여성 사업가 50인'에서 7위를 차지했고,[6] 〈포브스〉가 뽑은 '2022년 세계에서 가장 영향력 있는 여성' 13위에 올랐다.[7]

브루어를 세계적인 비즈니스 아이콘으로 만든 원동력은 앞선 생각, 결단력, 위험을 감수하려는 용기, 배우려는 의지, 열정적인 인재 개발, 그리고 숭고한 희생이라고 할 수 있다. 그녀는 2021년 〈하버드 비즈니스 리뷰〉에서 "이 자리에 오르기 위해 정말 열심히 일했다"라고 말할 만큼 최선을 다했다.[8] 〈이코노믹 클럽 오브 시카고〉와의 인터뷰에서는 사회 초년생 때 평균 4~5시간 정도밖에 못 잤다고 털어놓기도 했다.[9]

◆ ◆ ◆

다른 사람에게 영향을 줄 1%를 찾아라

브루어는 개인 생활용품 기업인 킴벌리클라크에서 화학연구원으로 사회생활을 시작했다. 그러다 사업에 관심이 생겨서 경영 및 관리직으로 옮겼다. 그렇게 차근차근 경력을 쌓았고 마침내 킴벌리클라크의 글로벌 제조 및 운영 그룹의 회장직에 올랐다.

그런데 2006년 브루어는 놀라운 선택을 했다. 킴벌리클라크를 떠나 월마트의 부회장으로 합류한 것이다. 소매업을 배우고 싶은 마음에 한 단계 낮은 직급도 받아들였다.[10] 그녀는 월마트에서도 빠르게 자리를 잡았고 여러 최고위직을 역임했다.

2012년, 브루어는 월마트가 운영하는 샘스클럽의 회장 겸 CEO에 오르며 기사를 장식했다. 역대 회장 가운데 최초의 여성이자 아프리카인이라 많은 주목을 받았다.[11]

브루어는 앞선 생각으로 샘스클럽에 여러 디지털 개혁을 단행했다. 대표적으로 상품을 온라인으로 주문하고 매장에서 받는 서비스와 계산대에 줄을 서지 않고 상품을 결제하는 앱scan-and-go을 들 수 있다.[12] 삶을 더 편리하게 바꾼 혁신이었다.

그러나 브루어는 샘스클럽에서 일할 당시 큰 논란에 휩싸이고 말았다. 뉴스 채널 CNN과의 인터뷰에서 "공급업체들과의 회의에 참석했는데, 테이블 반대편에 앉은 사람이 모두 백인 남성이었다"라고 언급한 내용이 파장을 일으켰다. 악의 없이 한 이 말은 백인 남성을 차별한 증거로 인용돼 우익 웹사이트에 퍼져나갔다.[13]

논란이 일자, 월마트의 회장 겸 CEO인 더그 맥밀런은 브루어에게 전폭적인 지지를 보냈다. 하지만 그녀는 살해 위협까지 받았고, 결국 집 주변의 경비를 강화해야만 했다.[14] 브루어는 후에 인터뷰에서 이렇게 말했다.

생각의 속도가 부의 크기를 바꾼다

"서로가 생각만큼 멀리 있지 않다는 사실에 무서웠습니다. 세상에 증오가 있고, 제가 다르다는 것도 알게 됐습니다."[15]

2017년 초, 브루어는 샘스클럽을 떠나 새로운 도전을 찾아 나섰다. 그리고 그해 10월, 세계적인 커피 전문점 스타벅스에서 그룹 회장 겸 최고운영책임자 자리에 올랐다.[16] 그녀는 드라이브스루 창구에서 손님들이 음료를 가지고 가는 픽업 전용 매장을 포함해 새로운 사업을 개발하도록 도왔다.[17]

그런데 공교롭게도 브루어가 최고운영책임자로 있던 2018년 4월, 필라델피아에서 흑인 청년 2명이 스타벅스 매장에 무단 침입한 혐의로 체포되는 사건이 일어났다.

두 사람은 사업 미팅을 위해 매장에 자리를 잡고 이야기를 나누며 아직 오지 않은 사람을 기다리는 중이었다. 그런데 매장 매니저가 음료나 디저트를 주문하지 않고 이야기를 나누는 두 사람을 보곤 경찰에 신고한 것이었다.

체포 영상이 SNS에 올라오자 대중의 공분을 샀고, X(옛 트위터)에서는 '#스타벅스불매' 해시태그가 퍼지기 시작했다.[18] 당시 스타벅스의 CEO였던 케빈 존슨은 '비난받아 마땅한 일'이라고 인정하며 즉각적으로 사과했다.[19]

그 사건은 브루어에게 '지극히 개인적인 일'처럼 느껴졌다. 사건에 연루된 두 청년의 나이가 자기 아들과 비슷해, 아들도 이런 일을 겪을 수 있겠다는 생각이 들었다. 후에 그녀는 이렇게 말했다.

> "제 눈앞에서 벌어진 이 일을 제가 수습해야 한다고 생각했습니다. 잘못된 점을 바로잡지 못했다고 직접 나서서 인정할 때였습니다. 우리의 정책은 과거 그대로였고, 매장 매니저의 대응이 과도하게 빨랐습니다."

이후 스타벅스는 미국에 있는 8,000개의 매장을 오후에 닫고 직원들에게 인종차별 방지 교육을 했다.[20]

약 3년 뒤, 브루어는 중요한 시기에 월그린스 부츠 얼라이언스의 CEO가 됐다. 코로나19 팬데믹을 끝낼 백신을 대규모로 출시할 참이었다. 월그린스는 성공적으로 백신을 출시해 2021년 8월 기준, 미국 전역의 2,900만 명에게 코로나 백신을 접종했다.[21]

브루어가 매우 즐겁게 일했던 스타벅스를 떠나기로 결심한 이유가 있다. 그녀는 사람들의 삶에 영향을 주고, 변화를 일으키고, 인상을 남길 수 있는 일을 하고 싶어 했다. 브루어는 2021년 5월, NBC 프로그램 〈투데이〉에서 이렇게 말했다.

> "사람들이 처음 주사를 맞고 우리 약사들을 돌아봤습니다. 그들은 울고 있었습니다. 전 옳은 결정을 내렸다고 생각합니다. 제가 있어야 할 곳은 여기입니다."[22]

　　　　　　　　　생각의 속도가 부의 크기를 바꾼다

◆◆◆
생각의 속도로 부의 크기를 바꾸다

현재 브루어는 재계에서 영향력이 큰 인물이다. 그러나 그녀는 비교적 작은 일을 했을 때 더 큰 소득을 얻었다고 말한다. 그녀는 스탠퍼드의 팟캐스트에서 이렇게 말했다.

> "솔직히 저도 일하며 불행했던 시기가 있었어요. 그땐 항상 가장 힘들고 더러운 일만 했죠. 하지만 뭔가를 배울 기회였습니다. 저는 매일 그 기회를 활용하려 노력했고 작은 역할, 힘든 위치에 있는 걸 축복으로 여겼습니다."[23]

또한, 그녀는 화학자라는 배경이 사업 경력을 쌓는 데 좋은 기반이 됐다고 생각한다. 〈투데이〉에서 이렇게 말했다.

> "과학자들은 분석적이고, 호기심이 넘쳐서 많은 질문을 던집니다. 그래서 사업에 필요한 데이터를 보고 분석해 적용합니다. 최고의 사업가는 현재를 바꾸려고 도전하는 사람입니다."[24]

새로운 도전을 할 때마다 브루어는 '자신의 역할과 목적이 무엇인지, 그리고 자신이 가진 도구들을 어떻게 활용할지' 명확히 한다.[25] 그녀는 진정성 또한 매우 중요하게 생각한다. 브루어는 〈하버드 비즈니스 리뷰〉에서 "사회생활을 막 시작했을 때 내 전부를 일터에 쏟아붓고 싶었다"라고 말하며 일에 얼마나 진심이었는지를 설명했다.

그녀는 "흑인인 덕분에 출세했지"라거나 "생각만큼 똑똑하지 않네"라는 말을 들으면 씁쓸해지지만, 다른 사람들에게 희망을 줄 수 있을 거라고 생각하며 힘을 낸다.

다만, 고위 인사 동료들과 함께 있을 때조차 자신이 누구인지 소개해야 할 때면 이따금 씁쓸해지곤 한다. 그럴 때면 흑인 여성의 지위에 대해 생각하느라 마음이 무거워진다. 그녀는 이렇게 말했다.

> "간혹 사람들에게 저를 소개해야 한다는 사실이 그저 놀라웠습니다. 여전히 아주 많은 곳에서 흑인 여성은 지위를 인정받지 못합니다. 저는 사람들에게 우리가 여기에 있다는 사실을 알리는 임무를 수행하는 기분입니다."[26]

브루어는 스스로를 '평생 학습자'라고 표현한다.[27] 실제로 그녀는 새로운 자리에 앉을 때마다 미친 듯이 공부했다. 끊임없는 자기계발로 성공한 셈이다. 브루어는 "저는 끊임없이 읽고, 배우고, 훈련합니다. 항상 발전해야만 했고, 그 사실에 책임감을 느꼈습니다"라고 말했다.[28]

생각의 속도가 부의 크기를 바꾼다

브루어는 인재 채용을 제일 중요하게 생각한다. 특히 가장 높은 직급의 사람을 채용할 때 내면을 본다며 설명을 덧붙였다.

> "팀을 꾸릴 때 생각의 다양성을 가장 먼저 고려합니다. 그리고 인종과 성별이 어느 한쪽으로 치우치지 않도록 주의합니다. 특히 가장 높은 직급을 뽑을 때 어렵습니다. 어느 시점이 되면, 그들의 내면이 외부 경험에 반영되기 때문입니다."[29]

브루어는 CEO를 오케스트라의 지휘자에 비유한다. 즉, CEO는 수많은 인재를 모아서 최고의 공연을 선보여야 한다. 그래서 그녀는 직원들과 신뢰 관계를 쌓고 심리적 안정을 주려고 노력한다.

> "저는 직원들을 위해 나서고, 직원들을 위해 싸웁니다. 직원들은 제가 그들을 비난하지 않으며, 함께 많은 일을 헤쳐나갈 걸 알고 있습니다."[30]

이처럼 브루어는 기업의 여러 문제를 어떻게 해결할지 직원들과 함께 고민한다. 특히 다양한 분야의 직원들로 이루어진 기민한 팀을 아주 좋아해서 그들과 일하는 시간을 즐긴다.[31]

브루어 또한 많은 사람에게 조언을 받았다. 그중 최고의 조언은 돌아가신 아버지에게 받은 것이다. 그녀의 아버지는 항상 됨됨이를 중요하게 여기는 분이었다. 그는 브루어에게 "자신이 누구인지, 다른 사람에게 어떤 인상을 남겼는지 관리해야 한다"라고 조언했다.[32] 그리고 현재 그녀는 흑인 여성도 세계를 선도하는 비즈니스 아이콘이 될 수 있다는 사실을 증명하며, 오래도록 기억될 인상을 남겼다.

비즈니스 아이콘 로절린드 브루어의 1%

....

- 다양성과 포용성을 가장 중요하게 생각하자.
  회사에 다양한 사람이 있으면 일에 관한 대화를 더 왕성하게 나눌 수 있고, 더 빨리 문제를 해결할 수 있다.

- 소매를 걷고 손을 더럽힐 준비를 하자.
  항상 앞장서서 일하면 무엇이 효과가 있고 없는지 파악할 수 있다.

- 마음이 편안한 환경을 만들자.
  그래야 사람들이 목소리를 내고 안 좋은 결과를 두려워하지 않으며 실수할 수 있다. 생각의 속도는 그 과정을 통해 빨라진다.

- 일이 언제나 잘될 거라고 예상하지 말자.
  앞으로 가기 위해서 때로는 뒤로 물러나거나 옆으로 비켜서야 한다. 그 경험도 소중하게 생각해야 성장할 수 있다.

- 항상 배워야 한다.
  많이 배울수록 더 많이 성장하고, 더 많이 성장해야 앞선 생각으로 큰 성공을 이룰 수 있다.

생각의 속도가 부의 크기를 바꾼다

5장
에어비앤비

———————— A i r b n b ————————

"문화를 부수려면 내 제품을 만드는 기계를 부숴야 한다."[1]
브라이언 체스키, 조 게비아, 네이선 블러차직

Brian Chesky, Joe Gebbia, Nathan Blecharczyk

도시의 아파트부터 호숫가의 오두막, 역사가 숨 쉬는 집, 카라반, 선상 가옥까지, 에어비앤비에서는 누구든 자신의 취향에 맞는 숙소를 찾을 수 있다.

에어비앤비는 6백만 개 이상의 숙소가 등록된 세계 최고의 숙박 공유 플랫폼이다. 현재 전 세계 220개 이상의 나라와 지역, 10만 개 이상의 도시에서 운영되고 있다. 지금까지 10억 명 이상의 투숙객이 에어비앤비의 숙소에 머물며 400만 명 이상의 운영자에게 환영을 받았다.[2]

월세를 마련하려던 아이디어가 1조 원으로?

지금은 놀라울 정도로 큰 성공을 이루었지만, 사실 에어비앤비는 '남는 방을 빌려주고 돈을 벌면 좋겠다'라는 단순한 생각에서 시작됐다. 그 이야기는 2007년으로 거슬러 올라간다. 당시 브라이언 체스키와 조 게비아는 로드아일랜드 디자인학교를 졸업한 26세의 백수였다. 수입이 없었던 두 사람은 아파트의 월세를 마련하기 위해 고심하고 있었다.

그때 한 가지 생각이 떠올랐다. 바로, 대규모 디자인 회의가 열리는 기간 동안 3개의 에어 매트리스를 빌려주고 아침 식사를 제공해 돈을 마련하는 것이었다. 그들은 곧바로 간단한 웹사이트를 만들었다. 그리고 회의 주최 측에 '간이침대와 아침 식사' 서비스를 홍보해달라고 요청했다.

다행히 곧 예약 손님이 들어왔다. 두 사업가 지망생의 첫 예약 손님은 세 명의 전문 디자이너였다. 서비스를 성공적으로 마친 체스키와 게비아는 마음이 들떴다. 자신들의 아이디이가 특별하다는 확신이 들었기 때문이다. 그래서 두 사람은 창업하겠다고 마음을 굳히고, 게비아의 전 룸메이트이자 능력 있는 프로그래머인 네이선 블러차직에게 도움을 요청했다.[3]

처음에 세 사람은 회의장 주변에 숙소를 제공하는 사업을 구상했다. 그러다 점차 시야를 넓혀서, 사람들이 호텔을 예약하듯이 다른

생각의 속도가 부의 크기를 바꾼다

집의 방을 예약하는 모습을 그리기 시작했다. 더불어 웹사이트에 결제 시스템을 보강하고, 고객 후기 기능도 추가했다.[4]

하지만 사업은 시작부터 난항을 겪었다. 투자 유치가 뜻대로 되지 않았기 때문이다. 투자자들은 세 사람의 사업 아이템이 위험하고 이상하다고 생각했다. 그런데도 세 사람은 사업을 밀어붙였고 점점 언론의 관심을 받았다.

특히 초창기에 제작한 가짜 시리얼 브랜드 덕분에 주목을 받았다. 그들은 당시 대통령 후보였던 버락 오바마와 존 매케인의 이름을 따서 '오바마 오즈'와 '캡틴 매케인'이란 시리얼을 만들었다. 그렇게 만든 시리얼 상자는 기자들에게 보냈다. 그 결과 언론의 관심을 끌었고, 사업을 유지하기에 충분한 시리얼을 판매할 수 있었다.

시리얼의 놀라운 성공 덕분에 새로운 기회도 찾아왔다. 권위 있는 스타트업 액셀러레이터 기업인 와이 콤비네이터Y Combinator의 지원을 받게 된 것이다. 이곳은 드롭 박스(파일 호스팅 서비스), 코인 베이스(암호화폐 거래소) 등 유명 기술 기업의 출범을 도운 투자 기업이다.

와이 콤비네이터는 세 사람에게 2만 달러를 초기 자금으로 지원하고 6%의 지분을 받았다. 또 풍부한 인맥을 소개하고, 지식도 아낌없이 나눴다.[5]

와이 콤비네이터의 합류로 사업은 더욱 자리를 잡았다. 당시 호스트들은 대부분 뉴욕에 있어서, 창업자들이 직접 도시를 돌며 등록을 유도했다. 또한, 무료로 사진작가를 보내 전문가가 찍은 숙소 사진을 사용하도록 장려했다. 사실 사진을 찍은 사람은 체스키였다.

그리고 사업 규정도 수정했다. 호스트에게 침대가 있어도 에어 매트리스를 빌려야 한다는 규정과 손님에게 아침을 제공해야 한다는 규정을 삭제했다. 그리고 남는 방뿐만 아니라 집 전체를 빌려줘도 된다는 규정을 추가했다. 그리고 '에어비앤비'로 이름을 바꿨다.[6]

2009년, 에어비앤비는 세쿼이아로부터 58만 5,000달러의 투자를 받으며 크게 도약했다. 세쿼이아는 애플, 구글, 오라클에 투자한 벤처캐피털 기업이다. 여기에 다른 곳에서 3만 달러를 투자받으며 기업의 가치는 240만 달러로 평가됐다.

에어비앤비는 계속 날아올랐다. 2009년 8월에는 주간 예약 금액이 10만 달러에 달했고, 수익은 1만 달러였다. 이때까지도 세 사람은 매일 18시간씩 하루도 쉬지 않고 일했다. 그러나 더 이상 셋이 사업을 유지하기는 무리였다. 그래서 세 사람은 직원을 구했고, 2010년 여름까지 약 25명의 직원이 근무했다.[7]

이후에도 투자를 추가로 받아, 2012년 7월 기준 에어비앤비의 가치는 12억 달러로 평가됐다. 그 덕분에 에어비앤비는 유니콘 기업(10억 달러 이상의 가치를 평가받은 비상장 기업)의 지위를 얻었다.[8]

에어비앤비는 빠르게 확장하며 2020년까지 꾸준히 성장했다. 호스트는 사용하지 않는 공간을 빌려주고 돈을 벌고, 투숙객은 원하는 숙소를 고를 수 있어 많은 사람에게 사랑을 받았다. 특히 편하

생각의 속도가 부의 크기를 바꾼다

게 구성된 웹사이트와 단순한 콘셉트로 인기를 얻었다.

에어비앤비는 호스트와 투숙객 모두에게 예약 수수료를 받아서 수익을 남긴다. 대신 투숙객의 신원 확인, 예약 심사(과거에 문제를 일으킨 투숙객의 예약 차단), 그리고 투숙객이 호스트의 집과 소지품에 피해를 줄 경우에 배상을 책임진다(현재 최대 보상 금액은 300만 달러).[9]

2016년, 에어비앤비는 고객을 더 늘리기 위해 '체험' 프로그램을 도입했다. 현지 호스트가 추억을 남길 만한 활동을 기획해, 여행객에게 지역 공예가나 다른 전문가들을 연결해주는 프로그램이다. 도자기 만들기, 승마, 수상 스포츠 등 다양한 활동이 있다.

에어비앤비의 가장 큰 매력은 히피적인 감성, 호스트와 투숙객 사이에 '커뮤니티'를 구축하겠다는 강한 책임감이다. 에어비앤비는 그저 돈만 좇는 기업이 아닌, 더 나은 세상을 만드는 기업이 되기 위해 항상 노력한다. 에어비앤비의 철학 또한 '누구나 어디서든 머물 수 있는 세상 만들기'다.

◆ ◆ ◆

위기를 극복할 1%를 찾으면 10배의 부가 쌓인다

그러나 에어비앤비는 수년간 다양한 난관에 부딪쳤다. 특히, 인구 밀도가 높은 일부 도심 지역에서 주택 문제를 악화시켜 강한 비난을 받았다. 빈집을 단기 숙박 시설로 이용하는 바람에, 주택이 부족해지고 남은 부동산의 임대료가 올랐기 때문이다. 이로 인해 현재 바르셀로나, 런던, 뉴욕, 일본을 포함해 여러 도시와 국가에서 에어비앤비는 불법이거나 제한을 받는다.[10]

2022년에는 미국인 3명이 멕시코시티의 에어비앤비 숙소에서 일산화탄소 중독으로 사망해 숙소의 안전 문제가 제기되기도 했다.[11] 이 밖에도, 숙소에서 파티를 열어 피해가 생기거나 호스트가 숙박객의 인종을 차별하는 일도 있었다.

에어비앤비는 코로나19 팬데믹으로 엄청난 위기에 처했다. 정부의 봉쇄령과 여행 제한으로 단기 숙박의 수요가 급격하게 감소했기 때문이다. 제한이 완화되었을 때조차 에어비앤비를 이용해도 괜찮은지 모두 걱정했다. 그 결과, 예약이 눈에 띄게 줄었고 2019년 기업 수익은 29.7%나 감소했다.[12] 결국 2020년 5월, 에어비앤비는 인력의 4분의 1을 해고하기에 이른다.[13]

하지만 에어비앤비는 빠르게 반등했다. 어려운 거래 환경과 주요 정보가 유출됐다는 폭로에도 불구하고 계획했던 대로 기업공개IPO를 밀어붙였다.

마침내 2020년 12월, 에어비앤비는 나스닥 증권거래소에 상장했고, 무려 1,000억 달러 이상으로 가치를 평가받았다.[14] 그해 미국 IPO 중 가장 큰 규모였다. 2021년 에어비앤비의 매출은 빠르게 회복해, 코로나19가 덮치기 전인 2019년보다 약 20%가 높은 60억 달러를 기록했다.

생각의 속도가 부의 크기를 바꾼다

◆ ◆ ◆
모두를 위한 생각이 앞설 수 있는 힘을 준다

에어비앤비는 사회적 책임을 지는 조직을 목표로 한다. 그리고 그 목표를 이루고자 많은 노력을 하고 있다. 일례로 2016년부터 2020년까지 '다른 사람을 편견이나 차별 없이 대하지 않았다'라는 이유로 130만 명의 회원을 탈퇴시켰다. 또 에어비앤비를 예약하거나 임대하는 과정에서 차별을 없애기 위해 미국 내에서 '라이트하우스 프로젝트'를 시작했다.[15]

또 어려운 사람들에게 현실적인 도움도 주고 있다. 매년 전 세계 수천 명의 사람이 전쟁이나 자연재해로 집을 잃는다. 에어비앤비는 그 사람들에게 도움을 주고자 2017년, 난민들이 임시 거처를 찾을 수 있게 돕는 '오픈 홈스Open Homes'를 시작했다. 그리고 이 사업은 공동 창업자인 게비아를 필두로 한 자체 이사회를 갖춘 비영리 단체 'Airbnb.org'로 발전했다.

여기에서 에어비앤비의 호스트들은 위급한 상황에 놓인 전 세계 사람들에게 무료 혹은 할인된 가격으로 숙소를 제공할 수 있다. 2022년 8월, Airbnb.org는 에어비앤비 호스트들의 도움으로 우크라이나 전쟁으로 망명한 10만 명이 넘는 난민들에게 단기 거처를 제공했다고 발표했다.[16]

에어비앤비는 그들의 가치에 맞게 사업이 운영되고 있는지 꾸준히 재평가한다. 2022년 11월, 체스키는 에어비앤비 숙소의 하루

숙박비가 2019년 이후 평균 40퍼센트 이상 상승했다며 우려를 표했다. 그는 더 저렴한 가격으로 숙소를 제공할 수 있도록 숙소 공급을 늘리기 위한 다양한 노력을 하고 있다. 심지어 그는 본인의 집을 숙소로 등록해, 검증을 거친 손님을 무료로 머물게 했다. 고객과 '소통'하기 위해 자신의 집을 대중에게 공개한 것이었다.[17]

에어비앤비는 처음으로 생긴 숙소 플랫폼이 아니다. 하지만 앞선 생각으로 영리하게 운영한 덕분에 가장 성공한 플랫폼이 됐다. 무엇보다 설립 초기부터 낙천주의와 인간의 선한 본성을 기업 문화의 기초로 삼아 숙박 산업을 완전히 뒤흔들었다. 체스키가 말했듯, "에어비앤비는 인간은 선하다는 기본 개념에 뿌리를 두고 있다."[18]

◆ ◆ ◆

생각의 속도로 부의 크기를 바꾸다

에어비앤비는 세 창업자의 협력으로 경이로운 성공을 거두었다. 각자의 특성과 강점으로 서로를 보완한 덕분이다. 특히 세 사람은 사업에 대한 열정과 강한 직업의식, 진정성, 창의성, 인간적인 문화를 구축하고 유지하려는 책임감을 가지고 있다.

에어비앤비의 최고경영자인 체스키는 열심히 배우고, 끊임없이 메모하며, 탐독하고, 다른 사람과 지식을 나눠야 한다고 생각한다. 호기심이 넘치는 그는 월트 디즈니와 스티브 잡스 등 여러 비즈니스 아이콘들의 경력을 연구했다. 또 에어비앤비가 도약할 때, 체스키는 링크드인의 공동 창업자인 리드 호프먼, 메타의 마크 저커버그 같은 전문가들에게 적극적으로 도움을 구했다. 그는 수많은 리더가 꿈꾸는 멘토를 구했듯이, 누구나 좋은 멘토를 찾을 수 있다고 믿는다.[19]

체스키와 함께 일했던 사람들은 모두 그에게 대단한 선견지명이 있다고 말한다. 그는 언제나 한발 앞서 생각하고, 다음에 일어날 일을 준비한다. 그는 기업의 사명을 굳게 지키려는 이상주의자이기도 하다. 실제로 서비스를 개선하기 위해 직접 에어비앤비의 여러 숙소에서 몇 년을 지냈다. 실리콘밸리에서 '개밥 먹기eating your own dog food'로 불리는 방법을 실천한 것이다.[20]

게비아는 어린 시절부터 문제를 창의적으로 해결하는 혁신가였다. 그가 얼마나 창의적인지 보여주는 일화는 많다. 학생 때 예술학교의 딱딱한 의자에 편하게 앉을 수 있는 쿠션을 만들기도 했다.[21] 하지만 아쉽게도 2022년 7월, 게비아는 육아와 다큐멘터리 제작, 자선 활동 등 다른 관심사에 열중하겠다며 기업 운영자에서 물러났다.[22]

최고전략책임자인 블러차직은 에어비앤비의 공공 정책, 상품, 데이터, 투자자의 장기적인 이득 등 많은 핵심 전략을 추진했다. 블러차직은 하버드대학에서 컴퓨터 과학을 전공해, 에어비앤비의 온라인 플랫폼이 성공하는 데 크게 기여했다. 또 그는 분석적이고, 체계적이고 차분하게 일을 처리해 기업이 성장하도록 도왔다.[23] 그는 아

내와 함께 수백 명의 손님을 맞이하고 있는 에어비앤비의 호스트이기도 하다.[24]

현재 체스키, 게비아, 블러차직은 모두 억만장자다. 이들은 '더 기빙 플레지(세계 최고의 부자들이 재산의 대부분을 사회에 환원겠다는 약속)'에 서명함으로써 공동체 정신을 실천하기로 공개적으로 약속했다.

비즈니스 아이콘 브라이언 체스키, 조 게비아, 네이선 블러차직의 1%

....

- 말도 안 되는 아이디어도 받아들이자.
  그 아이디어가 1% 앞선 생각일 수도 있다.
- 부족한 부분을 채워주고 목표를 공유할 협력자를 찾자.
  함께 일하면 혼자 일할 때보다 훨씬 많은 목표를 달성할 수 있다.
- 건강한 문화를 구축하는 데 집중하자.
  건강한 문화는 조직이 어려운 시기를 버틸 수 있게 힘을 주고, 때론 혁신을 일으키는 기반이 된다.
- 더 발전하고 싶다면 직접 해보자.
  내 제품의 품질을 정확히 알 수 있는 최고의 방법은 직접 써보는 것이다.
- 멘토를 찾자.
  어떤 업계, 어떤 지위든 도와줄 멘토는 반드시 있다.

6장
파타고니아

"지구를 살리는 일에 절박해져라."[1]

이본 쉬나드 Yvon Chouinard

친환경 기업의 대명사인 파타고니아는 지구 환경을 최우선으로 생각하는 기업이다. 이곳은 등산, 서핑, 스키, 플라이 낚시 같은 '고요한 스포츠' 장비와 야외 활동복을 만들어 전 세계에 판매한다. 또한 파타고니아는 지구를 지키려면 소비를 줄여야 한다고 굳게 믿어, 거의 모든 제품을 무상으로 수리해준다.

파타고니아는 의류 사업 외에 출판 사업도 하고 있으며, 환경 및 스포츠를 주제로 영화도 제작한다. 또 '파타고니아 프로비전'을 설립해 신중하게 조달한 식품도 판매한다. 무엇보다 이 기업은 불필요한 해를 끼치지 않고, 사업으로 자연을 보호하며, 새로운 방법으로 최고의 제품을 만드는 데 가치를 둔다.[2]

자연을 사랑한 자유로운 영혼

파타고니아가 반세기 동안 버틴 데는 혁신적인 창업자 이본 쉬나드의 공이 크다.

쉬나드는 1938년 11월, 미국 메인주의 도시 루이스턴에서 태어났다. 그의 부모님은 퀘벡 출신의 프랑스계 캐나다인이어서 프랑스어를 사용했다. 나중에 그는 가족과 함께 캘리포니아주 버뱅크로 이사했는데, 안타깝게도 학교생활에 쉽게 적응하지 못했다. 영어도 할 줄 몰랐고 공부에 흥미도 없었기 때문이다. 결국 그는 학교에서 문제아로 낙인찍혔다.

어린 시절 쉬나드는 운동을 매우 좋아했다. 그래서 십 대가 되었을 때 매와 독수리로 사냥하는 방법을 가르치는 한 동아리에 가입했다. 그는 이곳에서 활동하는 동안 등산을 배웠고, 그 후 평생 산타기를 즐겼다.

쉬나드는 고등학교를 졸업한 후 2년간 지역 전문대학에 다니며, 형이 운영하던 사설탐정 사무실에서 아르바이트를 했다. 여담이지만, 이곳의 주 고객은 미국의 억만장자 사업가이자 영화 제작자인 하워드 휴스였다.

쉬나드는 1957년 고철상에서 석탄 노(爐), 모루, 집게, 망치를 사서 대장간 일을 독학하기 시작했다. 실력은 조금씩 늘었고 혼자 무언가를 만들 수 있게 되었다. 그러자 그는 카라비너(등산용 고리)와 피톤(등반하다 떨어질 경우를 대비해 박아두는 금속 스파이크) 같은 등반 장비를 직접 만들어 사용했다. 그 후 몇 년 동안 겨울에는 등반 장비를 만들고, 여름에는 산을 오르며 보냈다.

자동차 트렁크에 장비를 싣고 다니며 팔아서 돈을 조금 벌기도 했지만, 먹고 살기에는 턱없이 부족했다. 그렇지만 그는 자유로운 생활을 포기할 수 없었다. 그래서 찌그러진 캔에 든 고양이 사료를 먹거나 땅다람쥐를 잡아먹기도 하면서 적은 수입으로 버텼다.

이렇듯 자연 속에서 편안함을 느낀 그는 자신을 소비문화에 반항하는 사람이자, 기업을 '모든 악의 근원'으로 여기는 사람이라고 생각했다.[3]

분명, 쉬나드는 사회의 규칙을 따르는 인물이 아니었다. 이를 증명하는 여러 일화가 있다. 1962년에 그는 친구와 등반 여행에서 돌아오던 길에 기차 화물칸에 몰래 탔다가 체포돼 18일 동안 감옥에 구금됐다. 곧 그는 미군에 징집돼 한국으로 파견됐는데, 상관에게 경례하기를 '잊어버리고', 품행이 단정하지 않았으며, 단식 투쟁을 벌이고, 불안한 행동을 일삼는 등 문제만 일으켰다.[4]

한국으로 떠나기 전 서둘러 결혼했던 쉬나드는 군대 전역 후 아내와 이혼했다. 그러고 나서 캘리포니아 최고의 서핑 지역과 인접한 남부 해안의 벤투라로 이사했다.

그는 자신의 장비를 찾는 사람이 많아지자, 톰과 도린 프로스트라는 사업가들과 동업을 시작했다. 사실 이들은 사업을 크게 키우겠다는 야망은 없었다. 그저 등반 여행의 비용을 마련하기 위해 9년 동안 동업한 것뿐이었다. 그런데도 이 기업은 1970년 미국에서 가장 큰 등반 장비 공급사가 됐다.

이때, 쉬나드는 한 가지 앞선 생각을 했다. 바위틈에 손으로 고정할 수 있는 알루미늄 초크를 만들겠다는 것이었다. 등반할 때 쓰는 피톤이 캘리포니아 요세미티 계곡 같은 절경 속 바위를 망치게 계속 둘 수 없었다.

◆ ◆ ◆
끝날 뻔한 사업도 살려내는 빠른 생각의 힘

1970년, 그는 스코틀랜드로 등반 여행을 떠났다. 그때 럭비 셔츠를 하나 사서 등산이 끝나고 돌아올 때까지 쭉 입었다. 그런데 친구들이 자꾸 그 옷을 어디서 샀는지 물으며 관심을 보였다.

그 이유를 곰곰이 생각한 쉬나드는 영국, 뉴질랜드, 아르헨티나에 럭비 셔츠를 대량으로 주문했다. 옷을 팔면 장비 사업에 도움이 될 거라고 생각했기 때문이다. 마침내 쉬나드가 '의류 사업 진출'이라는 중대한 결정을 내린 날이었다.

그렇게 쉬나드의 기업은 럭비 셔츠, 카굴(비바람을 막기 위해 입는옷), 장갑, 배낭과 다른 제품들을 판매하는 직영점을 운영하기 시작했다. 쉬나드의 예측대로 옷 판매는 기업 성장에 일조했고, 의류 사업은 점차 커져 고유한 상표를 만들어야 했다.

쉬나드는 깊은 고민에 빠졌다. 그러다 문득 거친 야외에서 입기 위해 만든 옷이니, 남미 최남단에 있는 파타고니아 산악 지역의 이름을 따오면 어울리겠다는 생각이 들었다. 그렇게 1973년, 피츠로이산의 삐죽삐죽한 봉우리를 따라 그린 독특한 로고와 함께 파타고니아가 공식적으로 출범했다.

하지만 1년 뒤 위기가 닥쳤다. 파타고니아는 홍콩의 의류 공장과 수천 장의 럭비 셔츠를 만들기로 계약했는데, 배송도 늦고 옷의 품질도 형편없었다. 결국 럭비 셔츠를 원가보다 저렴한 가격에 처분하는 바람에 자금 운용에 문제가 생기고 말았다.

쉬나드의 두 번째 아내인 말린다도 사업에 합류했지만, 재정적 압박이 너무 심했다. 결국 1975년 12월 프로스트와의 동업이 끝났고, 쉬나드와 그의 아내가 사업을 맡게 됐다.

둘은 은행 회전신용의 도움으로 사업을 간신히 유지했다. 또 크리스 맥디비트 톰킨스의 힘도 빌렸다. 그녀는 1979년 총괄 관리자로 취임해 13년 동안 총괄 관리자 겸 CEO를 맡았다. 쉬나드 대신 기업의 발전 방향을 잡는 실질적인 운전사 역할을 한 셈이다.

사실 쉬나드는 사업가 역할을 좋아하지 않았고, 자신을 사업가로 생각하지도 않았다. 사업가보다는 오히려 등반가, 서퍼, 카약과 스키를 즐기는 사람, 대장장이로 생각했다.

시간이 흘러 사업가라는 사실을 받아들인 쉬나드는 자신이 정의

한 사업가가 되겠다고 굳게 결심했다. 그는 직원들이 매일 즐겁게 일하고, '계단을 한 번에 두 개씩 폴짝폴짝 오르며' 출근하는 곳을 만들고 싶었다.[5] 직원의 입장에서 건전한 문화를 만들고자 하는 앞선 생각이었다.

자금 운용 위기에서 벗어난 파타고니아는 파일 재킷과 보온 속옷 같은 산악인을 위한 기능성 의류를 만드는 데 집중했다. 그 결과 1980년대와 1990년대에 매출이 빠르게 성장한 파타고니아는(현재 파타고니아Inc.로 표기) 세계적으로 뻗어나가며 1억 달러 이상의 판매를 기록했다.

◆ ◆ ◆

100년을 내다보고 생각해야 보이는 길

쉬나드는 여행을 즐기는 편이다. 그런데 종종 여행지에서 자연환경이 파괴된 모습을 보고 마음이 무거워지곤 했다. 기업이 계속 성장할 수 있을지도 걱정됐다. 앞에서 말했듯, 파타고니아는 지구 환경을 최우선으로 생각하는 기업이다. 그래서 자연 서식지를 보호하고 복원하기 위해 노력하는 환경 단체에 후원하기로 결심했다. 그리고 1984년에는 기업의 모든 종이 쓰레기를 재활용하기 시작했다. 실제로 파타고니아는 미국 최초로 제품 안내서를 재활용 종이로 만든 곳이다.[6]

이처럼 쉬나드는 환경을 보호하려는 남다른 책임감을 지녔다. 그래서 파타고니아는 1980년대 초부터 비영리 환경 단체에 기부했으며, 1986년에는 수익의 10%를 기부하겠다고 약속했다. 10년 뒤인 1996년에는 매출의 1%를 기부하겠다고 약속했는데, 이는 수익이 없더라도 환경을 위해 기부하겠다는 의미다. 이 기부금은 스스로 부과한 일종의 '지구세'다. 지구에 살면서 자원을 사용하고, 기업 활동으로 환경을 망친 대가로 내는 금액인 셈이다.

파타고니아가 지원하는 곳에는 최소한의 자원으로 자연을 지키기 위해 노력하는 풀뿌리 환경 활동가들이 많다.[7] 2002년에 쉬나드는 자연환경을 보호하고 되살리기 위해 매출의 최소 1%를 기부하기로 약속한 세계 기업들의 연합인 '지구를 위한 1%1% for the Planet'를 공동으로 설립했다.[8]

1980년대 후반 파타고니아의 자매 회사인 '쉬나드 장비Chouinard Equipment'가 몇몇 소송에 휘말리면서 쉬나드는 다시 새로운 난관에 봉착했다. 회사가 법정 관리에 들어가 직원들에게 인수된 것이다.

그 후 쉬나드와 그의 아내는 파타고니아에 집중했지만, 파타고니아마저 1991년에 위기를 맞고 만다. 40%의 성장을 목표로 인력을 고용했으나 경기 침체로 20%밖에 달성하지 못했기 때문이다. 결국 1991년 7월 31일, 파타고니아는 전 직원의 20%에 달하는 120명을 해고했다. 쉬나드는 이날을 "역사상 가장 어두웠던 하루"라고 표현했다.

하지만 쉬나드는 이 슬픈 사건을 의미 없이 묻어버리지 않았다. 도리어 파타고니아의 가치를 명확히 하며, 우선순위를 다시 검토하는 기회로 삼았다. 기업이 무엇을 위해 존재하는지 깊이 생각하고, 환경에 기초한 가치를 고민했다. 쉬나드는 파타고니아가 살아남으려면 어떤 결정이든 100년을 내다보고 내려야 하며, 100년 동안 유지할 수 있는 속도로 성장해야 한다고 생각했다.[9]

1996년, 파타고니아는 모든 면화를 유기농 목화로 바꿨다. 이는 운영상 가장 중요한 변화 중 하나였다. 또 기업의 성장을 유기적 성장으로 제한해, 매년 고객이 바라는 만큼만 성장한다. 그리고 기업의 성공을 판매 수치나 이익이 아닌, 환경 파괴를 얼마나 막았는지로 평가한다. 이를테면 벌채되지 않은 오래된 숲이나 사용되지 않은 독성 살충제 등으로 성공을 측정한다.[10]

그동안 파타고니아는 기업을 키워 상장시키려는 야망을 품은 많은 잠재적 주주들의 관심을 끌었지만, 여전히 비상장 기업이다. 그 덕분에 파타고니아는 좋은 일을 하는 데 집중할 수 있었다.[11] 또 이 기업은 쉬나드와 그 가족들이 내린 획기적인 결정 덕분에 미래에도 주주 회사가 될 수 없다.

2022년 쉬나드와 그의 아내, 성인인 두 자녀는 파타고니아의 소유권(당시 기준으로 약 30억 달러)을 특별히 설계된 신탁 및 비영리 단체에 양도해 화제를 모았다. 파타고니아는 새로운 법적 구조를 통해 기업의 수익 활동을 지속하면서도, 미래의 수익은 자연 보호와 지역사회 지원, 환경 위기 극복을 위해 사용할 계획이다.[12] 이제 파타고니아는 더 이상 쉬나드 가족의 소유가 아니다. 그렇지만 앞으로도 쉬나드 가족은 신탁을 안내하는 역할을 할 것이다.[13]

"이제 우리의 유일한 주주는 지구입니다."

파타고니아는 이렇게 선언했다. 이 다짐에 영향을 줄 수 있는 매매나 공모를 하지 못하도록 법적 제도도 마련했다. 자본주의가 지구를 위해 일할 수 있음을 증명함으로써 다른 기업에 모범이 되겠다는 강한 의지를 엿볼 수 있는 행보다.

파타고니아는 '공모'가 아니라 '공익'으로 나아가고 있다. 쉬나드는 이렇게 설명했다.

"우리는 자연의 가치를 돈으로 바꾸는 대신, 파타고니아가 번 돈으로 자원을 보호합니다."[14]

쉬나드와 그 가족의 결정이 훗날 어떤 결과를 보여줄지 매우 기대된다. 파타고니아의 성공이 쭉 이어져 새로운 세대의 환경 및 사회적 기업에 영감을 주게 될까? 아니면 창업자의 목표와 열정이 사라진 채 길을 잃고 말까? 미래가 어떻지는 알 수 없지만, 한 가지는 확실하다. 분명 여러 경영대학원에서 파타고니아의 실험적인 사례를 면밀히 연구할 것이다.

어쩌면 쉬나드는 그런 연구의 대상이 되는 데 부담을 느낄지도 모른다. 사실 지금도 쉬나드는 자신을 엄청나게 성공한 사업가로 보는 시선을 불편해한다. 오히려 스스로를 '더트백(가난한 등반가 혹은 야외 생활을 하는 사람)'이라 부르며,[15] 사치품을 멀리하고 소박하게 생활한다. 그는 2017년 〈포브스〉가 '세계 최고의 부자' 목록에 자신을 올리고 억만장자라고 칭하자 기겁했다. 쉬나드는 나중에 〈뉴욕 타임스〉에서 "정말 열 받았다. 난 통장 잔고가 10억 달러도 안 되고 렉서스를 몰지도 않는다"라며 그 이유를 설명했다.[16]

쉬나드는 환경을 지키기 위한 여러 노력을 하고 있음에도, 자연의 운명을 '완전히 비관적'으로 보고 있다. 수년 동안 환경 파괴를 목격했고, '코앞에 닥친 종말'을 막으려는 사회적 의지가 부족하다고 느끼기 때문이다. 그는 '어쩌면 인간이 자연히 사라질 차례'일지도 모른다고 생각한다.[17]

◆ ◆ ◆

생각의 속도로 부의 크기를 바꾸다

파격적이고 거침없는 성격인 쉬나드는 사업에 관한 시각 자체를 바꾸려 노력하는 돌격대장이다. 한마디로 지속 가능한 자본주의의 개척자다. 그의 앞선 생각은 당연히 모두 지구와 관련된다. 그는 자연이 뒷받침하는 만큼만 성장해야 한다고 믿는다. 그리고 지구를 보호하기 위해 원하는 물건이 아닌, 필요한 물건만 사야 한다고 강조한다. 쉬나드가 진심을 다해 지켜온 이 원칙들이 곧 파타고니아의 강점이다.

쉬나드는 '창출하는 이익의 양이 아니라 매년 얼마나 좋은 일을 했는가'를 목표로 삼아야 한다고 생각한다. 물론 사업을 유지하고 다른 기업들의 모범이 되려면 수익이 나야 한다는 사실도 알고 있다. 다만, 기업이 다른 일들을 제대로 한다면 수익을 얻을 수 있다고 믿는다.

쉬나드가 생각하는 '진정한 성장'은 급격한 성장을 추구하는 현대의 흐름과 분명히 상충한다. 그렇지만 여전히 파타고니아의 목표는 옷을 패션 아이템으로 사는 사람들을 대상으로 인위적인 시장을 만들기보다, 진짜 옷이 필요한 고객들과 '자연스러운 속도'로 성장하는 것이다.

파타고니아는 사회적, 환경적 관행을 개선하기 위해 노력하는 기업들B Corps로 공동체를 구축하려 노력하는 비영리 단체 B랩의 회원이다. 파타고니아 자체가 B Corps이기도 하다.[18]

쉬나드의 자서전 《파타고니아, 파도가 칠 때는 서핑을》(라이팅하우스, 2020)에 파타고니아를 성공으로 이끈 철학이 나온다. 파타고니아는 품질 좋고 유용한 제품을 만들고자 하며, 의류 업계 최고를 목표로 한다. 물론 환경을 파괴하지 않는 선에서 최선을 다한다. 파타고니아의 디자이너들은 최고급 제품을 만들기 위해 스스로 몇 가지 근본적인 질문을 던진다.

"기능이 여러 가지인가? 예를 들어, 등산할 때도 입고 스키 탈 때도 입을 수 있는가?"

"내구성이 좋고, 간결한가? 거칠게 써도 오래 버틸 수 있는가?"

"수선이 가능한가? 관리와 세탁이 쉬운가?"

"예쁜가? 불필요한 해를 끼치진 않는가?"[19]

파타고니아는 소수의 고품질 공급업체와 오랜 기간 협력하고 있다. 그리고 고객사로서 제품의 품질은 물론 근무 조건까지 개선하기 위해 항상 노력한다. 새로운 원단이나 공급업체를 이용하기 전에는 미리 철저하게 조사한다. 또한 사업 과정을 개선하고자 끊임없이 노력하며, 다른 기업이나 문화를 보고 영감을 얻는 데 거리낌이 없다.[20]

여전히 쉬나드 장비 회사의 문화를 유지하고 있다는 점도 파타고니아만의 장점이다. 쉬나드 장비는 전통적인 기업 가치를 신봉하지 않고 친구들과 일하기를 즐기던 회사였다. 직원 중에는 실제 등반가들도 많았다.

현재도 직원을 채용할 때, 파타고니아 브랜드를 자주 사용하고 야외 활동을 즐기는 사람을 뽑으려 노력한다. 물론 노래, 글쓰기, 환경운동처럼 다른 분야에 열정을 가진 사람도 채용한다. 다양성을 중요시하기 때문이다. 다양한 사람이 모여야 유연하게 생각하

생각의 속도가 부의 크기를 바꾼다

고 열린 마음으로 새로운 방식을 만들 수 있다고 믿는다.

또한 파타고니아에 딱 맞는 사람을 뽑기 위해 채용 과정에 충분히 시간을 들인다. 기업의 문화를 유지하기 위해 가능한 내부에서 적합한 사람을 찾고, 직원 교육에도 아낌없이 투자한다.[21]

쉬나드는 자신의 경영 방식을 '자리 비움 경영'이라고 표현한다. 수년 동안 그는 사무실을 벗어나 세계 곳곳을 돌아다니며 1% 앞선 생각을 모았다. 그래서 쉬나드와 그의 아내는 항상 파타고니아의 운영에 깊이 관여했지만, 언제나 전문 경영인이 따로 있었다.

쉬나드는 모든 일에 능숙한 CEO는 없다고 생각한다. 각각의 상황에 맞춰 다양한 배경과 기술을 가진 CEO가 필요히디고 보는 것이다. 그리고 유능한 CEO는 문제가 발생했을 때 바로 전문가의 도움을 받지 않고, 스스로 문제를 해결하려 시도한다고 말한다.[22]

무엇보다 일은 반드시 재미있어야 하며, 열정을 추구하는 수단이어야 한다고 굳게 믿는다. 그는 일이 사람들의 삶을 구속하면 안 된다고 생각한다. 파타고니아가 '파도가 칠 때 서핑을'이라는 유연 근무제를 시행하는 이유다.

이 제도 덕에 직원들은 서핑이나 등산을 하러 가거나, 자녀가 하교할 때 데리러 갈 수도 있다. 파타고니아는 자녀를 둔 직원들을 위해 방과 후 활동뿐만 아니라 현장 보육 등 지원을 아끼지 않는다. 이런 현실적인 지원이야말로 직원들에게 일할 동기를 부여하는 홀

류한 방법이라 생각하기 때문이다.[23]

여러 번 말했듯, 쉬나드는 운동을 즐긴다. 운동하며 얻은 교훈도 꽤 많은데, 특히 자신의 한계를 알아야 한다고 강조하곤 했다. 그는 사람과 기업 모두 자신의 강점과 약점을 알고, 능력 안에서 살아야 한다고 믿는다.[24] 물론 사업에서 위험을 무릅쓰는 게 중요하다는 것도 안다. 그래서 그는 때로 모든 답을 얻기 전에 미리 행동하지 않으면 앞서지 못할 수 있다고 조언하기도 했다.[25]

쉬나드는 기후 문제, 삼림 파괴, 토양 악화, 물 남용 같은 문제를 해결하기 위해 적극적으로 나서는 열정적인 환경운동가로 유명하다. 또한, 쉬나드는 세상에 아무런 해를 끼치지 않는 '완전히 지속 가능한 제품'을 절대 만들 수 없다는 사실 때문에 항상 고민한다.[26] 그러나 누군가는 그를 위선자로 볼지도 모른다. 의류 사업으로 환경을 파괴한다고 말이다. 사실 의류 사업은 수질 오염, 토양 악화, 탄소 배출은 물론 현대판 노예제 같은 사회 문제와 얽혀 있다.

하지만 위선자는 아니다. 파타고니아는 오염을 줄일 수 있는 모든 일을 하고 있지만, 기업인 이상 이 문제에서 완전히 벗어날 수 없을 뿐이다.

그는 빠르게 기술이 발전하는 시대를 살아왔지만, 기술에 능숙하지는 않다. 컴퓨터는 물론 휴대전화도 갖고 있지 않으며,[27] 사무실 에어컨을 IBM의 새 시스템으로 착각한 적도 있다.[28] 그는 변화를 받아들이면서도 절제, 품질, 단순함 같은 오래된 가치를 믿는다.

생각의 속도가 부의 크기를 바꾼다

"복잡한 기술을 지식으로 단순하게 만드는 일이 '통달'이라고 믿습니다. 단순하게 살기로 결심하면, 삶이 빈곤해지는 게 아니라 '모든 면에서 한층 더 부유'해집니다."[29]

비즈니스 아이콘 이본 쉬나드의 1%

....

- 내 일이 지구에 어떤 영향을 끼치는지 진지하게 생각해보자.
  지속 가능한 성장을 하고 있는가, 아니면 성장을 위한 성장을 하고 있는가?
  성장하면서 어떤 해를 끼치고 있는가? 이 질문들에 답하다 보면 나아가야 할
  방향을 알 수 있다.

- 독립적이고 색다른 생각을 하자.
  다른 사람의 방법을 따라 할 필요는 없다. 앞선 생각을 하려면 나만의 시각으
  로 새롭게 접근해야 한다.

- 일을 즐겁게 만들자.
  직원들이 즐겁게 출근한다면 더 신경 써서 열심히 일할 것이다.

- 관심 있는 문제에 적극적으로 나서자.
  누구나 1%만 앞서면 세상을 바꿀 수 있다.

- 단순한 삶을 받아들이자.
  원하는 물건이 아니라 필요한 물건만 사자.

7장
미스터비스트

———————— M r B e a s t ————————

**"내 인생의 궁극적인 목표는
돈을 아주 많이 벌어서 죽기 전에 전부 나눠주는 것이다."[1]**

지미 도널드슨 Jimmy Donaldson

기상천외한 도전을 펼쳐 성공한 사람에게 거액(1만~100만 달러)을 주는 영상을 올리는 미스터비스트. 그는 다양한 자선 활동과 재미있는 도전으로 전 세계 수백만 명의 팬들에게 사랑을 받는 미국의 유명 유튜버다. 그의 대표적인 영상으로 회전문에서 오래 버티기, 들판에 그려놓은 원 안에서 100일 버티기, 마트에서 홀로 살아남기 같은 도전 영상들이 있다.

또 도널드슨은 큰돈을 깜짝 기부하는 사람으로도 유명하다. 실제로 식당 종업원이나 피자 배달원에게 팁으로 1만 달러를 주기도 했다.[2] 무상으로 돈을 나눠주기 위해 직접 은행을 설립하기도 했고,[3] 집을 1달러에 판매한 적도 있다.[4]

2023년 1월 기준, 미스터비스트 채널@MrBeast의 구독자 수는 1억 2,500만 명이 넘는다. 유튜브에서 가장 인기 있는 5개 채널 중 하나다.[5]

그는 구독자 수가 가장 많은 개인 유튜버로, 그의 영상들은 수십억 번 재생될 만큼 남녀노소 모두에게 인기가 많다. 또한 그는 미스터비스트 외에 미스터비스트 게이밍, 비스트 리액츠 채널도 갖고 있다.

◆ ◆ ◆

1천만 원을 주고 2천만 원을 번 앞선 생각

그의 영상을 본 사람들은 알겠지만, 미스터비스트의 실제 주인공은 앳된 얼굴의 Z세대 지미 도널드슨이다.

그는 1998년 5월 군에서 복무하던 미혼모 어머니 밑에서 태어났다. 어린 시절, 도널드슨은 이사를 많이 다녔고, 어머니의 야간 교대 근무로 혼자 저녁을 보내는 일도 잦았다.

그는 13세였던 2012년, '미스터비스트6000'이라는 이름으로 유튜브에 첫 영상을 올렸다. 처음에는 지금처럼 엄청난 도전 영상을 올리지 않았다. 어린 나이였기에 도전 영상을 찍기는 어려웠을 것이다. 그래서 당시 도널드슨은 주로 마인크래프트를 비롯한 온라인 게임의 재미있는 영상을 올렸다.[6]

그렇게 시간이 흘러 2016년, 대학생이던 도널드슨은 이스트캐

롤라이나대학을 중퇴하고 전업 유튜버의 길로 들어섰다. 당시 그는 화장실 휴지나 음식 포장용 랩으로 전신을 감싸는 무모한 도전을 했다. 하지만 어머니는 그의 도전을 달가워하지 않았고, 급기야 도널드슨에게 집을 나가라고 했다.[7]

이 일화가 퍼지자 2019년 도널드슨은 SNS에 "어머니는 자신을 사랑하고, 성공하길 바라는 마음뿐이었다"고 글을 올리며 어머니의 행동을 감쌌다.[8] 다행히 그는 어머니의 걱정을 모두 지울 만큼 큰 성공을 거뒀다.

2017년에 도널드슨은 처음으로 브랜드와 계약해 1만 달러를 벌었다. 보통의 사람들은 이처럼 적지 않은 돈을 벌면 무엇을 할지 고민할 것이다. 그런데 도널드슨은 모두가 놀랄 행동을 했다. 그 돈을 노숙자에게 주며, 노숙자의 반응을 카메라에 담은 것이다. 이 영상은 곧 입소문을 타며 빠르게 퍼졌다. 아무도 생각하지 않았던 것을 앞서 생각했으니 주목을 받는 게 당연했다.

이를 계기로 그는 '기부하기'를 주력 콘텐츠로 제작했고, 기부는 곧 그의 상징이 됐다. 후에 그는 "1만 달러를 날려버리고 2만 달러를 벌어서 기분이 좋다"며 호탕하게 말했다.[9]

시간이 흐르고 도널드슨은 점점 더 과감한 영상을 기획했다. 숫자 0부터 10만까지 세기(40시간이 걸렸다),[10] 24시간 동안 피짓 스피너(가운데 부분을 잡고 날개를 돌리며 노는 장난감) 돌리기,[11] 관 속에 들어가 산 채로 땅에 묻히기,[12] 독방에서 50시간 버티기,[13] 남극에

생각의 속도가 부의 크기를 바꾼다

서 눈보라가 칠 때 캠핑하기[14] 등 그가 기획한 도전들은 괴상하지만 세심했다.

◆ ◆ ◆

나누면 돈이 모이고, 돈이 모이면 다시 나누고

도널드슨이 앞에 나서기는 하지만, 사실 미스터비스트는 팀의 역할이 굉장히 크다. 팀원들끼리 소통하는 과정에서 재미있는 일도 많이 생긴다. 초기에는 도널드슨의 어린 시절 친구 4명이 팀에 있었다(크리스 타이슨, 챈들러 할로우, 개릿 로널즈, 제이크 프랭클린). 그러나 이들은 각자 빠르게 소셜 미디어 스타가 됐고, 그 후 팀원은 30명까지 늘어났다.[15]

미스터비스트는 사회에 긍정적인 영향력을 미치면서 동시에 환경운동도 장려한다. 2019년, 미스터비스트는 미국 기반의 비영리 단체인 식목일 재단Arbor Day Foundation을 위한 모금 운동을 했다. '팀 트리#TeamTrees'라고 부른 이 운동의 목표는 연말까지 나무 2천만 그루를 심는 데 필요한 자금을 마련하는 것이었다. 도널드슨은 미스터비스트 역대 가장 큰 프로젝트라며 긴장했지만, 결국 목표를 달성했다.[16]

사실 도널드슨의 영상 제작 규모는 굉장하다. 그는 미국 노스캐롤라이나주에 있는 약 40만 5천 제곱미터 규모의 비밀 복합단지에서 영상을 만든다. 게다가 영상 한 편을 제작하는 데 수백만 달러를 쓴다.

도널드슨의 스튜디오는 채널에 들어온 광고와 후원 콘텐츠를 통해 수백만 달러의 수익을 내고 있다.[17] 그 덕분에 어마어마하게 큰 돈을 기부할 수 있는 것이다.

도널드슨의 앞선 생각은 유튜브를 선택한 순간부터 시작됐다. 유튜브는 세계에서 구글 다음으로 많은 사람이 방문하는 웹사이트로, 한 달 사용자만 26억 명이 넘는다.[18] 그는 유튜브라는 플랫폼 덕분에 자신의 독특한 인내심 도전과 자선 활동을 좋아하는 전 세계의 시청자에게 다가갈 수 있었다.

최근에 도널드슨은 유튜브에서 벗어나 요식업과 제과 사업에 진출했다. 2020년에는 합작투자로 배달 전용 햄버거 체인점인 '미스터비스트 버거'를 시작했는데, 이 브랜드는 곧장 미국에서 가장 빠르게 성장하는 음식점이 됐다.

2022년에는 유기농 카카오로 만든 초콜릿 브랜드인 '피스터블 Feastables'도 출시했다. 이 초콜릿은 미국뿐만 아니라 유럽, 호주 등에서도 인기를 끌었다.

게다가 로알드 달의 소설 《찰리와 초콜릿 공장》에서 영감을 받아, 실제 초콜릿 강이 흐르고, 나뭇가지에 구미 베어가 매달린 가짜 초콜릿 공장도 만들었다. 그는 초콜릿을 홍보하기 위해 피스터블 바에서 골든 티켓을 발견한 10명을 공장으로 초대해 50만 달러와 신형 자동차를 상품으로 주는 행사도 열었다.[19]

미스터비스트의 이미지는 좋은 편이다. 하지만 2021년 도널드슨의 '착한 남자' 이미지는 타격을 입고 만다.

전 직원 몇몇이 〈뉴욕 타임스〉에 그가 불합리한 요구를 하고 불편한 업무 환경을 만들었다고 폭로했기 때문이다. 또 도널드슨이 완벽주의자고, 카메라가 없을 때에는 태도가 완전히 달라진다며 비난했다.

게다가 십 대 때 동성애에 관한 부정적인 발언을 SNS에 올렸다가 논란이 일자 지운 일도 도마에 올랐다.[20] 논란은 여기서 끝나지 않았다. 팬들이 손해를 본 가상화폐 사기를 홍보하고 투자해서 거센 비난을 받았다.[21]

도널드슨의 대변인은 직장 환경과 관련된 혐의에 대해서는 언급하지 않았지만, 콘텐츠 제작자로서 지금은 동성애 혐오 발언을 하지 않는 성숙한 사람으로 거듭났다고 밝혔다.

최근에는 자선 활동을 하고 논란의 중심에 선 적도 있다. 2023년, 그는 중증 백내장 환자 1,000명이 다시 세상을 볼 수 있도록 수술비를 지원했다. 하지만 수술 직후 붕대를 푸는 영상을 올리며 비난을 받았다.

그의 안티팬들은 그가 영상을 만들 목적으로 아픈 사람을 이용했다고 주장했다. 비난이 거세지자 도널드슨은 죽기 전에 자신의 재산을 모두 기부하겠다고 약속했다.[22]

이런 논란에도 불구하고 도널드슨은 여전히 성공 가도를 달리고 있다. 〈포브스〉는 "미스터비스트가 최초의 유튜버 억만장자가 될 수 있을까?"라는 도발적인 제목과 함께 '2023년 북미 30세 이하 30인'에 그를 선정했다. 또한 도널드슨을 '세계에서 돈을 가장 많이 버는 콘텐츠 창작자'라고 칭하며 그의 재산을 5억 달러로 추정했다.[23]

◆ ◆ ◆

생각의 속도로 부의 크기를 바꾸다

도널드슨은 그저 바보처럼 해맑은 웃음을 짓고, 키만 큰(195cm) 사람이 아니다. 스스로 증명했듯, 그는 훨씬 가치 있는 사람이다. 그는 독창적인 생각을 빠르게 떠올리는 천재일 뿐만 아니라, 비디오 게임이나 식품업에서 수익을 낼 기회도 날카롭게 포착하는 기민한 비즈니스 아이콘이다.

도널드슨은 어렸을 때부터 인기 유튜버를 꿈꿨지만, 실제로 이룰 수 있으리라 생각하지는 않았다. 그는 처음 유튜브를 시작했을 때 돈도 없고, 시청자도 없었다. 그러나 포기하지 않고 꾸준히 영상을 올렸고, 수익이 생기면 다시 영상에 투자했다.

그는 2019년에 동료 유튜버인 케이시 네이스탯과의 인터뷰에서 자신의 성공 비결을 몇 가지 공유했다. 그는 자신의 콘텐츠를 '바보처럼 굴기', '돈 많이 쓰기'라고 표현하며 다음과 같이 설명을 덧붙였다.

"돈을 더 벌면 어떻게든 영상에 더 써야겠다고 생각했어요. 그냥 그러고 싶었어요."

도널드슨은 영상 만드는 과정 자체를 좋아한다. 그래서 어떤 어려움이 닥쳐도 영상을 만들 수 있었다. 네이스탯과의 인터뷰에서 "말 그대로 유튜브가 사라질 때까지 영상을 만들 거예요"라며 의지를 보이기도 했다. 실제로 그는 유튜버로 성공하겠다는 야망을 이루기 위해 십 대 시절을 바칠 각오도 했었다.

도널드슨은 영상의 조회 수가 높으면 힘이 나지만, 무엇보다 영상 만드는 일로 어머니를 부양하고, 친구와 일하고, 다른 사람을 도울 수 있어서 좋다고 말한다.

또한 사람들이 부정적인 콘텐츠를 더 좋아한다는 편견을 깨고 싶어 한다. 그는 유튜브에서만큼은 '긍정적인 콘텐츠가 부정적인 콘텐츠 못지않게 관심을 받는다'고 생각한다. 실제로 사람들에게 친절을 베푸는 그의 영상은 아주 훌륭한 예능으로 사랑을 받고 있다.

"난 사람들이 원하는 영상을 만들고 싶어요."

그래서 도널드슨은 영상을 기획할 때 언제나 시청자의 입장에서 생각한다. 그는 유튜버 지망생에게 "다른 사람이 영상을 만드는 데 몇 시간을 들이면, 난 며칠을 써야 한다"라고 조언하기도 했다. '이렇게까지 해야 할까?' 싶을 정도로 공을 들여야 다른 사람보다 나은 결과를 낼 수 있기 때문이다.

봉사와 나눔은 도널드슨 사업의 핵심 가치다. 그는 네이스탯과의 인터뷰에서 이렇게 말했다.

> "사람을 돕는 게 좋아요. 돈이 많지 않을 때도 지갑에 돈이 있으면 노숙자에게 주곤 했어요."

그는 사람들이 예상치 못한 큰돈을 받았을 때, 밝아지는 얼굴을 보면 즐거워진다. 또 힘든 순간에 사람들의 행복한 모습을 떠올리면 동기부여가 된다. 그는 이렇게 말했다.

> "돈을 벌어서 나중에 큰일을 하고 싶어요."

사실 도널드슨은 이미 '큰일'을 했다. 그는 비스트 자선단체를 설립해 복지가 열악한 지역에 음식을 나눠주고 있다.[24]

도널드슨은 유튜버나 인플루언서를 현실적인 직업으로 인정하지 않는 전 세계 수백만 부모들의 인식에 정면으로 맞서고 있다. 그는 유튜브라는 플랫폼에서 뛰어난 예능인이자, 콘텐츠 제작자로 성공할 수 있다는 사실을 몸소 증명했다.

그는 〈포브스〉에서 "많은 사람이 여전히 유튜버를 인플루언서의

하위 계층으로 본다"라고 말하며, 여러 콘텐츠 제작자의 영향력이 과소평가 받고 있다고 지적하기도 했다.[25] 그는 유튜브나 다른 온라인 플랫폼에서 수익을 창출하는 새로운 세대의 모든 콘텐츠 제작자에게 영감을 주는 인물임이 분명하다.

비즈니스 아이콘 지미 도널드슨의 1%

- 1% 앞선 생각을 끊임없이 하고 발전시키자.
  이미 붐비는 시장에서 눈에 띄려면 남들보다 빠르게 창의적인 생각을 떠올려야 한다.

- 절대 가만히 머무르면 안 된다.
  가능성의 한계를 뛰어넘어야 브랜드를 새롭고 의미 있게 유지할 수 있다.

- 의심하는 사람들을 무시하자.
  의심하는 사람은 언제나 있다. 이들이 나의 성공을 가로막지 못하게 해야 한다.

- 자선가가 되자.
  타인을 위해 선행을 베풀면서 수익도 올릴 수 있는 일을 찾자.

- 독자적인 사업 모델을 개발하자.
  온라인 플랫폼이나 떠오르는 기술은 수익을 창출하는 새로운 길이 될 수 있다.

8장

다이슨

Dyson

> "실패를 즐기고 그로부터 배워라.
> 성공에는 배울 게 없다."[1]

제임스 다이슨James Dyson

'먼지 봉투가 없는 진공청소기'는 지금이야 익숙하지만, 출시할 당시에는 업계를 뒤흔들 만큼 혁신적인 제품이었다. 이 혁신적인 제품을 출시한 기업이 바로 다이슨이다. 다국적 기술 기업인 다이슨은 영국에서 창립했지만, 현재는 싱가포르에 기반을 두고 있다. 다이슨의 다른 제품으로는 헤어드라이어, 조명, 핸드 드라이어, 공기청정기, 로봇청소기 등이 있다.

'기존 사고에 얽매이지 않는다'는 자부심을 가진 이 기업은 현재 80개국 이상에 1만 4,000명이 넘는 직원을 두고 있다. 회사 인력의 절반 정도가 과학자나 기술자로 로봇, 인공지능, 기계학습, 배터리 개발, 고속 전기모터 등 다양한 분야를 연구한다.[2]

또한 다이슨은 가족경영 기업으로 '실험과 학습을 자유롭게 하는 스타트업 정신'을 계속 유지하는 것을 목표로 한다.[3] 2021년에는 57억 파운드의 수익을 기록했다.[4]

◆◆◆

대담한 발명가를 탄생시킨 슬픔

다이슨의 선구적인 창립자 제임스 다이슨은 1947년 5월, 3남매 중 막내로 태어났다. 그의 아버지는 영국 노펙주 홀트에 있는 그레셤스 학교의 교사였다.

그러나 그의 어린 시절은 제2차 세계대전의 여파로 어려웠다. 일곱 살 때까지 식량 배급제가 있을 정도였다. 그의 자서전《제임스 다이슨》(사람의집, 2023)에서 그는 "텔레비전도 없고, 난방을 마음껏 할 수도 없었으며, 새 장난감은커녕 소비재도 거의 없었다"고 회상했다. 간신히 살아갈 만큼의 돈만 있었던 셈이다.[5]

8세 때 다이슨은 가족과 떨어져 그레셤스 학교에 입학했다. 새로운 시작에 설렘을 느끼는 것도 잠시, 곧 큰 슬픔이 닥쳤다. 1956년, '언제나 쾌활한 만물박사'였던 아버지가 겨우 40세의 나이에 암으로 세상을 떠난 것이다.

아버지의 죽음은 어린 다이슨에게 큰 충격이었고, 다이슨은 오랜 시간 슬픔에서 벗어날 수 없었다.[6] 아버지가 돌아가신 지 60년도 더 지난 2021년, 다이슨은 한 인터뷰에서 "지금까지 아버지의 사

망 소식만큼 슬픈 소식은 없었다"고 회상하기도 했다.[7]

다이슨은 겨우 9세에 아버지를 잃었다. 하지만 그가 아버지를 잃는 슬픔을 겪지 않았다면 오늘의 대담한 발명가는 없었을지도 모른다. 다이슨은 아버지의 빈자리 때문에 자립할 수 있었다고 생각한다. 아버지가 떠난 후, 혼자 결정을 내리고, 위험을 감수하려는 의지가 강해졌기 때문이다.[8] 안타깝게도 다이슨이 30대 초반이던 1978년, 어머니마저 간암으로 돌아가셨다.[9]

◆ ◆ ◆

예술과 과학을 어우러지게 할 수 없을까?

학창시절 진로상담사는 다이슨에게 부동산 중개인이 되면 어떻겠냐고 제안했다. 사실 그의 학업 성적이 뛰어난 편은 아니었다.

하지만 다이슨은 그림 그리기를 좋아했고, 실력 있는 아마추어 예술가였던 어머니도 그 길로 나가기를 내심 바랐다. 다이슨의 그림 실력은 훌륭한 편이었다. 실제로 1957년, 노픽의 해변을 그린 유화 작품으로 소년 만화 《이글Eagle》이 주최한 그림 대회에서 상을 받았다.

그는 그림 그리기 외에도 운동하기, 음악 듣기, 드라마 보기, 발사나무로 비행기 모형 만들기를 좋아했다.[10]

결국 다이슨은 졸업할 때까지 진로를 결정하지 못했다. 그래서 우선 그는 런던에 있는 바이엄 쇼 회화학교에 입학했는데, 이곳은

생각의 속도가 부의 크기를 바꾼다

나중에 유명 예술대학인 센트럴 세인트 마틴스에 편입됐다.

다이슨은 이곳에서 그림을 본격적으로 배우며, 미래의 아내가 될 디어드리를 만났다. 또, 디자인 분야로 나갈 잠재성도 발견했다. 그렇게 그림과 더욱 가까워지던 그는 마침내 학장의 제안으로 영국 왕립예술대학에 들어가 가구 디자인을 공부하기로 결심했다.

다이슨은 왕립예술대학에 다니며 무엇이든 가능하다는 믿음이 생겼다. 더 구체적으로 말하자면, 예술과 과학의 조화 가능성을 발견했다. 그래서 그는 기술자이자 디자이너이면서 동시에 제조자가 되겠다는 꿈을 품게 된다. 1% 앞선 생각으로 꿈을 찾은 것이다.

그 열망이 점점 커지자 다이슨은 전공을 가구에서 인테리어 디자인으로 바꿨다. 전공을 바꾸고 나니 공학을 집힐 기회가 더 늘어났다. 인테리어 디자인과 건축은 비슷한 점이 많았기 때문이다.

왕립예술대학에 다닐 당시 다이슨은 발명가이자 사업가인 제러미 프라이를 알게 됐다. 그는 다이슨에게 바닥이 평평하고, 섬유유리로 된 고속 상륙정 '시 트럭Sea Truck'을 만들어달라고 요청했다.

다이슨은 1969년 학교를 떠난 뒤 프라이의 기술 기업인 로토크Rotork에 해양 사업부 책임자로 합류했다. 그는 그곳에서 시 트럭의 제작과 판매를 담당하며, 전 세계의 육군과 해군을 비롯한 여러 곳에 시 트럭을 판매했다. 다이슨은 로토크에 있는 시간을 좋은 기회로 생각했다. 훗날 자신이 제품을 만들어 팔 때 필요한 지식을 얻을 수 있었기 때문이다.[11]

5,127번째 도전에서 맛본 성공

마침내 1974년, 다이슨은 사업을 시작했다. 그의 첫 개발품은 '볼배로Ballbarrow'라고 하는 새로운 정원용 손수레였다. 다이슨은 영국 글로스터셔에 있는 자신의 농가를 담보로 헛간과 돼지우리에 첫 공장을 차렸다. 나중에는 공장을 인근 월트셔에 있는 공업 단지로 옮겼다. 볼배로는 영국 손수레 시장에서 점유율을 반이나 차지할 만큼 잘 팔렸다. 그러나 낮게 책정한 제품 가격 등 다양한 이유로 수익을 내는 데 어려움을 겪었다.

결국 1979년에 다이슨은 볼배로를 만든 회사 '커크-다이슨'에서 퇴출됐다. 한 가지 안타까운 점은 볼배로의 특허를 회사 명의로 했다는 것이다. 볼배로의 성공으로 회사에 새로운 투자자가 많이 유입되며 그의 주식 비중까지 크게 낮아졌다. 그렇게 다이슨은 무일푼으로 쫓겨날 수밖에 없었다.

다이슨은 다시는 자신의 특허를 넘기거나 주주들과 함께 일하지 않겠다고 다짐하며 눈물을 삼켰다. 그래도 다행인 점은 이미 혁신적인 진공청소기를 구상해놓았다는 것이었다. 다이슨은 공기의 흐름을 활용해 먼지 입자를 나누면, 진공청소기의 먼지 봉투를 없앨 수 있다고 생각했다.[12]

다이슨은 집에 있는 작은 마차 보관소에서 4년 동안 진공청소기를 개발했다. 자금은 그의 멘토인 제러미 프라이의 투자금, 은행 대출, 그리고 텃밭을 팔아 마련했다.[13] 그는 필터를 통해 먼지와 입자를 먼지 통으로 강하게 끌어당기는 사이클론 작용을 활용해 청소기를 만들 생각이었다. 1% 앞선 생각을 실현하기만 하면 됐다.

그런데 그 과정은 생각보다 순탄치 않았다. 다이슨은 프로토타입 5,127개를 직접 제작하고 실험한 뒤에야 진공청소기 만들기에 성공했다. 그의 운명을 바꿀 중요한 순간이었지만, 아쉽게도 그 당시에 그는 알지 못했다.

그는 진공청소기 설계 기술의 라이선스를 로토크와 캐나다, 일본의 기업들에 줬다. 하지만 미국 회사 두 곳을 특허 침해로 고소하며 긴 소송에 들어갔다. 소송이 끝난 후 다이슨은 100만 달러를 받았지만, 이는 소송비용조차 충당할 수 없는 금액이었다.

다이슨은 앞으로 기술을 빌려주지 않고 직접 회사를 차려 제작하겠다고 마음먹었다. 그렇게 그는 '다이슨 어플라이언스'를 설립하기 위해 집을 담보로 돈을 빌렸고, 이후 몇 년 동안 상당한 빚을 떠안게 됐다.[14]

1993년, 노스 웨일스의 렉섬에 위치한 공장에서 다이슨의 이름을 딴 사이클론 진공청소기가 처음 세상에 나왔다.

다이슨의 모델 DC01은 비록 경쟁사의 진공청소기보다 비쌌지만 금세 품질로 인정받았고, 집 관리에 진심인 소비자들의 마음을 사로잡았다. 그리고 2년도 채 지나지 않아 영국 진공청소기 시장 점유율의 20%를 차지했다. 수익도 올라 기업은 빠르게 커졌다. 마침내 1995년 48세의 다이슨은 마이너스 통장을 포함해 눈덩이처럼 불어난 65만 파운드의 부채를 모두 갚았다.[15, 16] 이후 기업은 다양한 제품을 제조하며 수십억 파운드 규모로 성장했다.

◆ ◆ ◆

앞선 생각을 부로 이끄는 유일한 방법, 끊임없는 도전

물론 다이슨의 모든 제품이 성공하지는 못했다. 예를 들어, 콘트라로테이터Contrarotator 세탁기는 판매 가격이 생산 원가조차 감당하지 못할 정도로 낮게 책정돼 결국 단종시켰다.

몇 년 전에는 주행거리가 600마일에 달하는 7인승 SUV 전기차를 개발하는 데 5억 파운드를 투자했다. 그러나 2019년 차를 생산하기 직전에, 자동차로는 수익을 낼 수 없다는 결론에 도달해 생산을 포기했다.

사실 다른 자동차 제조사들은 전기차로 발생하는 손실을 기존 휘발유 및 디젤 자동차를 판매해 충당하고 있었다. 그는 〈타임스〉와의 인터뷰에서 전기차 생산 포기에 대한 아쉬움을 드러내며 이렇게 덧붙였다.

"삶은 곧 위기와 실패입니다. 인간은 늘 무언가 시도하고 실패하지요."[17]

그래서 다이슨은 끊임없이 도전한다. 아무리 남보다 앞서 생각하더라도 도전하지 않는 한 성공도, 부도 따라오지 않는다.

2019년 다이슨사는 기업의 공급망과 제조 역량을 보완하고, 빠르게 성장하는 아시아 시장에 다가가기 위해 본사를 싱가포르로 옮겼다. 이미 진공청소기는 2002년부터 동남아시아에서 제조하고 있었다. 동남아시아는 영국보다 빈 공장과 숙련된 노동자를 쉽게 찾을 수 있어 제조 공장을 두기에 적합했다.

다이슨은 과학과 기술을 찬양하는 싱가포르의 문화를 좋아했다. 특히 제조업자들을 '어딘가 거칠고 지저분하다'며 무시하는 영국과는 정반대라며 감탄했다.[18] 그렇다고 영국에서 철수한 것은 아니다. 다이슨사는 여진히 영국에도 약 4천 명의 직원을 두고 있다.

◆ ◆ ◆

피하지 못한 논란들

다이슨은 브렉시트를 옹호하면서 정작 자신의 기업은 본사를 해외로 옮겼다며 위선자로 비난받았다(영국은 2020년 1월 31일 EU를 탈퇴했다).

그가 브렉시트를 찬성한 이유는 크게 두 가지다. 영국의 세계 경쟁력을 높일 수 있고, 세계적 인재를 더 쉽게 고용할 수 있다고 생각해서다.[19] 아마 지난 수년간 겪은 몇 가지 사건의 영향으로 이렇게 생각했을 것이다.

그에게 영향을 준 첫 번째 사건은 1990년에 일어났다. 벨기에 법원이 광고에서 진공청소기의 먼지 봉투를 언급하지 말라고 판결을 내린 것이다. 그는 이 판결을 받고 크게 실망했다.[20] 이후 2014년에는 다이슨사를 불공정하게 차별한 EU의 에너지 라벨 규정에 소송을 제기해 규정을 바꾼 일도 있었다.[21]

몇 년 전, 다이슨은 한 논란에 휩싸였다. 2020년 코로나19 팬데믹 당시, 보리스 존슨 총리와 주고받은 세금 관련 문자로 소위 '추문'을 일으켰다.

다이슨은 총리의 요청으로 코로나 환자를 치료하기 위한 산소 호흡기 5만 개를 직접 디자인해 제작하기로 합의했다. 하지만 가능하면 환자에게 산소 호흡기를 사용하지 않는 게 좋다는 임상의들의 의견을 듣고 나서 정부가 요청을 철회했다.

결국 다이슨은 2천만 파운드의 손실을 감수하기로 했다. 그런데 문제는 다른 데서 터졌다. 해외 직원이 영국에 산소 호흡기를 만들러 오면 추가 세금을 내지 않게 보장해달라고 영국 재무부에 요청한 사실이 드러나 발칵 뒤집힌 것이다.

존슨은 다이슨에게 "국가 재정의 일인자로서 이 문제를 해결하겠다"고 답장했다. 게다가 다이슨이 본인의 납세지를 싱가포르로 잠시 옮긴 사실이 드러나며 논란은 더욱 거세졌다.[22]

다이슨은 자신의 책 《제임스 다이슨》에서 총리와의 교류가 '로비'로 비쳐졌다는 사실에 실망감을 드러냈다. 또 언론이 자신과 기

생각의 속도가 부의 크기를 바꾼다

업을 수렁에 빠뜨리려 했지만, 사실이 아니었기 때문에 실패했다고 덧붙였다.[23]

2022년, 다이슨은 〈타임스〉에 기고한 글로 다시 논란의 중심에 섰다. 근로자에게 첫날부터 재택근무를 요청할 수 있는 권리를 주자는 영국 정부의 제안을 비판한 것이다.

그는 재택근무를 하면 단기간 편할지 모르지만, 대면 협업과 직원 교육을 방해해 기업의 경쟁력을 약화시킨다고 설명했다. 또한 경기 침체가 다가오는 시기에 이런 정책을 추진한다면 '충격적인 자멸'을 초래할 것이라고 주장했다.[24] 그러자 다이슨을 퇴사한 한 직원은 "기업 창립자가 빅토리아 시대의 경영 방식을 고수하는 '공룡 그 자체'"라며 비판했다.[25]

◆ ◆ ◆

찬란한 혁신으로 명예와 부, 두 마리 토끼를 잡다

몇몇 논란에 휩싸였지만, 다이슨은 분명 대단한 발명가이자 혁신적인 비즈니스 아이콘이다. 또 그는 영국 네 곳에 걸쳐 약 146제곱킬로미터의 농장을 소유한 정열적인 농부이기도 하다.

그는 최신 과학기술로 농사를 짓는다. 농업으로도 수익을 늘릴 수 있고, 오랫동안 지속할 수 있음을 증명함과 동시에 영국의 수입 농산물 의존도를 줄이기 위해서다. 그는 주로 콩과 감자, 밀을 대량으로 재배하며, 딸기를 수확하기 위한 온실도 갖추고 있다. 또한 농장 한 곳에는 바이오가스를 생산하는 혐기성 소화조 발전기 2개가 있어, 1만 가구 이상에 에너지로 전환해 공급하고 있다.[26]

다이슨은 헌신적인 자선가이자 교육자로도 유명하다. 2022년에는 엔지니어링 기술 부족 문제를 해결하고자 제임스 다이슨 재단을 설립했다. 이 재단은 27개국 학교에 방과 후 활동을 만들고, 대학 시설에 자금을 지원하는 등 엔지니어를 꿈꾸는 전 세계 젊은이들이 성장할 수 있게 돕고 있다.[27]

그리고 매년 어떤 문제를 해결할 방안을 찾은 젊은 발명가들에게 '제임스 다이슨상'을 주고 있다. 또 2021년 9월, 다이슨 재단은 자선단체 '치매 퇴치 레이스Race Against Dementia'와 치매 연구를 위해 5년간 협약을 맺었다. 치매 퇴치 레이스는 전 포뮬러 원 드라이버인 재키 스튜어트 경이 설립한 자선단체다.[28]

다이슨은 2011년부터 2017년까지 모교 왕립예술대학의 학장을 역임했다. 다이슨사의 출발점이 되어준 곳의 학장을 지낸 셈이다. 또 그는 2017년 영국 월트셔에 '다이슨 기술공학대학'을 설립했다. 영국의 공학자 부족 문제를 해결하기 위해서였다. 이곳의 학생들은 공학 학위를 취득한 뒤, 다이슨사에 엔지니어로 입사할 수 있다.[29]

현재 다이슨은 영국에서 손꼽히는 재산가다. 2022년, 〈선데이 타임스〉가 선정한 부자 목록에 순자산 230억 파운드로 이름을 올리기도 했다.[30] 그는 2006년 12월 수많은 사업 공로를 인정받아 기사 작위를 받았으며, 현재 '제임스 다이슨 경'으로 불리고 있다.

생각의 속도가 부의 크기를 바꾼다

생각의 속도로 부의 크기를 바꾸다

다이슨은 말 그대로 '자유로운 영혼'이다. 행동에 거리낌이 없고, 인습에 얽매이지 않으며, 일반적인 사회 규정을 무작정 따르지 않는다. 그는 우연히 엔지니어가 된 예술학도이면서, 영국의 농업 발전에 도움을 준 기업가다. 또 서비스 산업에 치우친 경제계에서 제조업으로 승승장구한 비즈니스 아이콘이다. 무엇보다 '실패를 성공의 수단'으로 보는 시대가 도래하기 한참 전에 그 진리를 깨달은 사람이다.

다이슨은 경험의 가치를 보는 시각도 남다르다. 그는 새로운 기술을 개발할 때 반드시 미지의 영역에 뛰어들 준비를 해야 하는데, 이때 경험이 방해할 수 있나고 생각한다.[31]

> "경험은 해야 할 일과, 절대 하면 안 되는 일을 알려줍니다. 재밌는 점은 하지 말아야 할 일에 집중하고 있을 때, 어떻게 해야 하는지 알려줍니다."

다이슨은 매우 독립적인 사람이다. 그래서 실패를 경험하고 자신만의 해결책을 찾으며 배우기를 좋아한다.[32] 또 정신력도 강해서 몇 번 실패하든 문제를 해결할 때까지 계속 도전한다.[33] 그리고 항상 솔선수범한다. 가령, 제품을 더 효율적으로 생산할 방법을 찾기 위해 생산 현장에서 시간을 보내기도 한다.[34]

〈가디언〉에 실린 기사를 보면 그가 자신을 어떻게 생각하는지 알 수 있다. 그는 자신을 '주도적이고, 참을성이 없고, 철저하다'고 표현했다.[35] 그러나 인내심을 중요하게 여기지 않는 것은 아니다. 그는 발명가 지망생에게 "참을성과 결단력, 의지가 있어야 한다"라고 조언하기도 했다.[36]

앞에서 잠깐 말했듯, 다이슨사는 비상장 기업으로 가족이 소유하고 있다. 그 덕분에 기업이 자금을 신중하게 사용하고, 기회가 왔을 때 예측 가능한 위험을 자유롭게 감수할 수 있다.[37]

다이슨은 억만장자가 되려고 회사를 차리지 않았다. 그는 발명, 연구, 실험, 설계, 그리고 제조하는 모든 과정에 큰 보람을 느껴 회사를 설립했다. 사실 개척자가 되기란 매우 어렵다. 성공할지 알 수 없기 때문이다. 그래서 그는 개척자가 되려면 넘어졌을 때 혼자 일어날 수 있고, 끝없는 두려움과 맞설 수 있어야 한다고 조언한다.[38]

그렇다면 다이슨의 가장 가까운 사람들은 그의 장점을 무엇이라고 생각할까?《제임스 다이슨》에서 다이슨의 아내 디어드리와 아들 제이크의 생각을 엿볼 수 있다. 그들은 다이슨을 남다른 자신감과 막강한 설득 기술을 지닌 능력자라고 생각했다. 또 다이슨을 어려운 과제에 거침없이 뛰어들고, '모든 일에 의견이 있는' 열정가로 봤다.

실제로 다이슨은 경쟁심이 강하고, 결단력이 있으며, 정돈을 잘하고 굉장히 실용적이다. 집 전체의 배관과 전선을 직접 연결하고,

심지어 수영장을 만들기 위해 굴착기 기사를 따로 고용했을 정도였다. 또 그는 꼼꼼하다. 세세한 부분에 세심하게 주의를 기울이고, 일을 정확히 처리한다. 두려움이 없고, 위험을 감수하며, 그 과정에서 배우며 발전한다고 믿는다. 무엇보다 가장 중요한 특징은 낙천적이라는 점이다. 디어드리는 이렇게 말했다.

> "그는 그냥 최선을 다하는 게 아니라, 모든 일이 잘될 거라고 생각해요."[39]

비즈니스 아이콘 제임스 다이슨의 1%

- 실패했다고 포기하지 말자.
  실패한 경험에서 깨달음을 얻고 다음에 더 잘하면 된다.
- 하지 말아야 할 일에 집중해라.
  일을 더 잘하는 방법을 찾다 보면 빠른 생각의 속도로 통찰을 얻을 수 있다.
- 경험이 부족한 팀원에게 권한을 주자.
  이들은 문제를 해결할 혁신적인 해결책을 찾는 데 도움을 준다.
- 세세한 부분에 주의를 기울이자.
  일을 철저히 하면 뛰어난 결과를 낼 수 있다.
- 밝은 면을 보자.
  낙천적으로 생각하면 역경을 극복할 수 있다.

9장
바이오콘

— Biocon —

"혁신은 남들과 다른 일을
남들과 다르게 하는 것이다."[1]

키란 마줌다르 쇼 Kiran Mazumdar-Shaw

누구나 어디서든 좋은 품질의 약품을 적절한 가격에 구할 수 있어야 한다!

이토록 멋진 철학을 가진 기업이 있다. 바로 바이오콘이다. 바이오콘은 인도 최대의 바이오의약품 기업으로, 2023년 기준 시가총액이 37억 달러가 넘는다.[2]

1만 3,500명이 넘는 바이오콘의 직원들은 당뇨병, 암, 자가 면역 질환을 치료하는 새로운 방법을 찾기 위해 지금도 끊임없이 노력하고 있다. 또한 120개국 이상의 나라에서 이곳의 약으로 수백만 명을 치료하고 생명을 구하고 있다.[3]

생각의 속도가 부의 크기를 바꾼다

편견에 맞서고, 난관을 헤쳐야 했던 첫 번째 주자

바이오콘 성공 신화의 주역인 키란 마줌다르 쇼는 25세였던 1978년 자신의 차고에서 기업을 창립했다. 사실 창업가는 그녀의 두 번째 직업이었다.

방갈로르대학에서 동물학 학사로 졸업한 그녀는 원래 양조업계에서 일하고 싶어 했다. 인도에서 가장 큰 맥주 회사의 양조 책임자였던 아버지에게 영향을 받았기 때문이다.

아버지는 종종 그녀에게 여자도 남자 못지않게 성공할 수 있다며 응원하곤 했다.[4] 그녀는 아버지의 말을 듣고 용기를 얻어 호주 멜버른대학에 진학해 맥아 제조법과 양조 기술을 공부했다.

그러나 공부를 마치고 인도로 돌아온 그녀는 실망할 수밖에 없었다. 남성 중심이었던 양조업계에는 여전히 성차별이 존재했다. 결국 그녀는 관리자로 취업하는 데 실패했고 꿈을 접어야 했다.[5]

하지만 공부한 시간이 무의미하지 않았다. 그녀는 공부하는 동안 생명공학과 효소에 관한 귀중한 지식을 얻었다. 생명공학(혹은 생물공학)은 생물학적 시스템과 살아 있는 유기체를 사용해 식품 성분, 약품, 포장재, 세제 같은 유용한 상품을 만드는 과정을 다루는 학문이다. 효소는 생명공학 공정의 일부로, 살아 있는 유기물에서 생화학 반응의 속도를 높여주는 생물 촉매제다.

마줌다르 쇼가 새로운 길을 걷겠다고 결심한 계기는 어느 아일랜드 사업가와의 우연한 만남 덕분이었다.[6] 그 만남 이후 아일랜드의 생명공학 기업(바이오콘 바이오케미컬스)과 합작투자 기업으로 바이오콘 인디아를 시작했다. 처음에 바이오콘 인디아는 식품 가공 및 다른 산업에서 사용하는 효소를 만들었다.

1년 뒤, 바이오콘 인디아는 유럽과 미국에 효소를 수출하기 시작했다. 아일랜드의 바이오콘 바이오케미컬스는 후에 영국-네덜란드의 거대 소비재 기업인 유니레버에 인수됐다.[7]

1970년대 후반, 인도의 생명공학 산업은 아직 초기 단계였다. 실제로 마줌다르 쇼는 자신이 1980년대 중반까지 '인도 생명공학 업계의 유일한 사업가'였다고 말하기도 했다.

그러다 보니 그녀는 생명공학을 받아들이도록 시장을 설득해야 했고, 방갈로르(현재 벵갈루루) 시의 불안정한 전력을 해결해야 했으며, 관료주의로 인한 제약을 없애는 등 여러 난관을 헤쳐나가야 했다.[8]

또 마줌다르 쇼는 성별, 어린 나이, 짧은 사업 경력으로 생긴 불신의 벽을 넘어야만 했다. 그녀는 블로그에 "당시 사업은 오직 용감한 남성을 위한 새로운 물결이었고, 여성을 위한 직업은 분명히 아니었다"고 회상하는 글을 남겼다. 또 이렇게 덧붙였다.

"은행에서는 저를 '위험도 높음'으로 분류해 대출해주기를 꺼렸습니다. 그리고 전문가들은 제가 일자리를 안정적으로 제공할 수 없을 거라고 의심하며 함께 일하고 싶어 하지 않았지요."[9]

그러나 그녀는 포기하지 않았고, 자신을 믿어주는 투자자를 찾았다. 물론 투자자가 '짠' 하고 나타나지는 않았다. 준비 중인 사업을 설명해 '투자할 가치가 있는 사람'으로 인정받은 것이었다.[10]

마줌다르 쇼는 인도 생명공학에 변화를 일으키겠다며 의지를 다졌다. 그렇게 그녀는 사업을 끈기 있게 성장시켜 생명공학 혁명의 토대를 마련했다. 그 덕분에 방갈로르를 비롯한 인도 전역에 여러 생명공학 기업들이 생기기 시작했다. 그 후 이 산업은 점차 자리를 잡았고, 인도는 생명공학과 제약업계의 주요 종착지로 떠올랐다.[11]

◆ ◆ ◆
인도 최초로 자수성가한 여성 억만장자가 되다

바이오콘은 특수 효소를 생산하는 업체에서 치료제를 개발해 생명을 구하는 글로벌 제약 기업으로 발전했다. 실로 놀라운 변신이었다. 그 뒤 바이오콘은 비약적으로 성장했다.

1998년, 바이오콘은 유니레버의 주식을 사들이며 독립했다. 3년 뒤, 인도 기업으로는 최초로 미국 식품의약국으로부터 콜레스테롤 저하제인 로바스타틴을 생산하는 업체로 승인받았다. 2003년에는 당뇨병 치료를 위한 인슐린 생산을 시작하며 본격적으로 생물약제 사업에 뛰어들었다. 그리고 2004년 3월, 바이오콘은 11억 달러로 가치를 평가받으며 뭄바이 증권거래소에 상장했다.[12]

이후에도 이 기업은 인재와 사업에 꾸준히 투자하며, 끊임없이 혁신을 추구했다. 그 결과, 문제 해결 및 과학 혁신에 중점을 둔 상장 연구 자회사인 신젠Syngene을 보유하게 됐다.

그리고 2013년에 설립한 자체 교육 기관인 바이오콘 아카데미도 운영 중이다.[13] 이곳은 생명공학 및 공학 졸업생들에게 심화 교육을 하는 기관이다. 마줌다르 쇼는 학습과 개발의 중요성을 명확히 보여주기 위해, 이곳에서 직접 수석 멘토로 활동하고 있다.[14]

또 그녀는 다양성과 포용성을 사업 강령에 넣을 정도로 중요하게 생각한다. 바이오콘의 핵심 가치라고도 할 수 있다. 다양성과 포용성이 협업과 혁신을 동시에 촉진하기 때문이다.[15]

2020년 코로나19 바이러스가 전 세계에 퍼졌을 때, 바이오콘과 그 자회사들은 여러 방면에서 도움을 줬다. 코로나19 치료제를 개발하고, 기존의 약을 코로나19 관련 합병증을 치료하기 위한 용도로 변경했다. 그리고 검사와 백신 접종을 지원하고, 전 세계에서 진행 중인 연구에도 일조했다.[16]

바이오콘은 창립 초기부터 사회적 책임을 다하고자 노력했다. 이를 뒷받침하는 행보를 곳곳에서 볼 수 있다. 먼저, 2006년에 바이오콘 재단을 설립했고, 그 후 지속 가능한 개발을 위해 정부 기관과 협력하고 있다. 또 소외된 지역에 기본적인 의료 서비스를 제공하

생각의 속도가 부의 크기를 바꾼다

고, 기초 사회기반시설과 복지에도 아낌없이 투자한다. 그리고 환경 보호에도 힘쓰고 있다.[17]

마줌다르 쇼는 매우 성공한 비즈니스 아이콘이자, 인도에서 최초로 자수성가한 여성 억만장자다. 그녀는 인도 최고의 국민 훈장인 파드마 슈리Padma Shri와 파드마 부샨Padma Bhushan을 포함한 수많은 훈장과 상도 받았다. 2014년에는 미국의 화학유산재단Chemical Heritage Foundation에서 화학과 과학의 발전에 크게 기여한 사람에게 주는 오메르 금상도 받았다.[18] 2010년에는 〈타임〉이 선정한 '세계에서 가장 영향력 있는 100인'에 이름을 올렸고, 2020년에는 '올해 EY 세계 최우수 기업가상'을 받았다.

◆ ◆ ◆

생각의 속도로 부의 크기를 바꾸다

마줌다르 쇼는 여성이지만 관습을 깨고 양조 교육을 받고, 생명공학 사업을 시작하는 용기도 냈다. 심지어 당시 인도에서는 해당 산업이 거의 알려지지 않았었다. 이런 행보를 보면 스스로를 '파격적으로 생각하는 사람'이라고 정의하는 것도 이해가 된다.

그녀는 비숍 코튼 여학교 교사였던 앤 워리어 덕분에 용기를 낼 수 있었다고 공을 돌렸다. 워리어는 어린 마줌다르 쇼에게 선생님이자, 친구이자, 철학자이자 멘토였다. 워리어는 학생들에게 "자신을 위해 생각하고, 능력을 키우고, 무엇이든 남들과 다르게 창의적

으로 해서 차이를 만들라"고 가르쳤던 훌륭한 스승이었다.[19]

마줌다르 쇼는 계산된 위험을 감수하는 데 거리낌이 없다. 어쩌면 그 덕에 바이오시밀러 의약품(이미 사용되고 있는 생화학 의약품과 아주 유사한 의약품) 분야로 뛰어들었는지도 모른다. 바이오시밀러 의약품은 치료의 접근성을 높이고 의료 비용을 낮추는 데 도움을 준다. 그러나 사업적으로 안전한 선택지는 아니었다. 막대한 투자를 받아야 했고, 당시 미국과 유럽의 규제 기관에서 '논의조차 되지 않았기' 때문이다.[20] 그녀 또한 바이오시밀러 분야로 진출하겠다는 결정은 위험한 선택이었다고 인정했다.

하지만 이 대담한 결정은 옳았다. 바이오콘은 미국 식품의약국의 승인을 받은 첫 번째 인도 기업이 됐다. 바이오콘은 바이오시밀러 의약품 '트라스투주맙Trastuzumab'을 미국의 제약 회사 마일란과 함께 개발했다. 트라스투주맙은 일부 유방암, 식도암, 위암을 치료할 때 사용되는 약이다.[21]

마줌다르 쇼는 9년간 땀과 눈물을 흘렸던 과정을 SNS에 올렸다. 특히 2009년부터 함께한 바이오콘과 미일란의 전략적 협업의 성과를 강조했다. 그녀는 마일란과 협업한 덕에 '위험과 보상을 공유'할 수 있었고, 상호보완할 수 있었다고 설명했다. 또 '바이오시밀러 의약품 세계에서 수많은 국제 협력 관계의 선구자'가 됐다고 전했다.[22]

마줌다르 쇼는 '더불어 사는 자본주의'를 중요하게 생각한다. 다시 말해, 그녀는 환자의 접근성과 저렴한 치료비, 그리고 기업의 수익성 사이에서 균형을 추구한다. 이 균형을 맞추려면 지속 가능한 사업으로 수익을 내고, 가장 큰 이해당사자인 환자를 포함한 모든 이해당사자에게 가치를 제공해야 한다. 이 균형을 달성할 열쇠는 비용을 관리하는 데 있다.[23]

그녀는 양성평등의 열렬한 지지자다. 1970년대 분위기를 생각하면 그 이유가 이해된다. 당시 마줌다르 쇼는 여성 기업가로서 남자의 세계를 개척한 인물이었다. 그래서 현재 그녀는 여성도 성장할 수 있는 환경을 만드는 방법을 여러 사람에게 알려주고 있다.

마줌다르 쇼는 여성이 남성만큼 다양한 경험을 못 했더라도, 잠재력을 믿고 기회를 줘야 한다고 강조한다. 그녀는 항상 "난 그런 모험을 감행했고 성공했다"고 자신 있게 말한다.[24] 또한 여성이 대담하고 도전할 의지를 갖춘 모험가이자 변화의 주도자라고 주장하기도 했다.[25]

그 누구도 혼자서 경이로운 성공을 이룰 수는 없다. 책임감 있고 재능 있는 사람들의 도움이 반드시 필요하다. 그래서 마줌다르 쇼는 멘토링을 중요하게 생각한다. 그녀는 바이오콘의 회장으로서 직원들에게 '권한을 주고, 능력을 키우고, 조언해주고자' 노력한다. 또 많은 여성 전문가의 멘토 역할도 하고 있다.[26]

마줌다르 쇼는 확실한 목표를 세운 덕에 이만큼 성공할 수 있었다. 그러나 그녀는 지금도 의료 불평등이라는 거대한 문제를 해결하기 위해 애쓰고 있다. 아직도 생활수준이 어려우면 의료 시설에 접근할 기회가 적다. 마줌다르 쇼는 이를 부당하고 불합리한 사회 문제라고 생각한다. 그녀는 이렇게 말했다.

"제 목표는 모든 사람이 평등하게, 그리고 저렴하게 치료받는 것입니다."[27]

비즈니스 아이콘 키란 마줌다르 쇼의 1%

- 목표를 길잡이 별로 사용하자.
  어떤 일을 하든 목표에 자신을 맡기면 앞선 생각을 할 수 있다.

- 더불어 사는 자본주의자가 되자.
  이해당사자들에게 진정한 가치를 제공하면서 수익도 창출할 수 있는 일을 하자.

- 신뢰도를 높이기 위해 투자하자.
  내 제품이나 서비스를 사람들이 알아서 찾아보고 이해할 것이라고 믿으면 안 된다.

- 계산된 위험을 대담하게 감수하자.
  '신은 대담한 자를 좋아한다'라는 라틴 속담에 진리가 있다.

- 사람들, 특히 떠오르는 여성 리더들에게 기회를 주자.
  기회를 주면 기대에 부응할 사람들이다.

생각의 속도가 부의 크기를 바꾼다

10장
스페이스X, 테슬라, X

— SpaceX, Tesla, X —

**"중요한 일이라면
가능성이 작더라도 일단 해라."[1]**

일론 머스크 Elon Musk

단언컨대 스페이스X, 테슬라, X(옛 트위터)는 현재 지구에서 가장 혁신적이고 영향력이 큰 기업에 속한다. 아마 이 세 기업과 이들을 이끄는 비즈니스 아이콘을 모르는 사람은 거의 없을 것이다.

상업용 우주항공 기업인 스페이스X는 우주여행 문화를 발전시키겠다는 목표로, 고도의 로켓과 우주비행선을 설계해 제조하고 발사한다. 그보다 더 유명한 기업인 테슬라는 전기차와 재생 가능한 에너지 제품을 생산한다. 세계가 지속 가능한 에너지로 빠르게 전환하도록 돕는 것이다. X는 전 세계의 수백만 명이 사용하는 소셜 미디어 플랫폼으로 세계의 유명 인사들도 사용 중이다.

10장 스페이스X, 테슬라, X   123

괴짜의 눈을 반짝이게 한 것

이 선도적인 기업들을 이끄는 일론 머스크는 세계에서 가장 유명하고 또 논란이 많은 비즈니스 아이콘이다.

머스크는 1971년 남아프리카공화국의 프리토리아에서 태어났다. 그의 아버지 에롤은 엔지니어였고, 캐나다 태생의 어머니 메이는 모델 겸 영양사였다.

어린 시절부터 책벌레였던 머스크는 하루에 10시간씩 책을 읽기도 하고, 백과사전 두 권을 통독하는 등 새로운 지식을 흡수하는 데 열중했다. 심지어 컴퓨터가 처음 생긴 10세 무렵에는 비디오 게임 코딩하는 방법을 혼자 공부했다.[2]

이렇듯 일찍이 천재의 싹을 보였지만, 머스크의 어린 시절은 불우했다. 내성적이고 괴짜였던 그는 다른 아이들과 어울리기 힘들었고, 많은 시간을 자신만의 세계에 빠져 보냈다. 그러다 보니 학교에서도 괴롭힘을 당했는데, 한번은 계단에서 떠밀려 병원에 실려 가기도 했다.[3]

게다가 그가 9세 때 머스크의 부모님은 이혼했다. 처음에 머스크는 어머니와 함께 살았지만, 나중에 아버지가 외롭고 슬프다고 생각해 아버지와 살았다. 하지만 아버지는 함께 생활하기 아주 껄끄러운 사람이었고, 머스크는 자신의 선택을 후회했다. 실제로 지금까지 두 사람은 불편한 관계로 지내고 있다.

머스크는 17세 때 캐나다로 이민을 떠났다. 다행히 어머니 덕분에 캐나다 시민권은 어렵지 않게 얻었다. 그러나 사실 그는 미국 생활을 꿈꿨다. 그래서 캐나다 온타리오주에 있는 퀸스대학에 입학했다가, 나중에 미국의 펜실베이니아대학으로 편입해 경제학과 물리학을 복수 전공했다.

공부하는 동안 머스크는 중요한 사실을 깨달았다. 앞으로 수년 안에 인터넷, 재생 가능한 에너지, 우주 분야에 엄청난 변화가 일어날 것이 확실했다. 그는 그 분야들을 발전시킬 자신이 있었다.[4] 그래서 하루라도 빨리 뛰어들어야겠다고 생각했다.

머스크는 먼저 인터넷부터 공략했다. 1995년, 그는 동생인 킴벌과 함께 '지도와 검색 기능이 있는 온라인 사업 안내서'를 출시했다. 훗날 Zip2가 된 서비스다. 이때 머스크는 모든 코딩 작업을 직접 했다.

그는 초창기부터 사무실 책상 옆에 침낭을 두고 자며 일에 몰두했다. 다행히 1999년 PC 제조사 컴팩이 Zip2를 3억 700만 달러에 매입한 덕에 노력의 결실을 볼 수 있었다. 머스크는 이 거래로 2,200만 달러를 손에 넣었고, 대부분의 자금을 다음 사업에 쏟아부었다. 바로 X.com이라는 인터넷 은행이었다.[5]

X.com은 당시 은행계에서 급진적으로 여겨졌던 몇몇 방법들을 시도했다. 예를 들어, 이메일로 돈을 주고받는 결제 시스템 같은 것이었다.

X.com도 혁신적이었지만, 진정한 신의 한 수는 X.com 사무실에 세를 들어온 핀테크 스타트업 컨피니티Confinity와의 합병이었다. 컨피니티는 경매 사이트 이베이에서 사용했던 페이팔(인터넷 및 이메일 결제 서비스)을 개발한 곳이다.

두 회사가 2000년 3월에 합병한 이후, 머스크는 X.com의 최대 주주로 등극했다. CEO 자리에도 올랐으나 그해 말 이사회가 컨피니티의 공동 창업자인 피터 틸을 지지하는 쿠데타를 일으켜 물러날 수밖에 없었다.

그 후 X.com은 페이팔로 사명을 바꿨고, 2002년 이베이에 15억 달러에 인수됐다. 머스크는 CEO 자리에서 물러났지만 계속 투자했고, 훗날 매각해 약 2억 5,000만 달러의 이익을 남겼다.[6]

◆ ◆ ◆

포기하지 않는 한, 한 번의 기회는 반드시 온다

머스크는 2001년에 남아프리카공화국으로 휴가를 갔다가 말라리아에 걸려 죽을 뻔했다. 그는 이 일을 겪고 나자 삶이 더 소중하게 느껴졌다. 그래서 자신의 삶을 되돌아봤고, 꿈을 좇는 데 더욱 집중했다.

어렸을 때부터 우주여행에 관심이 있었던 그는 우주 관련 사업을 하기로 마음먹었다. 가성비 좋은 로켓을 만들어 우주여행을 떠나고, 화성으로 이주하려는 꿈을 실현하기 위해서였다. 그래서 그는 2002년, '스페이스XSpace Exploration Technologies'를 설립했다.

생각의 속도가 부의 크기를 바꾼다

하지만 그의 기대와 달리 스페이스X는 초기 몇 년 동안 어려운 시기를 보냈다. 이베이와의 거래로 자금은 충분했지만, 항공우주는 진출하기 어려운 분야였다.

그러나 그에게도 희망의 빛이 비치기 시작했다. 2008년 9월, 세 번의 발사 실패 끝에 마침내 로켓 팰컨 1을 발사하는 데 성공한 것이다. 궤도에 진입한 최초의 민간 제작 로켓이었다.[7]

확실히 스페이스X는 많은 자금과 노력이 필요한 사업이었다. 그러나 놀랍게도 머스크는 스페이스X 외에 다른 기업도 이끌었다. 그는 2006년부터 솔라시티의 회장직도 맡았다. 솔라시티는 그의 사촌 피터와 린든 라이브가 설립하고, 머스크 역시 막대한 자금을 투자한 태양열 패널 기업이었다.

게다가 그는 테슬라 모터스라는 전기차 제조사의 CEO이자 최대 투자자이기도 했다. 캘리포니아 출신 공학자 마틴 에버하드와 마크 타페닝이 2003년에 전기공학자 니콜라 테슬라의 이름을 따서 만든 기업이었다. 테슬라는 로드스터라는 놀라운 전기 스포츠카를 개발했지만, 생산 문제와 홍보 부족으로 인해 자금이 점점 줄어들고 있었다.

결국 2008년 1월, 에버하드와 타페닝은 회사를 떠났고, 10월에 머스크가 CEO 자리에 앉았다. 안타깝게도 세계 금융위기의 여파로 자동차 판매 전망이 어두운 시기였다.

2008년은 머스크에게 아주 힘든 해였다. 테슬라의 자금이 바닥

나는 중이었고, 머스크의 자산도 마찬가지였다. 테슬라와 스페이스X에 재산 대부분을 쏟아부은 그는 파산 직전까지 몰렸다. 그래도 그는 포기하지 않았다. 친구, 가족, 직원 등 주변 사람들에게 돈을 빌리며 어떻게든 테슬라를 유지했다.[8]

게다가 그해 6월에는 첫 번째 아내와 이혼 소송도 진행했다. 말그대로 엎친 데 덮친 격이었다. 당시 그는 심한 스트레스에 시달려 자다가 비명을 지르며 일어나곤 했다.[9]

세상의 모든 불행이 닥친 것 같던 그때, 머스크는 기적을 보여줬다. 12월에 4,000만 달러를 조달해 테슬라의 파산을 막은 것이다. 그리고 크리스마스 직전, 스페이스X는 국제우주정거장에 화물을 운송하기로 하고 16억 달러 규모의 계약을 체결했다.[10] 비로소 스페이스X가 상업 기업으로 첫발을 내디딘 셈이었다.

◆◆◆

빨리 뛰어들수록 더 큰 부를 잡는다

2008년 이후 스페이스X는 여러 경이로운 업적을 이뤘다. 재사용 가능한 로켓을 개발하겠다는 결단 덕분에 이룬 성과였다. 기존 로켓은 지구로 돌아올 때 대기에 진입하며 연소되는데, 이 부분을 보완할 생각을 한 것이었다.

2012년, 스페이스X의 우주선 '드래곤'은 국제우주정거장에 화물을 전달하는 최초의 상업 우주선이 됐다. 게다가 2020년에는 사람을 태우는 데도 성공했다. 2015년, 팰컨 9 로켓은 11개의 통신 위성을 궤도에 올린 뒤 지구에 착륙한 최초의 궤도급 로켓으로 이름을 알렸다. 그리고 2년 뒤, 스페이스X는 세계 최초로 궤도 로켓의 재비행에 성공했다.[11]

또한 스페이스X는 세계 최대 규모의 군집 위성을 운용하고 있다.[12] 실제로 2008년부터 2020년까지, 전 세계에서 발사한 위성 중약 4분의 1이 스페이스X의 위성이었다.[13] 2022년 러시아가 우크라이나를 침략하자, 스페이스X는 자사의 스타링크 위성 인터넷 서비스로 우크라이나에 인터넷을 제공했다.[14]

2022년 5월 기준으로 1,270억 달러의 가치를 인정받은 스페이스X는 야망을 점점 키워가고 있다.[15] 2029년에는 유인 우주선을 화성에 보내는 것이 목표다.[16]

테슬라 또한 지난 10년여 동안 인상적인 성과를 보여줬다. 특히 대중에게 전기차를 알리고, 전기차 시장을 넓히는 데 테슬라가 큰역할을 했다.

2009년 테슬라는 세단형 자동차 모델 S를 공개하며 전기차를 주류로 만들 힘찬 발걸음을 내디뎠고, 1년 뒤 22억 달러의 가치로 나스닥에 상장했다. 2012년 2월에는 자사의 첫 SUV이자 미래형 '팰컨 윙 도어(위로 열리는 문)'가 달린 모델 X를 공개했다.

2017년에는 '테슬라 모터스'에서 '테슬라 Inc.'로 사명을 변경했다. 그리고 그해 대중 시장을 겨냥한 첫 번째 차인 모델 3가 출시됐다. 그 후 테슬라는 새로운 외형의 로드스터 스포츠카, 7인승 모델 Y, 사이버트럭 그리고 자사의 가장 빠른 모델인 모델 S 플레이드 등 다양한 신차를 공개했다.[17] 2023년 1월 기준, 테슬라의 시가총액은 4,020억 달러다.[18]

2022년 10월, 머스크가 440억 달러에 사들인 트위터(현재의 X) 이야기도 빼놓을 수 없다. 당시 상장 소셜 미디어 기업을 개인 소유로 전환하며 큰 논란이 일었다.[19]

트위터는 2006년에 잭 도시와 다른 3명의 창업자가 만든 플랫폼으로 초기부터 매우 빠르게 성장했다. 그러나 수익이 거의 없었고, 2021년에는 2억 2,100만 달러의 순손실을 기록했다.[20] 트위터는 주로 광고로 수익을 냈지만, 페이스북 같은 경쟁사들에 비해 수익이 좋지 않았다. 또한 매각 당시 많은 실사용자가 인스타그램이나 틱톡 등 더 인기 있는 플랫폼으로 옮겨가는 중이었다.

머스크는 자신을 '표현의 자유 절대주의자'라고 표현하며, 트위터를 매수한 이유를 "사람들에게 믿을 수 있는 투명한 소통 방법을 선사하기 위해서"라고 설명했다.

그가 추구하는 방향은 이사진 전체를 해고하고 본인이 트위터의 단독 이사가 되면서 뚜렷해졌다. 그는 비용을 절감하기 위해 직원 7,500명 중 거의 절반을 해고하고,[21] 남은 사람들에게 '코피 터지

생각의 속도가 부의 크기를 바꾼다

게' 일하라고 지시했다.[22] 그리고 머스크는 자신의 계정에 '트위터 최고위자Chief Twit'라고 적었다. 또 그는 공인된 계정을 나타내는 파란색 체크 표시를 원하는 사용자에게 매월 8달러를 부과하겠다고 발표해 빈축을 샀다.

논란이 계속되자 트위터에 들어오는 광고도 급격히 줄어들었다. 그런데도 머스크는 "트위터가 좋은 방향으로 가고 있으며, 파산의 굴레에서 벗어났다"라며 개의치 않았다.[23]

앞으로 머스크가 트위터로 무엇을 할지 매우 궁금하다. 특히 광고나 구독에 기반한 수익, 혹은 부가 상품이나 서비스 판매에 기대지 않는 새로운 사업 모델을 창조할 수 있을지 기대된다.

트위터를 완전히 매입하기 선, 머스크는 '모든 깃의 앱인 X를 더 빨리 만들기 위한 일'이라는 글을 게시했다. 이는 온라인 은행 X.com의 근본 개념을 다시 검토할 계획을 드러낸 셈이다. 무엇보다 그가 X.com의 도메인 이름을 샀으며, 2017년 사이트를 다시 시작했다는 점이 중요하다.[24]

2023년, 머스크는 언론계의 노련한 중역 린다 야카리노를 트위터의 새로운 CEO로 고용했다. 그리고 자신은 플랫폼의 회장이자, 기술 책임자를 맡았다. 또 트위터라는 이름을 X로 바꿨다.

스페이스X, 테슬라, X 외에도 머스크는 여러 사업과 자선 활동을 하고 있다. 먼저, 그는 인간의 뇌에 칩을 넣어 두뇌와 컴퓨터의 인터페이스를 개발하는 기업인 뉴럴링크의 공동 창업자다. 이 인터페이스는 마비 환자들이 생각만으로 컴퓨터와 모바일 기기를 조종하고, 자립할 수 있도록 돕는다.

2015년에는 모든 인류에게 유익한 AI의 개발을 목표로 인공지능을 연구하는 '오픈AI'의 설립을 도왔다. 오픈AI는 간단한 질문에 대한 대답부터 영화 대본 집필까지, 언어와 관련된 폭넓은 작업을 높은 신뢰도로 수행하는 챗봇, 챗GPT를 개발한 곳으로 유명하다.[25] 게다가 최근에 머스크는 자신만의 인공지능 기업을 설립할 계획을 드러내기도 했다.

머스크는 터널을 만들어 교통체증을 해결하는 사회기반시설 기업인 보링 컴퍼니의 창립자이기도 하다. 그리고 그는 형제인 킴벌과 함께 설립한 머스크 재단을 통해 재생 가능한 에너지 연구와 유인 우주 탐험을 포함한 다양한 분야도 후원하고 있다.

◆◆◆

아무도 나를 막을 수 없다

과거에 일론 머스크는 '통제할 수 없는 인물'로 통하곤 했다.[26] 확실히 그는 전통적인 기업가의 모습과는 거리가 멀다. 실제로 그는 이목을 끄는 행동과 결정으로 수년간 비난과 비판을 받았다.

대표적인 첫 번째 사건은 2016년에 있었던 '솔리시티 인수'다. 당시 머스크는 테슬라로 솔라시티를 26억 달러에 인수하며 투자자들의 분노를 샀다. 그는 지속 가능한 에너지로 빠르게 전환하려는 테슬라의 장기 목표를 이루려면 반드시 솔라시티를 인수해야 한다고 주장했다.[27] 하지만 일부 주주들은 이 거래를 구제 금융이라고 주장하며 130억 달러의 배상을 청구했다. 당시 솔라시티는 어려움을 겪고 있었기 때문이다. 결국, 머스크는 소송에서 자신의 결정을 변호해야만 했고, 2022년에 승소했다.

2018년에는 트위터에 작성한 글 때문에 논란이 일었다. "주당 420달러에 테슬라의 비공개 전환을 검토 중이며 자금을 이미 확보했다"고 올린 것이다. 미국 증권거래위원회는 이를 '허위 및 오해의 소지가 있는 발언'으로 보고, 그와 테슬라에게 각각 2,000만 달러의 벌금을 부과했다. 또 머스크를 이사회의 의장직에서 물러나게 했다.[28] 하지만 사건은 여기서 끝나지 않았다. 그 글 때문에 주가가 떨어져 수백만 달러를 잃었다고 주장하는 테슬라 투자자가 머스크를 고소했다. 하지만 승리의 여신은 머스크의 손을 들어줬다.[29]

같은 해에 머스크는 한 번 더 논란의 중심에 섰다. 그가 태국의 침수된 동굴에서 12명의 소년과 축구 코치를 구조한 영국인 동굴 탐험가를 '소아성애자'라고 표현했기 때문이다. 이 탐험가는 머스크를 명예훼손으로 고소했다. 하지만 머스크의 법률팀은 모욕할 의도는 없었으며, 표현이 과격했을 뿐이라고 주장해 변호하는 데 성공했다.[30]

머스크는 심각한 국가 분쟁에도 거리낌 없이 나섰다. 2022년,

그는 러시아와의 전쟁을 끝내는 평화 계획을 제시해, 우크라이나 정부와 갈등을 빚었다. 이 계획에는 여러 타협안과 함께 러시아가 2014년에 점령한 크림반도를 유지할 수 있게 하자는 내용이 있었다. 머스크는 좋은 의도로 개입한 것이었겠지만, 비난을 피할 수는 없었다. 그는 독일 주재 우크라이나 대사인 안드리 멜니크와 우크라이나 대통령인 볼로디미르 젤렌스키에게 공개적으로 비난을 받았다.[31]

머스크는 2022년 내내 세계에서 가장 부유한 사람이었지만, 테슬라 주식의 부진으로 연말에 2위로 떨어지고 말았다. 실제로 그의 순자산은 2021년 최고 3,200억 달러에서 2023년 1월에는 1,380억 달러로 곤두박질치며 세계에서 자산을 가장 많이 잃은 사람이라는 기록을 세웠다.[32] 하지만 그가 얼마나 부자인지와 상관없이, 머스크는 틀림없이 지구에서 가장 영향력 있는 사람 중 하나다.

◆ ◆ ◆

생각의 속도로 부의 크기를 바꾸다

분명 머스크는 비범한 인물이다. 그는 진입 장벽이 높은 자동차 제조와 항공우주 산업에 뛰어들었을 뿐만 아니라, 그 산업을 완전히 변화시켰다는 업적을 세웠다. 대체 어떻게 해냈을까?

일단 그는 큰 목표를 세웠다. 적어도 2002년부터 그는 한 가지 목표를 이루기 위해 모든 노력을 기울였다. '인류를 위해 더 나은 미래를 만들겠다'는 포부가 그를 달리게 했다. 또한 머스크는 기술로 지구를 보호하겠다는 의지도 강하다. 그래서 그는 전기차와 재생 가능한 에너지에 많은 관심을 기울인다. 그는 또 인류가 기술을 통해 화성에서 새로운 미래를 맞이할 수 있다고 믿는다. 머스크가 우주 탐사에 전념하는 이유다.

머스크의 목표는 다른 사람들에게도 동기를 부여한다. 그래서 직원들은 최종 목표를 향해 몸을 사리지 않고 일할 힘을 얻는다. 머스크는 어렵고 힘든 일을 많이 시키는 상사로 유명하다. 느리고 소극적인 일 처리도 용납하지 않는다. 그런데도 여전히 사람들은 그와 일하기를 바란다. 그가 진정으로 영감을 주기 때문이다. 스페이스X의 전 인사 책임자였던 돌리 싱은 BBC의 한 다큐멘터리에서 머스크를 '지구상 최고의 리더'라고 치켜세웠다.[33]

머스크는 솔선수범하며 매우 부지런하기로 유명하다. 그는 테슬라 모델 3의 생산이 안정적으로 자리 잡을 때까지 생일도 잊은 채 일주일에 120시간씩 일했다.[34] 그러나 다른 사람들에게도 살인적인 근무 시간을 원해, 한때 직원들을 너무 혹사한다는 비판을 받기도 했다. 한번은 아이가 태어나는 날 결근한 테슬라 직원을 질책한 일도 있었다.[35]

간혹 독해 보이지만 머스크에게는 큰 장점이 있다. 그는 극도의 스트레스와 역경도 잘 극복한다. 다시 말해, 회복탄력성이 좋다. 그는 우주 프로그램의 초기 실패에 대해 묻자 이렇게 답했다.

"죽거나 꼼짝도 못 하게 되기 전까지, 절대 포기하지 않을 겁니다."[36]

머스크는 비판을 중요하게 생각한다. 어떤 부분이 잘되고 있고 어떤 부분이 안 되고 있는지 파악하려면 비판을 꼭 들어야 한다고 믿는다.

"꾸준히 비판을 들으려 해야 합니다. 무슨 일이든 진심이 담긴 비판을 듣는 건 금만큼 소중합니다. 가능한 모든 사람의 비판을 들어야 하지만, 특히 친구들의 비판에 귀 기울여야 합니다."

물론 친구들의 의견이 언제나 옳다고 할 수는 없다. 하지만 들을 가치는 충분히 있다. 그는 또 자신이 틀렸다는 사실을 받아들일 수 있어야 한다고 강조한다. 그는 이 말을 덧붙였다.

"제 목표는 적게 틀리는 것입니다."[37]

머스크는 전 세계에서 손꼽히는 재산가다. 그런데 그는 집을 소유하지 않고 주로 친구 집의 남는 방에서 살았다.[38] 이 이야기를 듣고 놀란 사람도 있을 것이다. 사실 머스크는 돈을 가장 중요하게 여

생각의 속도가 부의 크기를 바꾼다

기지 않는다. 오히려 그는 꿈을 실현하기 위해서라면 전 재산을 쏟아부을 준비도 돼 있다. 어떤 사람들은 그런 그를 무모하다고, 또 다른 사람들은 대단히 용감하다고 말한다.

머스크는 놀라울 정도로 똑똑한데, 실제 신경학적으로 평범한 사람과 조금 다르다. 그는 2021년 미국의 유명 프로그램 〈SNLSaturday Night Live〉에 출연해 자신이 아스퍼거 증후군을 겪고 있다고 밝혔다.[39] 아스퍼거 증후군은 '자폐 스펙트럼 상태ASC'의 한 형태다. 이 증후군을 앓는 사람들은 다른 사람과 사회적 관계를 맺는 데 어려움을 겪으며, 종종 특정 분야에만 관심을 보인다.

하지만 강점도 있다. 대표적인 것이 놀라운 집중력과 끈기, 세부 사항에 대한 강한 수의력 등이나. 이런 강점들은 빠른 생각의 속도와 더불어 그의 성공에 아주 중요한 역할을 했다.

그가 아스퍼거 증후군을 겪는다는 사실을 알고 나면 여러 의문이 풀린다. 왜 그가 어렸을 때 친구들과 사이가 안 좋았는지, 왜 그의 억양이 단조로운지, 왜 종종 다른 사람의 눈을 똑바로 못 쳐다보는지, 왜 타인에 대한 공감이 부족한지 등 의아했던 부분을 모두 이해할 수 있다.

최근 몇 년 동안, 머스크의 괴팍한 이미지는 더욱 강해졌다. X에 엉뚱한 게시물을 올린 영향도 크다. 〈SNL〉에서 그는 자신의 글을 비판하는 내용을 직접 읽으며 이렇게 말했다.

"이봐요, 저도 가끔 제 말이나 글이 이상하단 걸 알아요. 하지만 그게 제가 생각하는 방식이에요."[40]

비즈니스 아이콘 일론 머스크의 1%

- 어떤 상황에서도 흔들리지 않을 목표를 세우자.
  목표는 가장 힘든 시기에 버틸 수 있는 영감을 준다.

- 다르다고 두려워하지 말자.
  사람들은 대개 틀에 맞춰야 한다고 생각하지만, 성공은 종종 틀 밖에 있는 사람에게 찾아온다. 생각의 속도를 높여 타인과 다른 나만의 장점과 기술을 키우자.

- 회복탄력성을 기르자.
  위대한 일을 해내려면 반드시 역경을 딛고 일어날 수 있어야 한다. 어떤 어려움을 맞닥뜨려도 반복, 반복, 반복해야 한다.

- 언제나 비판을 들으려고 노력하자.
  다른 사람의 의견을 듣고, 내 생각이 타당한지 점검해야 발전할 수 있다.

- 대단한 일을 이루고 싶다면 성공할 확률이 낮더라도 일단 해보자.
  안전한 선택은 잠재력에 한계를 만들 뿐이다. 앞선 생각으로 일단 도전하자.

생각의 속도가 부의 크기를 바꾼다

11장
비트코인

"저를 믿지 못하거나 이해하지 못한다면,
미안하지만 전 당신을 설득할 시간이 없습니다."[1]

사토시 나카모토 Satoshi Nakamoto

한때 전 세계에 비트코인 열풍이 불었다. 물론 지금도 그 열기가 완전히 식지 않았다. 비트코인은 세계 최대 규모이자 가장 유명한 암호화폐로, 발행 및 규제 기관이 없고 오직 컴퓨터 네트워크에만 존재하는 P2P 결제 시스템이다.

암호화폐에서 거래란 온라인 데이터베이스의 디지털 항목을 말한다. 이 항목들은 암호문으로 보호된다. 사용자들은 암호키로 접근할 수 있는 디지털 지갑에 자신의 암호화폐를 저장한다.

불과 10년여 만에 비트코인은 전 세계 수백만 명이 가치를 인정한 금융 자산이 되었다. 2023년 1월 기준, 전 세계에 있는 비트코인 가치는 무려 4,400억 달러에 달한다.[2]

◆ ◆ ◆

빠르게 생각하고 움직이면 기회를 잡는다

비트코인을 만든 비즈니스 아이콘은 베일에 싸인 사토시 나카모토다. 그는 2008년 10월 31일 〈비트코인: P2P 전자 현금 시스템〉이라는 논문을 발표하고, 세계에서 가장 성공한 암호화폐를 발행했다. 오늘날 이 논문은 비트코인뿐만 아니라 다른 많은 암호화폐의 동향에서도 중요하게 다뤄진다.

나카모토는 암호 작성술과 소프트웨어를 자유와 개인정보보호의 수단으로 여기는 '사이버펑크'의 일원으로 추측된다. 실제로 그는 1990년대에 이 단체에 있었던 컴퓨터 공학자 할 피니와 웨이 다이에게 논문의 이전 판을 공유했었다.[3]

나카모토는 논문에서 은행과 정부 같은 중앙 중개기관 없이 운영되는 탈중앙화된 디지털 통화 시스템을 제시했다. 그는 또한 "P2P 버전의 전자 화폐가 금융기관을 거치지 않고 다른 사람에게 직접 전달되는 온라인 결제를 가능하게 할 것"이라고 주장했다.[4] 이 논문은 2008년 10월 말에 발표됐지만, 나카모토는 2007년 5월부터 프로그램 언어 C++를 사용해 첫 번째 비트코인을 코딩하기 시작했다.[5] 세상을 바꿀 생각을 떠올리자마자 그를 실현하기 위해 발 빠르게 움직인 것이다.

처음에는 공인 기관의 인증 없이 디지털 장부에 저장하는 화폐를 미심쩍게 보는 사람도 많았다. 하지만 당시 암호화폐에 관한 이야기는 이미 20년 넘게 떠돌고 있었다. 미국의 컴퓨터 과학자 닉 사보는 앞서 비트골드의 개념을 제시했는데, 후에 비트코인과 연관된 P2P 네트워크, 장부, 암호 작성술, 채굴 같은 많은 블록체인 기술을 사용했다.[6]

채굴은 새로운 코인을 만드는 과정으로 비트코인의 핵심이다. 채굴자는 채굴에 특화된 소프트웨어를 사용해 복잡한 수학 문제를 푸는 대가로 코인을 얻는다.

비트코인의 출시 시기는 매우 절묘했다. 사실 그 절묘한 시기 덕에 비트코인이 주류 암호화폐의 자리에 오를 수 있었다. 물론 절대 우연이 아니다.

나카모토는 대중이 은행과 금융기관을 믿지 못하던 세계 금융위기 때 논문을 발표했다. 투자 은행 리먼 브라더스가 파산을 신청한 지 한 달 만이었다. 그 후, 리먼 브라더스 파산의 영향이 계속 퍼져나가며 전 세계 신용 대출 시장을 장악했다.

세계 금융 시장의 완전한 붕괴를 막기 위해 국가들은 '양적 완화' 정책으로 자국의 은행들을 구제했다. 다시 말해, 각국의 중앙은행은 양적 완화로 새로운 돈을 만들어 국채(정부 대출) 혹은 다른 금융 자산을 사들였다. 사실 양적 완화는 금융위기 때 경기를 부양하는 방안이지만, 물가 상승이나 높은 실업률, 낮은 경제 성장률 같은 위험을 초래한다.

앞선 생각이 탄생시킨 새로운 화폐

2009년 1월, 나카모토는 최초의 비트코인 블록을 채굴했다. 당시 그는 직접 개발한 새로운 데이터 원장 기술인 블록체인을 사용했다. 그가 채굴한 블록(일명 '제네시스 블록')에는 설계나 오류 문제로 사용하지 않았거나, 사용할 수 없는 50개의 비트코인이 들어 있다. 또 이 블록에는 '2009년 1월 3일 타임스, 은행들의 2차 구제 금융에 직면한 재무장관'이라는 글이 새겨져 있다.[7] 영국 일간지 〈타임스〉의 기사 제목과 기사가 실린 날짜다.

나카모토는 처음 채굴을 시작한 뒤 7개월 동안 110만 개의 비트코인을 채굴했다고 알려졌는데, 이는 2022년 8월 기준으로 220억 달러에 달한다.[8] 흥미롭게도 이 어마어마한 코인들은 아직 한 번도 사용되지 않았다.[9] 이론적으로 이 코인의 가치를 미국 달러로 바꾸면, 나카모토는 오늘날 세계에서 가장 부유한 75인에 든다.[10]

나카모토는 혼자 비트코인을 채굴하고 보유해서는 암호화폐가 성공할 수 없다는 사실을 잘 알고 있었다. 그래서 다른 사람이 사용할 수 있는 비트코인 채굴 코드를 만들었다.[11] 그리고 2009년 2월 11일, 그는 P2P를 연구하고 조사하는 비영리 기관인 P2P 재단의 포럼에 이 오픈소스 소프트웨어를 내려받을 수 있는 주소를 올렸다.[12] 곧 열정적인 동료 개발자 몇몇이 관심을 보였고, 비트코인은 떠오르기 시작했다.[13]

나카모토는 2년 넘게 비트코인 커뮤니티와 꾸준히 연락을 주고 받았다. 그동안 그는 다른 개발자들과 활발히 협업하며 비트코인의 문제를 해결하고 발전시켰다. 현재도 세계 곳곳의 개발자 수백 명이 이 프로젝트를 계속 진행하고 있다.

처음에 비트코인을 구하는 방법은 2가지뿐이었다. 직접 채굴하거나, 나카모토가 비트코인과 관련된 토론을 열려고 창설한 '비트코인토크'에서 P2P 거래를 해야만 했다.[14]

하지만 2010년 마운트곡스Mt. Gox 같은 비트코인 시장이 열리면서 비로소 온라인에서 거래가 가능해졌다. 마운트곡스는 2010년에 설립된 일본의 거래소로, 4년 뒤 해커들에게 수천 개의 비트코인을 도난당해 파산했다.

2010년은 비트코인과 관련한 많은 일이 일어난 해이다. 이 신생 암호화폐로 첫 거래가 이루어진 시기도 이때였다. 당시 라스즐로 핸예츠Laszlo Hanyecz라는 개발자가 비트코인 커뮤니티의 회원에게 1만 비트코인(2023년 초 기준, 2억 2,300만 달러의 가치)으로 피자 2판을 구매했다.[15]

비트코인의 인지도가 올라가면서 개발자들 사이에 긴장이 감돌았다. 2010년 8월, 비트코인 네트워크가 해킹당하자, 나카모토는 보안을 더 철저히 하면서 다른 개발자들과의 협업을 줄였다.

〈비트코인 매거진〉의 편집자 피트 리조에 따르면, 2010년 연말 무렵 비트코인 커뮤니티의 회원들은 "우리의 요구를 충족하기에 나카모토의 능력이 전반적으로 부족하다"며 불만을 토로했다고 한다.[16] 그리고 2010년 12월 12일, 나카모토는 비트코인토크에 마지막 게시물을 올렸다.

2011년 2월, 비트코인은 처음으로 미국 달러와 같은 가격에 도달했다. 생긴 지 불과 2년 된 화폐가 거둔 놀라운 성과였다. 나카모토가 조금이나마 영광을 누릴 수 있는 순간이었다.

하지만 그는 2개월 뒤 비트코인의 선임 개발자 자리에서 돌연 물러났다. 그리고 그 권한을 미국의 소프트웨어 개발자 개빈 안드레센에게 넘기고는 자취를 감췄다.

그해 4월 26일, 나카모토는 동료 개발자들에게 마지막 이메일을 보냈다. 그는 "다른 프로젝트로 넘어간다"고 말하며 전체 네트워크에 경보를 보낼 때 사용하는 암호키를 넘겼다.[17]

그렇게 나카모토는 비트코인 소프트웨어의 저작권 권리에서 자신의 이름을 지우고, 모든 비트코인 개발자들에게 코드를 맡긴 채 떠났다.[18]

◆ ◆ ◆

사토시 나카모토, 그는 누구인가?

베일에 싸인 사토시 나카모토는 누구일까? 한 사람일까, 아니면 필명 뒤에 숨은 여러 명일까? 놀랍게도, 아직 그 누구도 정확한 답을 모른다. 혹은 알지만 비밀을 지키고 있다. 나카모토는 게시물에 어떤 개인 정보도 적지 않았고, 심지어 개인 이메일도 알려주지 않았다. 그 결과, 사토시 나카모토의 진짜 정체는 미스터리로 남았다.

나카모토가 신분을 철저히 숨긴 이유는 프로젝트의 공동 이익이 개인보다 더 중요하다는 신념 때문이다. 초기 비트코인 개발자들도 나카모토의 실체를 궁금해했다. 나카모토가 일본어를 전혀 사용하지 않았고, 일본의 업무 시간에 나타나지 않아서 진짜 일본인이 맞는지, 정말 한 사람인지 의문을 가졌다. 또 나카모토의 코딩 능력을 의심하는 사람도 있었다. 개발자 키바는 이렇게 말했다.

"그의 코드를 쓰레기라고 말하는 사람들이 있습니다. 그러나 그가 누구든······ 매우 기발한 생각을 떠올리는 사람이 확실했습니다."[19]

일본어로 사토시는 '깨끗한 사고', '현명함' 그리고 '지식의 역사'라는 뜻을 가진 남성적인 이름이다. 그리고 나카모토는 '가운데 사는 사람'을 뜻한다. 물론 이름에 사토시를 썼다고 해서 남성이라고 단정할 수는 없다. 하지만 소프트웨어 개발자의 대부분이 남성이라는 점을 감안하면 남성일 가능성이 높다. 아마도 '사토시 나카모토'라는 이름을 지을 때, 역사의 흐름을 바꿀 탈중앙화된 통화 시스템을 염두에 둔 것은 아닐까?

그런데 나카모토가 영국인(혹은 나카모토가 일종의 단체라면 일부가 영국인)일지도 모른다는 증거가 있다. 먼저, 앞에서 본 제네시스 블록에 새겨진 영국 신문의 기사 제목이 온라인 신문이 아닌 종이 신문에 실린 것이었다. 즉, 나카모토는 종이 신문을 직접 봤을 가능성이 높다. 그가 게시물을 올린 시간도 유럽이나 북미에 근거지를 두고 있을 가능성을 시사한다.[20] 게다가 나카모토는 비트코인을 쉽게 설명하기 어렵다고 말하며, 영국 속담을 사용했다.

"젖은 담요처럼 굴어서(찬물을 끼얹어서) 미안합니다. 일반 대중이 이해하게끔 설명하기란 정말 어렵습니다."[21]

또한 나카모토는 미국식 영어만큼이나 영국식 영어도 자주 사용했다. 이는 그가 집에서는 영국식 영어를 사용하고, 직장에서는 미국식 영어를 사용했을 가능성을 보여준다. 또는 서로 다른 대륙에 사는 2명 이상일 수도 있다. 어쩌면 언어는 큰 의미가 없을지도 모른다. 다만, 나카모도는 코드를 만들 때 미국식 영어를 줄곧 사용했다.[22] 또 다른 단서로, 나카모토는 P2P 재단 포럼에서 자신의 생년월일을 1975년 4월 5일로 기재했는데, 4월 5일은 영국 과세 기간의 마지막 날이다.

그동안 여러 사람이 나카모토로 지목됐고, 자신이 나카모토라고 주장한 사람들도 있었다. 비트골드의 창시자인 닉 사보와 할 피니도 나카모토 후보로 거론됐다. 이들은 2009년 1월 12일, 나카모토에게 10 비트코인을 받으며 최초의 비트코인 거래에 참여한 인물들이다. 하지만 두 사람은 비트코인 창시자가 아니라고 부인했다. 참고로 피니는 2014년에 사망했다.

또 다른 후보로, 호주의 컴퓨터 과학자 크레이그 라이트, 영국의 암호학자 애덤 백, 독일의 사업가 외르크 몰트가 있다. 2014년, 미국의 잡지 〈뉴스위크〉는 캘리포니아에 사는 일본계 미국인 도리언 나카모토가 진짜 사토시 나카모토라고 주장했다. 하지만 그는 말도 안 된다며 단호하게 반박했다.

심지어 세계에서 가장 유명한 사업가인 일론 머스크가 비트코인의 개발자라는 주장도 나왔다. 정말 그럴 가능성이 있을까? 머스크는 확실히 코딩과 경제에 해박하다. 또, 개인적으로 암호화폐를 보유하고 있다. 그리고 2021년에는 자신의 기업 테슬라가 15억 달러의 비트코인을 샀다고 발표했다.[23] 다만, 다음 해에 약 75%를 매각했다.[24]

하지만 머스크는 비트코인을 만들지 않았다고 선을 그었다. 실제로 논문이 발표됐던 2008년에 그는 테슬라와 스페이스X를 구하기 위해 동분서주하고 있었다. 이런 시기에 암호화폐를 만들 시간이나 여력이 있었을지는 의문이다.

아직 나카모토가 누구인지 정확히 답할 수는 없다. 단지, 나카모토가 영국인이거나 최소한 영국에 살았음을 뒷받침하는 증거가 많을 뿐이다. 하지만, 영국에는 그 왕좌에 오를 후보가 거의 없다.

사실 나카모토가 사망했다고 생각하는 평론가들도 많다. 10년 넘게 그의 소식이 없었고, 2009년에 처음 채굴한 자산이 그대로 남아 있기 때문이다. 만약 세계 금융위기 당시 그가 위독한 상태였다면, 비트코인을 세상에 남기는 유산으로 두었을지도 모른다. 그에게 병이 있었다고 가정하면, 그가 자취를 감추기 전에 다른 개발자들에게 많은 권한을 부여한 이유도 설명된다. 또, '다른 프로젝트로 넘어간다'는 마지막 말도 더 안타깝게 다가온다.

어쩌면 가족이나 친구에게도 숨긴 채 비트코인을 만들었을지도 모른다. 그래서 그가 죽었을 때 비트코인 창시자라는 사실이 함께 묻혀버린 것은 아닐까?

한편, 나카모토가 개발자 단체라고 주장하는 사람들도 있다. 그들은 게시물이 올라온 시간대나, 미국식 영어와 영국식 영어를 섞어서 사용한 점, 비트코인이 떠오를 당시의 엄청난 업무량을 근거로 든다. 하지만 나카모토가 단체라면 수년 동안 그토록 강한 결속력을 보여줬다는 사실을 믿기 어렵다. 특히, 비트코인의 개발자라고 자랑하고 싶은 마음과 채굴한 자산을 현금화하고 싶은 유혹을 견디기 쉽지 않았을 것이다.

〈비트코인 매거진〉의 피트 리조는 이렇게 말했다.

"제 생각에 비트코인토크의 계정을 사용한 사람은 한 명입니다. 뚜렷한 특징이 있기 때문입니다. 메시지에 답하거나 행동을 취하는 속도, 사용한 기술에서도 그 특징을 볼 수 있습니다."

리조는 위급한 상황에서 아주 빠르게 대응했던 나카모토의 일화를 예로 들었다. 2010년 8월, 비트코인 네트워크가 해킹을 당했을 때, 그는 단 몇 시간 만에 코드를 수정했다.[25] 리조는 만약 나카모토가 2명 이상인 단체라면, 어떻게 할지 의논하느라 시간이 더 걸렸을 것이라고 추측했다.

그러나 웹3 플랫폼, 루킹 글라스 랩스Looking Glass Labs의 CEO인 도리언 뱅크스의 생각은 다르다.

"저는 단체였거나, 최소한 단체를 꾸렸으리라고 생각합니다. 처음에는 은행 시스템과 정부의 통화 통제를 싫어하는 사람이 시작했다고 봅니다. 그 후 영연방 국가에서 한 명 혹은 여럿이 합류한 느낌입니다."

또한 그는 암호키를 가진 사람이 죽었거나, 키를 잃어버렸기 때문에 처음에 얻은 자산을 그대로 둘 수 있었으리라고 추측했다.

물론 나카모토가 아직 살아 있고, 개인적으로 비트코인에 투자했을지도 모른다. 만약 그렇다면 이미 억만장자일 터이니 굳이 최초의 자산을 팔아 시장을 불안하게 만들 필요가 없다. 앞에서도 말했듯 나카모토는 개인보다 공동의 이익을 우선시했다. 나카모토가 비트코인을 돈이나 명예를 얻기 위한 수단으로 봤던 적은 한 번도 없었다. 리조는 말했다.

> "사토시 나카모토는 초기에 소프트웨어를 통제해야만 했습니다. 그런데 비트코인의 목표는 '아무도 통제하지 않는 탈중앙화된 화폐'였지요. 근본적으로 '관리자 권한'과 그의 목표는 모순됐습니다. 그가 떠나는 건 시간문제였지요. 그저 커뮤니티 사용자들이 비트코인을 관리할 준비가 될 때까지 기다린 겁니다."

리조는 나카모토가 '자신의 욕심을 막기 위한 조치'를 취했으리라고 생각한다. 타인을 희생시켜 큰 이익을 얻겠다는 유혹에 넘어가지 않기 위해서 말이다. 어쩌면 그는 최초의 자산이 저장된 디지털 지갑의 암호키를 의도적으로 지웠을지도 모른다.

비록 나카모토의 진짜 정체는 알려지지 않았지만, 헝가리의 암호화폐 커뮤니티는 그의 업적을 기리는 동상을 세웠다. 부다페스트의 그라피소프트 공원에 가면 그 흉상을 볼 수 있다. 흉상은 평범한 얼굴에 비트코인 로고가 박힌 후드티를 입고 있다. 동상의 얼굴은 광이 나도록 다듬어져 있어 보는 사람의 얼굴이 비친다.[26]

생각의 속도로 부의 크기를 바꾸다

나카모토는 어떻게 자신을 숨긴 채 이토록 위대한 기술의 선구자가 될 수 있었을까? 분명 그는 비트코인이 '모 아니면 도'라는 사실을 알고 있었다. 2010년 2월 14일, 그는 비트코인토크에 "분명히 20년 후에는 거래량이 아주 많거나, 전혀 없을 것이다"라는 글을 남기기도 했다.[27]

초기에 비트코인이 성공할지 알 수 없을 때도 나카모토는 꾸준히 참고 버텼다. 그는 비트코인을 이해하는 사람이 더 많아질 수 있도록 동료 개발자들의 질문에도 성심성의껏 답했다.

그는 자신의 목표를 이루려면 궁극적으로 비트코인을 다른 사람들이 이끌어야 한다는 사실을 알고 있었다. 다만 그가 이 사실을 다른 상황(예를 들어, 건강 문제) 때문에 깨달았는지, 아니면 이미 알고 있었는지는 알 수 없다. 2011년에 비트코인을 넘긴 이유가 무엇이든, 옳은 선택을 한 것은 확실하다. 그 이후 비트코인이 날아올랐으니 말이다.

비트코인은 큰 가격 변동으로 매우 악명이 높다. 종종 비트코인 구매자들은 아주 빠르게 부를 쌓거나 파산하기도 한다. 비트코인의 상승과 하락을 주도하는 주요 요인은 비트코인의 채굴 보상이 절반으로 줄어드는 반감기다. 새로운 코인의 비율이 반으로 줄어들면 공급 가능량도 줄어든다. 수요가 늘더라도 어쩔 수 없다. 그

동안 비트코인의 반감기 날짜는 2012년 11월 28일, 2016년 7월 9일, 2020년 5월 11일이었고, 다음 반감기는 2024년이었다. 즉, 4년 주기로 반감기가 왔다.

지금까지 비트코인의 가치는 반감기와 뚜렷한 연관을 보였다. 구체적으로 살펴보면, 2013년 연말에 처음으로 1,000달러를 넘겼던 비트코인은 2014년이 되자 폭락했다. 2017년에는 가격이 빠르게 상승해 거의 2만 달러에 이르렀다가 12월에 폭락했다. 2021년 11월에는 사상 최고인 6만 9,000달러를 기록했으나, 다음 해 8월에 68%나 폭락했다.[28] 2022년 가을에는 주요 암호화폐 거래소인 FTX가 유동성 문제로 파산하면서 가격이 더욱 요동쳤다.

그러나 비트코인은 아직 굳건하다. 2021년 11월 9일 시장이 정점일 때, 비트코인의 시가총액은 무려 1조 2,800억 달러였다.[29] 이 수치를 단적으로 비교해보면, 페이스북을 소유한 메타의 당시 시가총액보다 더 높은 금액이다.

이렇다 보니 비트코인에 투자하면 감정 기복이 심해지기 쉽다. 그런데도 수백만 명의 사람들이 비트코인을 보유하고 있다. 일부에서는 큰 가격 변동에도 불구하고 가치를 저장해둘 수 있어 금과 다르다고 주장한다.

실제로 비트코인의 추종자들은 접근성과 유동성, 익명성 보장, 그리고 자본 성장의 잠재성에 가치를 둔다. 이들은 또 긴축 정책처럼 정부가 통제할 수 없다는 점도 좋아한다. 게다가 최근에는 비트

생각의 속도가 부의 크기를 바꾼다

코인을 포용하는 정부도 생기기 시작했다. 비트코인을 법정 통화로 쓰고 있는 중앙아메리카의 엘살바도르와 중앙아프리카공화국이 대표적이다.

평등주의 원칙은 비트코인을 경이로운 성공으로 이끌었다. 디지털 지갑만 있다면 누구든 비트코인을 가질 수 있다. 게다가 자본의 통제나 환율 걱정 없이 다른 나라로 가져가기도 쉽다.

그러나 부정론자들은 돈세탁이나 범죄에 비트코인을 이용할 수 있다고 지적한다. 또 비트코인은 채굴 과정에서 상당한 에너지를 소비해 환경에 악영향을 끼친다는 비판도 받는다. 그러나 지지자들은 암호화폐가 초인플레이션 국가의 국민이나 난민에게 힘을 주며, 금광 산업과 기존 은행 시스템보다 지구에 훨씬 덜 해롭다고 주장한다.

도리언 뱅크스는 비트코인이 오래갈 것이라고 확신한다. 채굴할 수 있는 코인 수가 2,100만 개로 제한되어 있기 때문이다. 이는 비트코인의 소스 코드에 암호화되어 있고, '분산화'라는 본래의 특성 덕분에 바꿀 수 없다. 이런 공급의 제한은 비트코인이 가치의 저장소 역할을 성공적으로 수행하는 기반이 된다.[30] 역사적으로 금도 같은 이유로 가치의 저장소로 여겨졌다. 금 역시 세상에 한정된 양만 있기 때문이다.

나카모토도 희소성이 중요하다는 사실을 확실히 인지하고 있었다. 그래서 사용자가 디지털 지갑에 접근하지 못하게 돼도 달관했다. 2010년 6월 21일, 그는 비트코인토크에 이렇게 썼다.

"코인을 잃음으로써 모든 코인의 가치가 조금 더 올라갑니다. 모두를 위한 기부라고 생각하시기를 바랍니다."[31]

비즈니스 아이콘 사토시 나카모토의 1%

. . . .

- 신뢰는 성공의 토대다.
  신뢰할 수 있는 제품이나 서비스를 만들어야 사람들이 사용한다.

- 큰 그림에 집중하자.
  프로젝트의 성공은 개개인의 이익보다 중요하다.

- 떠날 때를 알자.
  원하는 결과를 얻기 위해 내 일을 다른 사람에게 넘겨야 할 때도 있다.

- 자존심을 부리지 말자.
  내가 앞선 생각으로 세상을 바꿨다는 사실을 모두에게 알릴 필요는 없다.

- 타이밍을 맞추자.
  적절한 시기에, 알맞은 아이디어를 실행하면 마법이 일어난다.

생각의 속도가 부의 크기를 바꾼다

12장

캔바

———————— C a n v a ————————

"결단의 힘을 발휘하기에 너무 늦은 때란 없다."[1]

멜라니 퍼킨스Melanie Perkins

요즘은 캔바 덕분에 누구나 쉽게 그래픽디자이너가 될 수 있다. 그래 픽디자인 플랫폼인 캔바에서는 인스타그램 게시물부터 기업 로고와 웹사이트, 화상 회의의 배경 화면까지 광범위한 작업물을 손쉽게 만 들 수 있다. 지금까지 캔바에서 생산된 디자인은 100억 개가 넘으며, 매달 190개국의 6,000만 명이 넘는 사람들이 캔바를 쓰고 있다.[2]

◆ ◆ ◆

모두가 NO라고 해도 기회는 온다

캔바의 성공 뒤에는 의심의 시선에도 굴하지 않고 꿋꿋하게 나아가 꿈을 이룬 젊은 여성의 감동적인 이야기가 숨어 있다.

멜라니 퍼킨스는 호주 출생의 선생님과 말레이시아인 엔지니어 부모님 사이에서 태어났다. 이제 30대 후반인 그녀는 매우 어린 나이부터 사업에 재능을 보였다. 그녀가 처음으로 사업가의 끼를 보였던 때는 14세였던 2002년이었다. 당시 그녀는 고향인 퍼스에서 직접 만든 스카프를 상점과 시장에 판매하며 첫 사업을 시작했다. 그때부터 그녀의 꿈은 사업가였다.[3]

2007년, 19세였던 퍼킨스는 훗날 캔바로 성장할 아이디어를 떠올렸다.[4] 당시 그녀는 웨스턴오스트레일리아대학에서 정보통신과 무역을 공부하며 다른 학생에게 컴퓨터 디자인 프로그램의 사용법을 가르쳤다. 디자인 프로그램들이 모두 비싸고 복잡하다고 생각했던 퍼킨스는 누구나 쉽게 사용할 수 있는 저렴한 디자인 프로그램을 만들겠다는 사명에 불타올랐다.[5]

그래서 퍼킨스는 대학을 그만두고 당시 남자 친구(현재의 남편)였던 클리프 오브레히트와 간단히 디자인할 수 있는 방법을 실험해보기로 했다. 처음에 두 사람은 그녀의 어머니 집 거실에서 일하며 졸업 앨범 시장을 공략했다. 다행히 이들의 첫 기업인 퓨전 북스 Fusion Books는 호주에서 가장 큰 졸업 앨범 기업이 됐고, 프랑스와 뉴질랜드까지 진출했다.

사업이 잘 풀리자 퍼킨스와 오브레히트는 꿈을 더 키웠다. 두 사람은 자신들의 기술이 졸업 앨범 시장을 넘어, 누구나 쉽게 전문가처럼 디자인하는 데 사용되기를 바랐다. 캔바가 탄생한 순간이었

생각의 속도가 부의 크기를 바꾼다

다.[6] 확실한 목표를 세워 생각의 속도를 높인 셈이다.

하지만 한 가지 문제가 있었다. 대규모의 그래픽디자인 플랫폼을 구축하려면 자금이 필요했다. 그녀는 투자자를 찾아 나섰지만, 그 과정은 순탄치 않았다. 그녀가 성공할 수 있다고 아무리 자신 있게 말해도, 처음 이야기를 나눈 투자자들은 확신하지 못했다. 그렇게 그녀는 계속 거절의 아픔을 겪어야 했다. 하버드의 이사회 고문인 마틴 롤이 "그녀가 사업 자금을 마련하는 동안 투자자들에게 100번 이상 거절당했다"고 표현할 정도였다.[7]

하지만 퍼킨스는 포기하지 않고 전략을 세웠다. 가장 먼저 떠올린 전략은 친분 쌓기였다. 그녀는 엔젤투자자로 유명한 빌 타이를 포함해 여러 투자자가 카이트보드를 좋아한다는 사실을 알아냈다.[8] 그래서 그들과 친분을 쌓고 투자받기 위해 카이트보드를 배웠다. 또 투자자가 어려운 질문을 하거나 거절하는 이유를 말하면, 그 내용을 토대로 발표 자료를 수정했다.[9]

마침내 3년 뒤, 첫 번째 투자를 유치했다. 그녀의 끈기와 노력이 결실을 맺은 것이다. 둘은 2012년과 2013년 두 번에 걸쳐 호주 정부의 지원 자금을 포함해 300만 미국 달러를 받았다.[10] 투자자 중에는 빌 타이와 구글 맵스의 공동 창업자인 라스 라스무센도 있었다.[11]

그렇게 2013년 8월에 캔바가 출범했다. 그리고 구글 출신의 캐머런 애덤스가 세 번째 공동 창업자로 합류했다. 후에 애덤스는 "젊은 삼총사는 기업을 운영하는 방법을 몰랐다"며 당시를 회상했다.[12]

돈을 좇지 않아도 앞선 생각이 돈을 부른다

운 좋게도 캔바가 출시될 때 소셜 미디어도 부상하고 있었다. 인스타그램, 트위터 등에서 외적인 요소에 신경을 쓰는 창작자들이 등장하던 시기였다. 그 덕분에 2014년까지 60만 명이 캔바로 350만 개의 디자인을 제작했고, 거대한 중국 시장에서도 도약 중이었다.

캔바는 2012년부터 시드니에 본사를 두고 있으며, 2014년에는 필리핀의 수도 마닐라에도 사무실을 열었다.[13] 그리고 2018년에는 펀딩 라운드(투자 심의)에서 4,000만 달러를 모금해 유니콘 기업의 지위를 얻었다.[14]

현재 캔바 사용자는 대부분 개인과 중소기업이다. 따라서 더 성장하려면 기업 시장을 공략해야 한다.[15] 이 사실을 잘 알고 있는 캔바는 협업 문서, 웹사이트, 데이터 시각화에 사용할 수 있는 '비주얼 워크스위트'를 출시했다. 어도비, 구글, 마이크로소프트 오피스 같은 기존의 업무용 프로그램에 도전장을 던진 셈이다.[16]

퍼킨스는 회사가 커졌어도 본사를 실리콘밸리로 옮기지 않았다. 게다가 다른 곳으로 이전할 생각이 없다고 공개적으로 밝혔다. 그녀는 회사 이전보다는 '정부가 기술 인력에 투자하고, 사람들이 어린 시절부터 기술 과목을 공부하는 모습'을 보고 싶어 했다.[17]

캔바는 고객 정보 유출로 한 차례 성장통을 겪었다. 2019년 5월, 1억 3,900만 명의 사용자 이름과 이메일 주소가 유출되는 사건이

터졌다. 그 이후 캔바는 정보 보안에 투자를 크게 늘렸다.[18]

2021년 9월, 캔바의 가치는 400억 달러로 평가됐다.[19] 또한 〈포브스〉는 2023년 1월 기준으로 그녀의 순자산을 36억 달러로 평가했다. 캔바로 엄청난 부를 쌓았지만 퍼킨스는 사업을 단순히 부를 축적하는 도구로 보지 않는다. 그녀는 이렇게 말했다.

"이 모든 일을 부자가 되기 위해 했다면, 상상도 못 할 만큼 시시했을 거예요."[20]

사실 퍼킨스는 박애주의자로 유명하다. 그녀와 오브레히트는 각각 캔바의 주식을 18%씩 가지고 있으며, 이 중 80% 이상을 캔바 재단의 자선 사업에 기부하기로 맹세했다.[21] 두 사람은 성명을 통해 이렇게 전했다.

"우리는 충분한 돈, 선의, 의지만 있다면 세상의 거의 모든 문제를 해결할 수 있다고 믿습니다. 막중한 책임감을 가지고 평생 노력하겠습니다."[22]

궁극적으로 캔바는 창업자의 목표를 그대로 실현했다. 복잡한 일을 단순하게 만들기, 말도 안 되는 목표를 세우고 달성하기, 선의를 베풀기, 타인에게 힘을 주기까지 어느 하나 놓친 것이 없다.

생각의 속도로 부의 크기를 바꾸다

퍼킨스는 자신을 믿고 본인의 선택에 오롯이 전념한 덕분에 성공했다고 말한다. 그 덕에 생각의 속도가 빨라졌던 것이다. 2015년, 〈시드니 모닝 해럴드〉와의 인터뷰에서 다음과 같이 말했다.

> "학교 숙제든 운동이든 모든 일에 마음을 쏟아부었어요. 특히 삶의 목표를 고민하는 순간이 아주 중요해요. 고민하는 동안 자신감을 잃지 않으면 목표를 찾을 수 있어요."[23]

그녀는 또 의사소통의 가치를 높게 평가한다. 2019년, 잡지 〈안트러프러너Entrepreneur〉에 실린 인터뷰를 보면 그녀의 생각을 알 수 있다.

> "원활한 의사소통은 좋은 리더의 필수 덕목이에요. 목표를 달성하기 위해 올바른 결정을 내리게 도와주거든요."

퍼킨스는 겸손하고 현실적인 인물로 유명하다. 그녀는 직원들과 함께 점심을 먹으며, 자신을 '이곳에 있는 600명의 상사가 아니라, 600명을 모시는 사람'이라고 표현했다.[24] 퍼킨스는 특히 직원들의 잠재력을 발현시킬 방법에 집중한다. 그래서 그녀는 팀을 소규모로 다수 구성해, 각 팀에 필요한 권한을 부여했다. 최선의 결과를 낼 수 있도록 업무에 자율권을 보장한 것이다.[25]

그녀는 창조성 또한 중요하게 생각한다. 그래서 고객에게 무엇을 만들지 물어볼 것이 아니라, 직접 새로운 방법을 찾아야 한다고 믿는다. 포드 자동차의 창립자 헨리 포드도 마찬가지였다. 그는 "만약 사람들에게 무엇을 원하는지 물었다면, '더 빠른 말'을 원한다고 대답했을 것"이라고 말한 적이 있다. 퍼킨스도 〈안트러프러너〉에서 이렇게 말했다.

> "대학생 때 과외를 했던 디자인과 학생들에게 무엇을 원하냐고 물어봤다면, '사용하고 있는 디자인 프로그램의 점진적인 개선'을 요구했을 거예요."[26]

퍼킨스는 전형적인 유니콘 기업 창립자의 모습과 사뭇 다르다. 일단 남성이 아니며, 백인도 아니고 사무실도 실리콘밸리에 있지 않다. 그래서인지 그녀는 항상 다른 사람들을 신경 쓰지 말라고 조언한다. 그녀는 블로그에 이런 글을 남겼다.

> "세상에는 구닥다리에 속 좁은 사람들이 많습니다. 이건 우리가 어쩔 수 없어요. 다만, 그들이 당신과 일하고 싶어 하지 않는다면, 그들의 손해일 뿐이라는 사실을 명심하세요."

퍼킨스는 긍정적인 마음가짐을 유지하기 위한 몇 가지 방법을 블로그에 소개했다. 자신의 목표에 집중하기, 내가 통제할 수 없는 일보다 바꿀 수 있는 일에 신경 쓰기, 자신을 믿고 나와 비슷한 사람 찾기 등이다.

그녀는 위기에 처했을 때 무엇보다 결단력이 중요하다고 강조한다. 마법 같은 초능력을 발휘할 수 있기 때문이다. 그녀는 "쉬운 일이라면 아마 할 가치가 없었겠죠"라고 덧붙였다.[27]

비즈니스 아이콘 멜라니 퍼킨스의 1%

....

- 가장 큰 목표를 세우자.
  목표가 클수록 열심히 노력해서 성공 확률이 높아진다.
- 제일 좋아하는 일을 하자.
  좋아하는 일을 해야 생각의 속도가 빨라지고, 더 몰입할 수 있다.
- '아니오'라는 말을 여러 번 듣더라도 포기하지 말자.
  자신의 꿈을 믿어야 실현할 수 있다.
- 거절에도 배울 것이 있다.
  부정적인 의견도 소중하다. 그 의견을 토대로 생각을 발전시키자.
- 직원들에게 업무 권한을 주자.
  일의 권한이 있어야 다양한 도전을 할 수 있고, 성공과 실패를 하며 배울 수 있다.

생각의 속도가 부의 크기를 바꾼다

13장
하이얼 그룹

—————— H a i e r   G r o u p ——————

"직원을 사업가로 만들어야 한다."[1]

장 루이민Zhang Ruimin

백색가전 업계를 선도할 뿐만 아니라, 세계에서 가장 혁신적인 기업 중 하나로 널리 인정받은 하이얼. 세계 최대의 가전 제조업체인 하이얼은 전 세계에 10만 명이 넘는 직원을 두고 있으며, 160개 이상의 국가 및 지역에 제품을 판매하는 기업이다.[2] 이 그룹에는 하이얼 외에도 캔디, 후버, 피셔 앤 페이켈, GE 가전 등이 있다. 2021년에는 세계 매출 335억 달러를 달성했다.[3]

◆ ◆ ◆

가장 빨리 생각해야 할 것은 문제 해결법

하이얼을 창립하고 성공적으로 이끈 주인공은 장 루이민이다. 그는

2021년 CEO와 회장 자리에서 물러났으며, 현재는 명예회장이다.

그는 1949년 1월 중국 산둥성의 라이저우시에서 태어났다. 부모님은 의류 공장의 직원이었다. 어엿한 성인이 된 후 1984년 12월, 장 루이민의 본격적인 여정이 시작됐다. 그는 35세에 칭다오 냉장고 공장의 중역을 맡았다. 1991년 하이얼을 설립하는 전신이 된 공장이었다.[4]

그가 부임했을 당시, 칭다오 냉장고 공장은 자금 부족과 뒤처진 기술력 때문에 어려움을 겪고 있었다. 게다가 직원들은 몇 달째 월급을 받지 못한 상태였다.

장 루이민은 우선 지친 직원들에게 월급을 주고, 사업을 유지하기에 충분한 자금을 확보했다.[5] 또 뒤처진 기술력을 해결하기 위해 공장 직원들을 성장시키는 데 집중했다.[6]

그렇게 30년 동안 장 루이민은 빚더미에 앉아 적자를 내던 소규모 공장을 탈바꿈시키기 위해 최선을 다했다. 마침내 공장은 획기적인 사업 방식과 앞선 생각, 훌륭한 리더십, 세밀한 관리 덕분에 주목받는 다국적 가전 및 전자제품 기업으로 거듭났다.

오랜 시간 그는 브랜드 구축, 다각화 및 세계화 등 갖은 노력을 다했다. 그 덕분에 기업의 평판은 좋아졌고, 냉장고 외의 새로운 시장까지 진출했다.

하이얼은 꾸준한 성장과 더불어 몇몇 중요한 합병도 했다. 대표적으로 2016년, 54억 달러에 GE 가전을 인수한 것을 들 수 있다.

생각의 속도가 부의 크기를 바꾼다

하이얼의 사업 철학은 '고객과의 거리를 0'으로 유지하는 것이다. 이 철학에 따라 하이얼은 고객의 일상적인 요구에 맞춰 빠르게 변화하고 있다.[7]

◆ ◆ ◆

직원을 사업가로 만들자 생긴 놀라운 성과

이제 기술이 세상을 빠르게 바꾸고 있다. 장 루이민은 이런 세상에서 살아남으려면 직원들이 기업가 정신을 지녀야 한다고 믿는다. 그래서 하이얼은 '인단합일'이라는 분산형 조직 방식을 활용한다. 인단합일은 모든 직원이 고객을 위해 가치를 창출해야 한다는 뜻이다.[8]

이 경영 방식에서 직원들은 초소형 기업을 만들 수 있다. 초소형 기업은 스스로 사업과 고용에 관한 결정을 내리고, 보상을 책정하며, 자원을 어떻게 할당할지 결정할 수 있다.

초소형 기업은 크게 두 가지로 나뉜다. 먼저 '사용자'는 시장과 맞닿아 있는 기업이다. 그리고 '노드'는 사용자에게 필요한 요소를 제공하는 기업이다. 여기에는 디자인과 생산, 인사나 재무, IT 등이 포함된다. 초소형 기업체들은 사용자인지 노드인지에 상관없이 궁극적으로 고객을 책임져야 한다.[9]

이 초소형 기업들은 같은 그룹 소속이지만 무조건 협업할 필요는 없다. 다시 말해, 각 초소형 기업들은 서로의 서비스를 구매할지 말지 결정할 수 있다. 만약 원한다면 같은 그룹이 아닌 외부 거래처를 찾아도 된다.

사용자 기업은 노드 기업에게 제안을 받고 계약 조건을 협상할 수 있다. 만약 노드 기업이 사용자 기업의 요구를 충족하지 못하면 내부 고객을 잃을 수도 있다. 다만 기술 투자 같은 핵심 영역에서는 협업을 보장하기 위해, 초소형 기업들이 생산하는 제품(가령, 세탁기)이나 사업 활동(가령, 마케팅)에 따라 플랫폼을 구성한다.[10]

2005년에 처음 도입된 인단합일 방식은 하루아침에 성공을 거두지는 못했다. 직원들이 새로운 방식에 금방 적응하지 못했기 때문이다. 실제로 하이얼은 이 방식으로 전환하는 과정에서 1만 명 이상의 중간 관리자를 해고했다. 그러다 2016년이 되자 서서히 효과가 나타나기 시작했다. 수년 동안 꾸준히 해온 결과였다.[11]

현재 하이얼은 4,000개 이상의 초소형 기업으로 이루어져 있다. 각 기업의 직원 수는 보통 10~15명이다. 사용자 기업은 하이얼의 전통인 가전 사업, 새로운 시장의 진입을 위한 사업, 새로운 사업 모델을 개발하는 분야로 나뉜다. 이들은 성장과 수익 면에서 야심 찬 목표를 가지고, 다른 기업들과 협업해 자리 잡고자 노력한다.

노드 기업의 목표는 비용 절감, 품질 개선, 자동화 확대 등이다. 목표를 달성하면 직원들은 성과금 같은 보상을 받는다. 반대로, 3개월 간 기본 목표를 달성하지 못하면 자동으로 리더가 교체된다.[12]

장 루이민에게 혁신은 단순히 새로운 제품과 기술이 아니다. 고객을 위한 가치를 창조하는 것이다. 초소형 기업의 모든 직원이 고

생각의 속도가 부의 크기를 바꾼다

객을 위한 가치를 새롭게 만들 수 있어야 한다.

성공한 하이얼의 초소형 기업들에는 세 가지 공통점이 있다. 동기부여가 잘 되고, 조직이 체계적이며, 시장의 기회를 놓치지 않는다. 이렇지 못한 기업은 대개 오래 버티지 못했다. 일부 초소형 기업은 외부 자금을 확보해 IPO(신규 상장)도 해냈다. 대표적인 예로 게임용 컴퓨터 기업인 선더로봇ThundeRobot을 들 수 있다. 이 기업은 2017년 성공적으로 상장한 뒤, 2021년까지 3억 9,400만 달러의 수익을 올렸다.[13]

인단합일 방식은 경영 전문가들의 찬사를 받으며 하이얼에 큰 성공을 가져왔다. 기업을 효율적으로 이끌 새로운 방법을 앞서 생각한 덕분이다. 또한 직원들에게 사업 활동의 자율권을 주고, 서로 협력하고, 경쟁해 혁신을 이루도록 독려한 덕분이기도 하다. 또, 노력의 결실도 마음껏 누리게 했다.

하지만 실패한 기업체를 벌하는 방식이 다소 지독해서 진정한 혁신을 저해한다고 비판하는 사람들도 있다. 이 비판이 타당한지는 결국 시간이 판단할 문제다.

장 루이민은 수년 동안 뛰어난 사업 능력과 훌륭한 리더십으로 찬사를 받았다. 실제로 그는 2004년 8월 〈포춘〉이 선정한 '아시아에서 가장 영향력 있는 사업가' 6위에 올랐다. 1년 뒤에는 〈파이낸셜 타임스〉가 뽑은 '세계에서 가장 존경받는 리더 50인'에 들었다.[14] 그리고 2016년, 그는 예일 경영대학원이 주는 '전설의 리더십 상'을 받았다. 이듬해에는 〈포춘〉이 선정한 '세계 50대 위대한 리더'에 뽑혔다.[15] 중국 공산당의 일원인 그는 〈싱커스 50Thinkers 50〉이 선정하는 '세계를 선도하는 경영 사상가'에도 자주 이름을 올린다. 그야말로 전 세계에 인정받은 비즈니스 아이콘이다.

사실 아무리 중국 최고의 기업가라고 해도 서양 사람들에게까지 알려지기는 쉽지 않다. 하지만 장 루이민은 다르다. 그는 자신의 사업 철학을 글과 연설을 통해 꾸준히 세상과 공유해왔다. 또한 그는 수년 동안 많은 기사 속 주인공이었다. 특히 1998년에 하버드대학에서 강의한 첫 번째 중국 기업가이기도 하다.

◆ ◆ ◆

생각의 속도로 부의 크기를 바꾸다

2007년에 발행된 〈하버드 비즈니스 리뷰〉를 보면, 장 루이민이 지난 20년 동안 리더십을 키우기 위해 어떤 노력을 했는지 알 수 있다.

그는 칭다오 냉장고 공장에 출근한 첫 며칠 동안 월급을 못 받은 직원들과 친분을 쌓는 데 공을 들였다. 그다음 작업장에서 대소변을 보거나 회사의 재산을 훔치지 못하도록 새로운 규정을 만들고 철저히 단속했다. 또, 직원들의 사기를 올리고 분위기를 좋게 만들었다. 무엇보다 항상 솔선수범하려고 노력했다. 기차에서 자리가 없으면 통로 접이식 의자에 앉아 불편함을 몸소 견디기도 했다. 그

리고 직원들에게 자신이 어떻게 해서든 해낼 사람임을 증명하기 위해 항상 확신을 가지고 행동했다.[16]

장 루이민은 중국의 문화 대혁명을 겪으면서 내면의 회복력을 길렀다. 1966년, 공산당의 주석이었던 마오쩌둥은 당내의 적들과 잔인한 전쟁을 벌였다. 이 숙청 과정에서 사망한 사람이 무려 50만 명에서 200만 명으로 추정된다. 사회적, 경제적으로 혼란스러워진 중국은 사실상 내란에 빠졌다. 이 혁명은 1976년 마오쩌둥이 사망하며 마침내 막을 내렸다.[17] 장 루이민은 조국의 비극을 겪으며 '어떤 어려움이든 결국 극복할 수 있다'는 깨달음을 얻었다.[18]

장 루이민은 중국의 전통문화와 서양의 경영 대가들의 기술을 결합해 자신만의 사업 전략을 세우고, 생각의 속도를 높였다. 예를 들어, 그는 "백성이 통치자가 있다는 사실만 알아야 가장 훌륭한 통치다"라고 말한 중국의 철학자 노자의 영향을 받아 직원들에게 자율권을 줬다.[19] 또, 그는 경영 사상가인 고故 피터 드러커를 존경해 평소 그의 책을 많이 읽었다. 특히 "사업이란 얼마나 많은 사람을 관리하는지가 아니라, 어떤 결과를 내는지에 주목해야 한다"라는 드러커의 말에 큰 감명을 받았다. 실제로 드러커의 사상은 하이얼의 인단합일 방식에도 영향을 줬다.[20]

장 루이민은 일에서만큼은 항상 기준을 높게 잡았다. 품질 좋은 제품을 생산하기 위해서였다. 실제로, 칭다오 냉장고 공장에 부임한 직후 직원들에게 불량 냉장고 76개를 부수라고 한 적도 있다.[21]

그는 또한 앞서가려는 노력이 중요하다고 믿는다. 하이얼은 1980년대 좋은 품질의 제품으로 빠르게 성공했는데, 당시는 이런 제품을 사고 싶어도 찾기 힘든 시기였다.[22] 그래서 그는 시대의 변화에 발맞추려는 노력이야말로 사업가의 기본이라고 강조한다.[23]

장 루이민은 '불굴의 의지'를 자신의 장점으로 뽑는다. 그는 한 번 목표를 정하면, 달성할 때까지 멈추지 않는다.[24]

비즈니스 아이콘 장 루이민의 1%

- 직원들의 기업가적 본능을 끌어내자.
  직원들이 직접 사업에 관한 결정을 내리고, 원하는 곳에 자원을 배분하도록 권한을 주자.
- 고객 가까이에 머물자.
  고객과 가까이 지내야 무엇을 필요로 하는지 알 수 있고, 생각의 속도를 높여 그에 맞는 제품을 만들 수 있다.
- 항상 품질을 중요시하자.
  고품질의 상품과 서비스는 언제나 고객을 모은다.
- 새로운 변화를 주자마자 성공할 것이라고 기대하지 말자.
  사람들이 새로운 것에 적응하려면 시간이 필요하다.
- 긍정적인 마음으로 도전하자.
  아무리 어려운 장애물이라도 넘는 방법이 있다.

생각의 속도가 부의 크기를 바꾼다

14장

바이오엔테크

———— BioNTech ————

"중요한 것은 우리가 아니라 우리가 하는 일이다."[1]

우구어 자힌Uğur Şahin, 외즐렘 튀레치Özlem Türeci

2020년 11월 9일, 전 세계는 코로나19 바이러스로 공포에 뒤덮여 있었다. 이미 120만 명이 코로나19 바이러스로 목숨을 잃고, 사회적 제약도 생긴 상태였다.[2]

이날 미국의 거대 의약품 제조 기업인 화이자는 코로나19 바이러스 백신을 최초로 공개했다. 독일의 생명공학 기업 바이오엔테크와 협업해 개발한 백신이었다. 화이자는 언론 보도에서 "오늘은 과학과 인류에게 위대한 날입니다"라고 말하며 뿌듯함을 감추지 않았다.[3]

화이자-바이오엔테크의 백신은 90%가 넘는 예방 효과를 자랑했다. 이 백신에는 실험실에서 만든 RNAmRNA 분자가 사용됐다. 자연 상태의 mRNA 분자는 세포핵의 DNA에서 세포질로 단백질 정보를 전달한다. 백신 속 mRNA 분자는 인간의 세포에 자연적으로 존재하는 mRNA의 합성 형태라고 할 수 있다.

이 합성 mRNA는 바이러스에 대응할 단백질을 만드는 방법을 몸속 세포에 가르친다. 즉, 몸이 코로나19 바이러스와 싸우는 항체를 스스로 만들도록 알려주는 셈이다. 흔히 백신 주사를 맞으면 약한 바이러스를 몸에 넣는다고 생각하지만, 놀랍게도 mRNA 백신에는 실제 바이러스가 없다. 다시 말해, 약해지거나 죽은 세균을 직접 몸에 넣어 면역 반응을 일으키는 기존 백신과는 다르다.

과학자들은 1960년대부터 mRNA를 연구했다. 실제로 mRNA 백신은 인플루엔자, 광견병, 지카 바이러스 같은 감염병과 암에 대한 면역 기능을 높이는 방법으로 여겨졌다. 그런데도 mRNA 기술은 널리 인정받지 못했다.

그러나 코로나19 팬데믹을 통해 mRNA 백신은 안전할 뿐만 아니라 빠르게 대량 생산할 수 있고, 바이러스의 돌연변이에 맞춰 바꿀 수 있음을 증명했다. 실제로 화이자-바이오엔테크 백신과 미국 제약 회사 모더나가 개발한 또 다른 mRNA 백신이 모두 성공을 거두며, 암이나 HIV, 말라리아, 결핵 등 다른 질병들과 싸우는 유망한 방법으로 떠올랐다.

◆◆◆
혁신은 앞선 생각에서 시작된다

우구어 자힌과 외즐렘 튀레치 부부는 면역 치료를 전문으로 하는 종양학자였다. 두 사람은 2008년 독일의 서부 마인츠시에서 바이오엔테크를 설립했다. 이때까지만 해도 자신들이 훗날 수백만 명을 구하리라고는 전혀 예상하지 못했다.

사실 두 사람은 이미 혁신을 일으킨 이력이 있었다. 가니메드 제약을 공동 창립해 고형암 치료에 쓰는 항체 의약품을 개발한 주인공이 바로 이 두 사람이다.

두 사람은 바이오엔테크를 설립한 뒤에도 mRNA를 포함한 다양한 기술을 사용해 암 치료제 개발에 매달렸다. 그러나 안타깝게도 팬데믹 전까지 시장에 아무 제품도 내놓지 못했다.[4]

자힌과 튀레치는 독일 국민이지만 튀르키예에 뿌리를 두고 있다.

자힌은 1965년 9월 튀르키예 이스켄데룬에서 태어나, 4세 때 가족과 독일의 쾰른으로 이주했다. 자힌의 부모님은 포드 공장에서 일하며 성실하게 생활했고, 자힌은 학생 때 의사라는 꿈을 품었다. 목표를 정한 자힌은 열심히 공부했고, 마침내 쾰른대학교에서 내과의사가 됐다.

튀레치는 1967년 3월 독일의 지겐에서 태어났다. 그녀의 부모님은 튀르키예 이민자였다. 외과의사였던 아버지 덕에 튀레치는 어릴 때부터 의학에 관심이 많았고, 그녀 역시 의사를 꿈꿨다.

두 사람은 병원 병동에서 처음 만났다. 이야기를 나누며 둘 다 암 치료에 관심이 있다는 사실을 알게 된 후, 두 사람은 의학 연구소에서 일하기로 결심했다. 특히, 이들은 인체의 면역 체계를 훈련해 종양을 파괴할 수 있는지 연구하고 싶어 했다.

처음에 두 사람은 연구와 교육에 집중했다. 자힌은 롤프 칭커나겔(1996년 노벨 의학상 수상자)의 취리히대학교 연구소에서 일했다. 그 후 둘은 2001년에 가니메드 제약을 함께 창립했고, 이듬해 결혼했다. 두 사람은 결혼식을 올리자마자 연구소로 돌아갈 정도로 일벌레였다.

2016년, 가니메드 제약은 일본의 제약회사인 아스텔라스 제약에 4억 2,200만 유로로 매각됐다. 자힌과 튀레치는 벼락부자가 됐지만 면역 치료 연구를 멈추지 않았다. 2019년, 바이오엔테크는 나스닥 증권거래소에 상장했다. 그리고 가난과 질병 퇴치를 목표로 하는 비영리 단체 빌&멜린다 게이츠 재단과 함께 HIV와 결핵 감염 예방 프로그램을 시작했다.[5]

같은 해에 자힌은 독일, 오스트리아, 스위스에서 임상 종양학 연구, 번역 연구, 실험 연구 분야에서 뛰어난 성과를 보인 사람에게 주는 독일 종양 연구상German Cancer Award을 받았다. 그는 또한 2년에 한 번 과학과 기술 분야의 최고 무슬림 연구자에게 수여하는 무스타파상Mustafa Prize도 받았다.

생각의 속도가 부의 크기를 바꾼다

♦ ♦ ♦

전 세계를 위한 '광속 프로젝트'

2020년 2월, 자힌은 의학 학술지 〈랜싯The Lancet〉에 실린 코로나바이러스 기사를 읽었다. 그는 중국에서 빠르게 퍼지고 있는 신종 코로나바이러스가 전 세계를 덮칠 것이라 확신했다.

그때 문득 '바이오엔테크가 개발한 mRNA 기술로 백신을 개발할 수 있지 않을까?'라는 생각이 들었다. 시간 싸움이라는 생각에 수백 명의 직원을 투입해 '광속 프로젝트'에 착수했다. 빠른 생각에 저돌적인 추진력을 더해 앞서 나간 것이다. 자힌은 한 인터뷰에서 그때를 이렇게 회상했다.

"기회가 아니라 의무라고 느꼈습니다."[6]

자힌은 백신을 시장에 내놓을 동업자를 구하고 싶었다. 곰곰이 고민하던 자힌은 2018년부터 독감 백신을 함께 연구한 화이자에 동업을 제안했다. 그렇게 2020년 3월, 두 기업은 코로나19 백신을 같이 개발하기 시작했다.

다행히 두 기업은 좋은 성과를 얻었고, 그해 11월에 함께 개발한 백신을 공개했다. 전 세계 국가들은 너도나도 빠르게 백신 사용에 대한 승인을 내렸고, 곧 사람들은 백신을 맞을 수 있었다. 실제로 2022년 10월 기준, 이 백신은 전 세계 180개국에 38억 개 이상 배

송됐다.[7]

현재 자힌과 튀레치는 mRNA 기술로 암세포를 표적 치료하는 방법을 연구하고 있다. 또 환자의 면역 체계가 병을 공격하도록 유도하는 개인 맞춤형 백신도 연구 중이다.

두 사람의 바람은 mRNA 기술로 흑색종이나 대장암 같은 암을 치료하는 것이다. 특히 2030년 전에 암 백신이 널리 사용되기를 희망하고 있다. 튀레치는 2022년 10월 BBC에서 신중한 태도로 이렇게 말했다.

> "과학자로서 암을 치료할 수 있다고 단언하기는 언제나 망설여집니다. 다만, 우리는 많은 타개책을 가지고 있고, 앞으로도 계속 연구할 생각입니다."[8]

현재 자힌은 기업의 CEO이며, 튀레치는 최고 의학 책임자다. 또 튀레치는 독일에 기반을 둔 암 면역 치료협회의 회장이다.

자힌과 튀레치는 한 번도 돈을 좇지 않았지만 억만장자가 됐다. 2023년 1월 기준, 바이오엔테크의 가치는 350억 달러로 평가됐으며,[9] 2021년 말에는 직원 수가 3,100명에 달했다.[10] 생각의 속도가 부의 크기를 얼마나 바꿀 수 있는지 몸소 보여준 셈이다. 게다가 두 과학자는 2021년 코로나19 백신을 개발한 공로를 인정받아 독일 최고의 영예 중 하나인 연방공로십자훈장을 받았다.

생각의 속도가 부의 크기를 바꾼다

생각의 속도로 부의 크기를 바꾸다

자힌과 튀레치는 세계에서 가장 성공한 과학자들이지만 매우 겸손하기로 유명하다. 〈뉴욕 타임스〉는 2020년 11월 두 사람의 검소한 생활을 소개하기도 했다. 기사에 따르면, 두 사람은 사무실 근처의 소박한 아파트에 살면서, 출퇴근길에는 자전거를 탔다. 화이자의 CEO인 앨버트 불라는 자힌을 '과학자이자 원칙을 지키는 사람'이라고 높이 평가했다.[11]

누구나 예상할 수 있듯이, 백신을 개발하는 건 쉽지 않다. 그러나 자힌과 튀레치는 백신 개발에 실패할 가능성을 전혀 생각하지 않았다. 마치 백신을 무조건 개발할 수 있다고 믿는 사람들 같았다. 튀레치는 〈타임스〉에서 다음과 같이 말했다.

> "우리는 수년 동안 혁신적인 분야에서 일했습니다. 그래서
> 실패할까 봐 걱정하기보다는 잠재적인 모든 문제를 해결하
> 려고 했지요."[12]

튀레치는 사람들을 위해 과학과 기술을 이용할 때 가장 고귀해진다고 생각한다. 그래서 종종 과학을 '고고한 열정'이라고 표현하곤 한다.

한편, 자힌은 호기심에 이끌려 원리를 이해하고 싶어 하는 인물

이다. 그는 암 환자에게 "더 도울 방법이 없다"라고 말할 때면 이따금 마음이 무거워졌다. 그래서 더 좋은 세상을 만들겠다고 의지를 굳게 다졌다.

> "과학자로서 우리는 아직 가능한 모든 일을 해보지 않았습니다. 따라서 더 많은 일을 해야 한다고 생각합니다. 그게 저의 원동력입니다."[13]

자힌은 바이오엔테크를 설립할 때 모든 직원이 과학기술뿐만 아니라 리더의 능력도 갖추길 바랐다. 또 모든 직원이 자신의 의견, 걱정, 그리고 실수하고 배운 교훈까지 편하게 공유할 수 있는 문화를 만들고자 했다.[14] 두 사람은 이런 앞선 생각 덕분에 세계적인 비즈니스 아이콘이 될 수 있었다.

자힌과 튀레치는 기꺼이 위험을 감수했다. 그런데도 기업가로서 아직 부족하다고 생각한다. 그래서 그들은 바이오엔테크의 재무, 거래, 사업 개발 직원을 영입할 때 신중을 기한다.[15] 자신들의 부족한 점을 보완해줄 최고의 인재를 찾기 위해서다.

자힌은 기업가 지망생들에게 '자신이 사랑하는 일'을 찾으라고 조언한다. 그리고 자신들의 사명을 이렇게 설명했다.

> "환자, 더 나아가 인류에게 도움을 줄 수 있다면, 그 일이 사

생각의 속도가 부의 크기를 바꾼다

업이라고 해도 뛰어들 것입니다. 제약 사업으로 사람들을 돕는다는 사실이 중요합니다. 우리는 사람들을 돕고 싶고, 질병의 고통을 줄이고 싶습니다."[16]

비즈니스 아이콘 우구어 자힌, 외즐렘 튀레치의 1%

- 좋은 동업자가 성공의 열쇠다.
  마음이 맞는 사람, 그리고 목표를 공유할 조직을 찾자.
- 자신의 한계를 파악하자.
  부족한 부분은 전문가의 도움을 받아 보완하고, 공동의 목표를 달성할 강한 팀을 만들자.
- 하룻밤 사이에 성과를 기대하지 말자.
  성공하려면 인내심과 끈기가 필요하다.
- 사랑하는 일을 하자.
  진심으로 좋아하는 일을 하면 자연스럽게 생각의 속도를 높이려고 노력할 것이다.
- 인류를 위해 어떻게 봉사할지 생각하자.
  다른 사람을 도울 때 비로소 성공이 따라온다.

15장

범블

"내가 원하는 삶을 살자."[1]

휘트니 울프 허드Whitney Wolfe Herd

요즘에는 앱을 이용해 새로운 사람을 쉽게 만난다. 범블 역시 사람들을 연결해주는 플랫폼이다. 연애, 우정, 사업 등 목적에 따라 데이트, BFF, Bizz를 사용할 수 있다. 먼저, '데이트'는 이성을 만나고 싶을 때 이용한다. 눈에 띄는 점은 여성이 먼저 연락한다는 것이다. 즉, 여성에게 주도권이 있는 셈이다. 'BFF'는 인맥을 넓히거나 이사 긴 곳에서 새 친구를 사귀고 싶을 때 쓴다. 마지막으로 'Bizz'는 멘토나 팀원처럼 직업 관련 인맥을 넓히고 싶을 때 이용한다.

요즘 온라인 세상은 잔인하고, 지독하며 심지어 극도로 위험하기까지 하다. 그 속에서 범블은 친절과 존중을 우선하며, 새로운 관계를 구축할 수 있는 안전한 온라인 커뮤니티를 만들겠다는 목표를 갖고 있다.[2] 현재 범블은 6개 대륙에 걸쳐 1억 명이 넘는 회원 수를 자랑하며,[3] 2021년 수익은 7억 6,500만 달러였다.[4]

◆ ◆ ◆

여자가 먼저 연락하면 어떨까?

휘트니 울프 허드는 1989년 7월 유타주의 솔트레이크시티에서 태어났다. 2017년, 그녀는 텍사스 석유 기업의 상속자이자 레스토랑 경영자인 마이클 허드와 결혼하며 성을 울프 허드로 바꿨다.

울프 허드는 범블을 만들기 전 '남자가 번호를 물어보거나 데이트 신청하기를 기다리고, 데이트 앱에서 말 걸기를 고대하는 똑똑하고 멋진 여자'를 많이 봤다. 그녀는 여자들의 사회적 위치가 높아졌지만, 여전히 연애할 때는 구시대적 역할을 따른다고 생각했다. 그래서 2014년에 울프 허드는 연애의 진부한 규칙을 깨겠다는 생각으로 범블을 창립했다.[5] 그녀는 이렇게 말했다.

> "저는 '만약 반대로 시작하면 어떨까? 여자가 먼저 연락한다면?'이라는 상상을 해봤어요."[6]

'범블'이라는 이름은 여왕벌과 '주도권을 쥔 여자'에서 영감을 얻어 지었다.[7]

범블 사용법은 2012년에 생긴 유명 데이트 앱 '틴더'와 같다. 누군가의 사진을 보고 마음에 들면 오른쪽으로, 마음에 들지 않으면 왼쪽으로 넘긴다. 두 사람 모두 호감을 느끼면 연락을 주고받을 수 있다. 단, 24시간 안에 연락하지 않으면 연락할 기회가 사라진다.

범블과 틴더는 비슷해 보이지만, 큰 차이점이 하나 있다. 범블에서는 이성과 연락할 때 항상 여성이 먼저 연락해야 한다. 그러나 틴더에서는 여성이 남성에게 먼저 말을 거는 권한을 가지려면 특별한 설정을 해야 한다.

범블과 틴더는 기본적으로 무료 앱이다. 하지만 '범블 부스트' 같은 프리미엄 구독 서비스를 이용하면, 현재의 매칭 시간을 늘려주는 등 추가 기능을 사용할 수 있다. 또한 앱 안에서 필요한 기능을 따로 구매할 수도 있다.

범블과 틴더의 유사한 구조는 우연이 아니다. 사실 울프 허드는 틴더의 공동 창립자이자 마케팅 부사장이었다. 그러나 2014년 그녀는 틴더를 성희롱과 차별을 이유로 고소한 뒤 퇴사했다. 그녀는 전 상사이자 남자 친구였던 저스틴 마틴이 당시 틴더의 CEO였던 숀 라드 앞에서 자신을 '잡년', '창녀'라고 불렀다고 주장했다.[8]

그러나 당사자는 끝까지 잘못을 인정하지 않았다.[9] 게다가 울프 허드는 사건이 해결되기를 기다리는 동안 온라인에서 강간, 살해 협박 등을 받았다. 이 일을 겪고 난 뒤 그녀는 긍정에 초점을 맞춘 여성 전용 소셜 네트워크를 구상하기 시작했다.[10]

그 시작을 도운 사람은 런던에서 활동하는 러시아 출생의 사업가 안드레이 안드레예프였다. 그는 2006년에 온라인 데이트 플랫폼 바두Badoo를 만든 인물이다. 안드레예프는 이미 이전에 틴더에서 일하던 그녀의 에너지와 열정에 깊은 인상을 받았었다. 그래서 그는 울프 허드에게 여성에 집중한 데이트 앱을 시작하면 돕겠다고 제안했다. 다행히 울프 허드와 틴더의 법적 합의문에는 비경쟁 조항이 없어서 자유롭게 사업 제안을 받아들일 수 있었다.

안드레예프는 1,000만 달러의 초기 투자를 대가로 지분 79%를 가져갔다. 울프 허드는 20%의 지분을 가지고 창립자 겸 CEO가 됐으며, 남은 1%는 다른 투자자를 위해 남겨뒀다.

◆ ◆ ◆

조금 다르게 생각했을 뿐인데 억만장자가 되다

사실 범블을 준비할 당시, 이미 온라인 데이트 시장은 붐볐다. 그러나 2014년 12월 범블은 출시되자마자 곧바로 큰 인기를 얻었다. 여성들은 자신에게 주어진 주도권에 열광했다.

이 앱은 첫 달에만 10만 번 다운로드됐으며,[11] 2020년에는 35세 미만인 사람들 사이에서 틴더의 경쟁자로 떠올랐다.[12] 범블의 영향력이 커지자 틴더의 소유주인 매치 그룹은 범블을 인수하고 싶다고 제안했다. 그러나 범블은 그 제안을 거절했다.[13] 현재 범블은 세계 150개 이상의 시장에서 사용되고 있다.

2018년에는 인도의 여배우이자 범블의 투자자인 프리앙카 초프라가 범블의 인도 진출을 도우며 언론의 주목을 받았다. 당시 인도에서는 성폭행 사건이 자주 발생했고, 가벼운 만남 또한 대개 도시에서 볼 수 있는 새로운 현상이었기 때문에 위험하다고 여겨졌다. 범블은 이런 지역적 특성을 고려해 인도 여성은 이름을 밝히지 않고 초성만 사용해도 되며, 앱에서 나쁜 행위를 신고할 수 있게 조치했다.[14] 이를 보면 알 수 있듯이, 울프 허드는 여성을 혐오하는 시장을 오히려 새로운 기회로 본다.[15]

2019년 11월, 울프 허드는 범블의 모기업인 매직랩에서 CEO로 승진했다. 당시 안드레예프는 매직랩의 지분 대부분을 사모펀드 기업 블랙스톤에 매각한 상태였다. 그해 초, 〈포브스〉가 바두의 런던 본사에 악질적인 문화가 있다고 주장한 뒤에 매각한 것이었다. 안드레예프가 인종차별과 성차별을 했다는 주장도 제기됐으나 그는 부인했다.[16]

울프 허드는 이 논란 때문에 심적으로 매우 힘든 시기를 보냈다. 안드레예프는 그녀에게 친구이자 동업자이자 멘토였고, 그녀와 매직랩은 여성 혐오를 비롯한 모든 편견에 온선히 맞서고 있었다. 그녀는 〈포브스〉의 기사에 나온 그 어떤 행동도 보거나 들은 적이 없으며 그 주장에 모멸감을 느꼈다고 입장을 밝혔다.[17]

2020년 7월, 매직랩은 범블로 이름을 바꾸며 유럽과 남미에서 큰 인기를 얻고 있던 바두의 모기업이 됐다. 그때 울프 허드는 하나의 건설적이고 탄탄한 기업적 사명을 갖게 됐다고 느꼈다.[18] 그해 말, 범블은 동성애자를 위한 매직랩의 데이트 앱 '채피'와, 50대 이상을 위한 데이트 앱 '루멘'도 인수했다.

시선을 조금 돌려 앞선 생각을 한 울프 허드는 놀라운 성과를 얻었다. 2021년 2월, 범블은 나스닥 증권거래소에 상장했으며, 첫날 시가총액 약 77억 달러로 마감했다.[19] 이날 울프 허드는 자수성가한 세계 최연소 여성 억만장자이자,[20] 기업을 상장한 최연소 여성이됐다. 당시 울프 허드는 겨우 31세였다.

◆ ◆ ◆

생각의 속도로 부의 크기를 바꾸다

울프 허드는 말 그대로 성공한 사람이다. 그녀는 지구 반대편에도 고객을 보유한 회사의 CEO일 뿐만 아니라 불굴의 성평등 지지자며, 여성 혐오에 단호하게 맞서는 인물이다. 그녀의 영향력 또한 크다. 한예로, 2019년에 그녀는 텍사스주 의회를 설득해, 불필요한 나체 사진의 전송을 금지하는 법을 통과시키기도 했다.

울프 허드는 평등, 다양성, 포용성을 매우 중요하게 생각한다. 실제로 그녀는 인종차별 문제에도 관심이 많다. 범블이 흑인 인권 보호 운동Black Lives Matter('흑인의 목숨도 소중하다')의 공식 후원사라는 점만 봐도 알 수 있다. 또 범블은 다양성팀을 운영해, 시각 장애인을 포함한 소수 집단 혹은 소외 계층의 사용자들이 겪는 편견 문제를 해결하고 있다.[21]

울프 허드는 사업을 통해 타인의 삶을 긍정적으로 바꾸겠다는 목표를 가지고 있다.

> "저는 창업했다고 해서 '진정한 사업'을 시작한 건 아니라고 생각해요. 사업은 개인의 고충을 해결하기 위해 시작하는 거예요. 따라서 삶이 손을 내밀 때까지 기다렸다가 혁신의 순간을 맞이해야 해요."[22]

그녀의 개인적 고충은 온라인의 악질적인 환경과 학대였다. 그래서 울프 허드는 이를 해결하기 위해 삶을 바치고 있다.[23] 그러다 힘들 때면 옆에 있는 소중한 사람들을 떠올린다. 남편과 아들, 그리고 일상의 소소한 행복에서 버틸 힘을 얻는다.[24]

사실 울프 허드는 아주 어릴 때부터 타고난 사업가 기질을 보였다. 세계적인 비즈니스 아이콘이 될 운명이었던 셈이다.

성인이 된 후의 활동만 봐도 사업가 기질이 다분하다. 울프 허드는 대학생일 때, '해양 미래 사회Ocean Futures Society'를 위한 보금 활동으로 대나무 토트백을 판매했다. 또 공정 무역과 인신매매 근절에 관한 인식을 높이기 위해 네팔에 기반을 둔 '텐더 하트' 의류 라인을 설립했다. 대학을 졸업한 뒤에는 뉴욕 인큐베이터 '해치 랩스'에서 일하던 중 틴더의 공동 창립자 몇 명을 처음 만났다.[25]

울프 허드는 일벌레로 유명했다. 그녀는 밤에도 2시간마다 이메

일을 확인했으며, 새벽 4시 30분에 일어나 업무를 시작하기도 했다. 그러던 어느 날, 이런 행동들이 다른 기업가 지망생에게 좋은 영향을 주지 않는다는 사실을 깨달았다.[26] 그러나 범블에 대한 집착을 막을 순 없었다. 고객, 팀, 미래 혁신에 대한 책임감까지 집착의 대상이었다.[27] 그녀는 이렇게 말했다.

"자기 일에 어느 정도 중독되지 않으면 변화를 만들 수 없어요. 당신이 추락하기를 모두가 기다리기 때문이죠."[28]

마케팅 천재인 울프 허드는 심한 경쟁 속에서도 범블이 두각을 나타내리라고 믿었다. 범블만의 매력이 확실했기 때문이다. 그래서 소셜 미디어 광고, 인플루언서를 내세운 광고, 지하철 및 버스 광고 등 광범위하게 홍보했다.

도전도 끊임없이 했다. 예를 들어, 코로나19 팬데믹 시기에는 온라인 데이트만 가능한 고객들을 위해 '가상 데이트'를 출시했다.[29]

범블은 맑고 밝으면서 여성스러운 '여왕벌'의 느낌을 잘 드러내고 있다. 텍사스주 오스틴에 있는 본사 건물은 밝은 노란색으로 눈에 띄며, 내부는 벌집 모양이 자연스레 녹아 있다. 또한 범블의 가치관(친절, 존중, 안전, 책임 등)은 서비스에서 잘 나타난다.[30]

울프 허드는 힘들었던 시간을 솔직하고 진솔하게 이야기할 줄 아는 사람이다. 그녀는 아들을 출산한 뒤 산후 우울증과 불안에 시달렸다고 말하기도 했다.[31] 또, 자신은 부끄러움이 많아 회사를 대표하는 자리에 일부러 나선 적이 없다고 밝혔다. 그녀는 현재 범블의 가치를 이렇게 표현했다.

"나보다 훨씬 큰 존재예요. 나보다 더 오래 존재할 거고, 그렇게 만드는 게 목표예요."[32]

비즈니스 아이콘 휘트니 울프 허드의 1%

....

- 화내지 말고 능력을 보여주자.
  무시당해도 화내면서 시간과 힘을 낭비하지 말자. 대신 더 성장하는 데 집중해 능력을 증명하자.

- 개인적인 고충을 해결할 사업을 시작하자.
  그러면 비슷한 고충을 가진 사람들이 내 제품과 서비스를 찾을 것이다.

- 가장 중요한 가치를 일에 녹이자.
  그 가치를 중요하게 여기는 사람들은 내 제품을 살 것이다.

- 경쟁이 치열한 시장에 진입하기를 두려워하지 말자.
  같은 제품이나 서비스를 제공하는 경쟁사가 많아도, 마케팅과 영리한 운영으로 충분히 차별화할 수 있다.

- 적당히 집착하자.
  일에 집요하게 집중해서 경쟁자들을 뛰어넘고, 의심한 사람들이 틀렸다는 것을 증명하자.

생각의 속도가 부의 크기를 바꾼다

16장
메타 플랫폼스

———— Meta Platforms ————

"아무 위험도 감수하지 않는 것이
가장 위험하다."[1]

마크 저커버그 Mark Zuckerberg

요즘 SNS를 하지 않는 사람이 거의 없다. 일상을 공유할 때뿐만 아니라 정보를 찾을 때도 SNS를 활발하게 이용한다. 메타 플랫폼스(이하 메타)는 페이스북, 인스타그램, 왓츠앱 등을 통해 매일 전 세계 수십억 명을 연결하는 세계 최대 기업 중 하나다. 현재 페이스북의 사용자는 거의 30억 명으로, 전 세계 인구수 3분의 1이 넘는다.[2]

메타는 다른 사람과 대화하고, 일상과 정보를 공유하는 등 서로 알고 싶어 하는 인간의 기본적인 욕망을 충족시켜 성공했다. 그 성공을 이끈 비즈니스 아이콘이 바로 마크 저커버그다.

대학생을 위한 온라인 주소록이 하나의 사업으로

마크 저커버그는 2004년 2월 에드와도 새버린, 더스틴 모스코비츠, 크리스 휴스와 함께 페이스북을 공동 창립했다. 당시 저커버그는 하버드 대학에서 심리학과 컴퓨터 공학을 전공 중인 대학교 2학년생이었으며, 공동 창립자들 역시 같은 학교에 재학 중이었다.

처음에 TheFacebook.com은 단순히 대학생들을 연결하기 위해 만든 온라인 주소록이었다. 하지만 큰 인기를 얻으면서 대학가를 넘어 빠르게 유명해졌다. 그 결과, 단기간에 13세 이상의 수백만 명이 사이트를 이용했다.

사실 페이스북의 시작은 여러 이유에서 논란에 휩싸였다. 먼저, 저커버그는 또래 친구의 외모에 등급을 매기는 '페이스매시'의 주요 개발자였다. 이 사이트는 열자마자 많은 방문자 수를 기록했지만, 강한 비난을 받고 곧 폐쇄됐다.

2003년 11월, 이 일로 저커버그는 하버드대학 행정위원회(학교 규정 및 사회적 행동 규정을 집행하는 기관)에 불려가 보안을 위반하고, 저작권과 사생활을 침해한 혐의를 해명해야 했다.[3]

그러나 저커버그는 페이스매시의 좌절에도 굴하지 않고 몇 달 뒤 TheFacebook.com을 만들었다. 그리고 2004년 4월 더페이스북은 플로리다 법에 따라 유한 회사로 설립됐다.

사이트가 빠르게 성장하자, 저커버그와 모스코비츠는 '실리콘밸리의 탄생지'로 불리는 캘리포니아의 도시 팰로앨토에서 여름을 보냈다. 반면, 새버린은 리먼 브라더스 투자 은행에서 인턴십을 하기 위해 뉴욕으로 갔다.

저커버그는 캘리포니아에서 P2P 파일 공유 프로그램인 냅스터의 창립자 숀 파커를 만났고, 그 뒤 파커가 회사에 합류했다. 또, 온라인 결제 서비스 페이팔의 공동 창립자인 피터 틸도 만났는데, 그는 후에 페이스북의 외부 투자자가 됐다. 사업이 성공 가도를 달리자, 저커버그는 사업에 집중하기 위해 하버드대학을 중퇴했다.[4]

◆ ◆ ◆
페이스북에 닥친 어두운 그림자

이 무렵, 저커버그는 새버린에게 불만을 품었다. 사업적인 결정을 내릴 때 새버린이 비협조적이며, 사업에 필요한 자금을 확보하려고 노력하지 않는다고 느꼈다. 특히 새버린이 혼자 개발한 구직 사이트 'Joboozle'를 페이스북에 광고하며 둘 사이에 묘한 긴장감이 흘렀다.

당시 새버린의 더페이스북 지분은 30%였다. 저커버그는 새버린을 사업에서 배제하고 틸을 투자자로 데려오고 싶었다. 그래서 델라웨어주 법에 따른 새로운 기업을 만들어 더페이스북을 인수하려는 계획을 세웠다.

2004년 10월, 새버린은 자신에게 300만 주를 할당하는 주주 간 협약서에 서명하고 의결권을 저커버그에게 넘겼다. 저커버그는 그렇게 더페이스북의 단독 책임자가 됐다.

그러나 2005년 1월, 이 새로운 회사는 900만 주를 추가로 발행해, 다른 주주들에게 피해를 주지 않고 새버린의 지분을 10% 미만으로 희석했다.[5] 이후 새버린은 기업을 '신의성실의무' 위반으로 고소했고, 50억 달러의 주식을 받았다. 2005년 기업은 Facebook.com의 도메인을 20만 달러에 구입한 뒤, 사명과 사이트를 모두 TheFacebook.com에서 Facebook으로 바꿨다.

페이스북 창립 초기에 저커버그는 새버린과의 소송 외에도 몇몇 법정 공방에 연루됐다.

대표적으로 2008년, 하버드 학생과 동문을 위한 사이트인 '커넥트유'의 창립자 캐머런, 타일러 윙클보스 형제와 디비야 나렌드라에게 6,500만 달러를 지불한 사건을 들 수 있다.[6] 이 세 사람은 2003년 저커버그를 고용해 당시 '하버드 커넥션'이라고 부른 사이트의 코딩을 맡겼으나, 그가 아이디어와 기술을 훔쳐 페이스북을 만들었다고 주장했다.[7]

2010년에 개봉한 영화 〈소셜 네트워크〉에서도 페이스북의 창립 이야기를 볼 수 있다. 하지만 저커버그는 영화처럼 화려한 과정을 통해 페이스북을 만들지 않았으며, 허구적인 요소들이 많이 들어갔다고 설명했다. 특히 영화에서는 그를 여자 친구에게 버림받은 자기중심적인 남성으로 묘사했는데, 사실 당시 그는 현재 아내이자 세 딸의 어머니인 프리실라 챈과 교제 중이었다.[8]

전문가들도 의문을 가진 앞선 생각, 회심의 일격이 되다

비록 페이스북의 시작은 파란만장했지만, 그 어떤 기업보다 눈부시게 성장했다. 2006년 12월 기준으로, 페이스북의 전 세계 사용자 수는 1,200만 명이었다. 그리고 3년 뒤에는 무려 3억 5,000만 명으로 늘어났다.[9]

2008년에 페이스북은 세계에서 방문자가 가장 많던 소셜 미디어 '마이스페이스Myspace'를 앞질렀다. 그러자 광고가 많이 들어왔고 수입과 수익도 늘어났다.

그 뒤 2012년 5월, 페이스북은 나스닥 증권거래소에 상장했다. 총 160억 달러가 조성됐고, 1,024억 달러의 시장 가치를 기록했다. 당시 인터넷 기업의 IPO 중 최대 규모로, 2004년 구글이 기록한 19억 달러를 훌쩍 뛰어넘었다.[10] 그렇게 저커버그는 겨우 26세의 나이에 190억 달러를 소유하게 됐다.[11] 2012년 10월 기준, 페이스북의 월간 방문자 수는 10억 명이었는데, 그는 이 업적을 "대단한 수치는 아니다"라고 표현했다.[12]

IPO 직전에 페이스북은 인스타그램을 10억 달러에 인수했다. 당시 인스타그램에는 하루에 500만 장 이상의 새로운 사진이 올라왔다. 3,000만 명 이상의 사용자가 인스타그램을 활발히 사용했기 때문이다.[13]

시장 전문가들은 이 결정에 의문을 가졌지만, 결과적으로 회심의 일격이 됐다. 인스타그램을 페이스북의 경쟁자가 아닌 전략적 자산으로 삼아 청소년을 비롯한 젊은 사용자들의 마음을 사로잡은 것이다. 페이스북은 인스타그램에 꾸준히 투자하고 새로운 기능들을 추가해 사용자를 10억 명 이상으로 늘렸다.[14]

페이스북의 도약은 여기서 멈추지 않았다. 2014년에 메신저 앱인 왓츠앱을 190억 달러에 인수하며 또다시 도약했다. 인수를 통해 떠오르는 경쟁자를 줄인 셈이다.[15]

세간을 떠들썩하게 만든 두 번의 기업 인수로 페이스북은 놀라운 성공을 거뒀지만, 반경쟁적 행동이라는 비난을 피할 수 없었다. 결국 2020년, 미국 연방거래위원회는 페이스북이 소셜 미디어의 독점을 유지하기 위해 불법적인 행동을 했다고 고소했다. 만약 페이스북이 이 소송에서 진다면, 인스타그램과 왓츠앱을 모두 매각해야 한다.[16]

2021년 10월, 페이스북은 기업 이름을 '메타 플랫폼스'로 변경했다. 기업의 방향을 소셜 네트워크에서 '메타버스 현실화'로 바꾸겠다는 열망이 반영된 이름이다. 디만, 소셜 미디어 플랫폼은 기존의 이름인 '페이스북'을 그대로 유지하고 있다.

저커버그는 직접 쓴 창립자의 편지에서 메타버스를 "인터넷의 다음 장이 시작되고 있으며, 이 장은 단지 바라보는 것을 넘어 구현된 인터넷 안에 들어가는 체험"이라고 묘사했다.[17] 또 그는 사무실, 공연장, 친척 집에 홀로그램으로 순간 이동할 수도 있다며 미래에

생각의 속도가 부의 크기를 바꾼다

대한 기대감을 드러냈다.

저커버그는 위험을 감수해 부를 창출한 사람이다. 그런데 그의 여러 도전 가운데 메타버스가 가장 위험한 선택이 아닌가 싶다. 실제로 메타버스에 이미 수십억 달러를 투자했지만, 사업 모델은 여전히 입증되지 않았다. 그러다 보니 투자자들 역시 가상 세계에 대한 대규모 투자가 현명한 결정이었는지 의문을 가졌다. 또 광고 매출 감소에 따른 수익 감소도 우려됐다. 실제로 2022년 10월 말 기준, 메타의 주가는 무려 71%나 떨어졌고, 기업의 가치도 6,760억 달러나 감소했다.

그러나 저커버그는 희망을 버리지 않았다. 그래서 투자자들에게 "침을성을 가지고 우리에게 투지하는 사람은 결국 보상받을 것"이라며 기다려주기를 호소했다.[18] 또한 저커버그는 수익성 유지에 노력을 기울이고 있음을 증명하기 위해, 메타의 인력 중 13%인 1만 1,000명 이상을 해고했다.[19] 이 결정은 그에게도 '아주 슬픈 순간'으로 남았다.[20]

과연 저커버그는 메타버스에 뛰어든 게 옳았음을 세상에 증명할 수 있을까? 비록 아직 증명하지 못했지만 그는 세계에서 가장 부유한 사람 중 하나다. 2023년 1월 기준, 저커버그의 순자산은 520억 달러로 추정됐다.[21]

위기를 견디게 해준 신조

세상을 더 투명하게 연결하겠다는 저커버그의 다짐은 그의 기업을 많은 스캔들에 연루시켰다. 개인 정보 보호, 허위 정보, 정보 보안뿐만 아니라 페이스북이 특정 개인이나 단체를 향한 폭력을 의도치 않게 자극한다는 비난도 받았다.

특히 페이스북의 개인 정보 정책은 수년 동안 비판받았다. 사용자의 정보를 너무 많이 공개한다는 이유에서였다. 또 2012년에는 사용자들이 뉴스피드에서 특정 단어가 사라지면 어떻게 반응하는지 보기 위해, 동의도 구하지 않고 7만 명에게 실험을 진행했다. 이 사실이 알려지자 페이스북은 사과했다. 4년 뒤인 2016년에는 가짜 뉴스의 유포를 허용해 미국 대선의 결과에 영향을 미쳤다는 비난도 받았다.[22]

그리고 2018년에는 세간의 이목을 집중시킨 케임브리지 애널리티카Cambridge Analytica 스캔들로 부정적인 기사가 많이 쏟아졌다. 트럼프 대선 캠프에서 일했던 정치 컨설팅 기업인 케임브리지 애널리티카가 전 세계의 페이스북 사용자 8,700만 명의 정보를 수집해 세계의 여러 선거에 영향을 끼친 사실이 드러났기 때문이다. 이 일로 페이스북은 플랫폼을 변경해 앱 개발자들이 접근할 수 있는 정보의 양을 제한했다.[23]

케임브리지 애널리티카 스캔들이 터진 그해, 페이스북이 미얀마의 로힝야 소수민족을 대량 학살하는 폭력 운동에 사용됐다는 주장도 제기됐다. 논란이 일자 페이스북은 동남아시아 국가들에 제공한 서비스의 인권 평가를 외부에 의뢰했다. 그 결과, 페이스북이 폭력을 선동하는 데 사용되지 않도록 충분히 노력하지 않았다는 결론이 나왔다. 결국 페이스북은 "더 많은 일을 할 수 있었고 해야 했다"며 미흡했던 점을 인정했다.[24]

야속하게도 논란은 계속됐다. 3년 뒤, 도널드 트럼프의 지지자들이 워싱턴 DC에 있는 국회의사당 건물을 점거하는 일이 발생했다. 2020년 대선에서 트럼프가 패배한 직후에 벌어진 사건이었다. 트럼프의 지지자들은 민주당이 승리를 '훔쳤다'고 믿었다. 2021년 1월 6일에 일어난 이 농성으로 5명이 죽고 100명 이상이 다쳤다.

이 일에 페이스북이 직접적으로 연관되지는 않았지만, 잘못된 정보와 분노의 확산을 용인했다며 비난받았다. 결국 다음 날 페이스북은 트럼프의 개인 계정을 정지시켰다.[25] 이후 2년 동안 트럼프는 페이스북을 사용할 수 없었다.

메타는 "상품에 비용을 지불하지 않았다면, 바로 당신이 상품이다"라는 유명한 격언을 입증했다. 페이스북은 사용자의 정보를 광고주에게 판매하지 않는다. 대신 사용자 정보를 기반으로 표적 광고를 판매한다.

약 20년 전에 페이스북을 만들었을 때만 해도, 저커버그는 기업을 만들겠다는 꿈을 꾸지 않았다. 2012년, 저커버그는 창립자의 편지에서 '더 개방적이고, 투명하게 연결된 세상을 만들겠다'는 사명을 달성하기 위해 페이스북을 설립했다는 점을 강조했다.

그는 페이스북을 평범한 사람들의 목소리가 정부에 닿게 해주는 도구로 본다. 그리고 인간관계를 원활하게 만드는 것이 페이스북의 목표라는 점을 강조한다. 페이스북이 이런 역할들을 잘 수행해야 진정으로 행복해질 수 있다고 믿는다.[26]

◆ ◆ ◆

생각의 속도로 부의 크기를 바꾸다

저커버그는 2012년 창립자의 편지에 이렇게 적었다.

"우리는 돈을 벌기 위해 서비스를 만들지 않습니다. 더 나은 서비스를 제공하기 위해 돈을 법니다."

그가 생각하는 '기업의 존재 이유'를 표현한 문장이다. 저커버그는 기업의 이익보다 고객에게 최고의 서비스를 제공하겠다는 열정을 좇는다.

사실 메타의 CEO이자 회장인 저커버그는 주식의 13%만 보유하고 있다. 다만, 기업 의결권의 54% 이상을 지배하고 있다. 기업공개 이후에도 사업의 통제권을 유지할 수 있도록 차등의결권 주식 제도를 도입했기 때문이다. 투자자들은 이런 지분 구조에 의문을 품고 있지만, 저커버그는 장기적인 관점에서 사업을 운영할 수 있게 됐다.

저커버그는 장기적인 모험을 택하기로 유명하다. 그는 경쟁자들에게 뒤처지지 않고, 제자리에 머물러 있지 않으려면 어느 정도 위험을 감수해야 한다고 믿는다. 2011년 스탠퍼드대학에서 "빠르게 변하는 세상에서 위험을 감수하지 않으면 무조건 실패한다"라고 말하기도 했다.[27]

또한 저커버그는 무엇이든 빠르게 대응해야 한다고 믿는다. 한동안 페이스북은 '빠르게 움직여 돌파한다'라는 신조로 유명했다. 이후에는 '안정된 기반으로 빠르게 움직인다'로 바뀌었다. 현재 메타의 기업 신조는 '빠르게 움직이자', '장기적인 효과에 집중하자', '놀라운 것을 만들자', '미래를 살자'이다.[28]

사실 저커버그는 대중에게 호불호가 갈리는 인물이다. 메타의 거대한 힘이 두려움을 자아내기 때문일지도 모른다.

하지만 그는 분명 뛰어난 인재를 끌어모으는 힘을 가진 능력자다. 대표적으로 2008년부터 2022년까지 페이스북과 메타에서 최고운영책임자를 역임한 존경받는 경영인 셰릴 샌드버그와, 전 영국 하원의원이자 현 메타의 국제 문제 부문 사장인 닉 클레그 경을 들 수 있다. 샌드버그는 페이스북의 광고면을 성장시켜 수익을 한

층 끌어올렸다. 그리고 클레그 경은 기업의 정치 사안을 이끌고, 규제 당국과 소통하면서 회사의 상품이 정당함을 입증하고 있다.

저커버그는 영화 〈소셜 네트워크〉에서 무미건조한 컴퓨터광으로 묘사됐지만, 실제는 그렇지 않다. 그는 하버드대학에서 심리학을 전공한 만큼, 인간의 행동에 깊은 관심을 가지고 있다. 그 덕에 소셜 미디어로 엄청난 성공도 거둘 수 있었다.

다시 말해, 페이스북은 인간을 이해하고 무엇이 사람들을 움직이는지 파악한 덕분에 성공했다. 페이스북은 인정받고 싶어 하는 사람의 심리를 '좋아요'로 충족시켰다. 또한 다른 사람과 소통하고 자기 생각을 표현하고자 하는 마음을 '댓글'로 채워줬다. 그리고 친구들이 어디로 휴가를 떠났는지, 요즘 관심사가 무엇인지 볼 수 있게 해 근본적인 호기심도 충족시켰다.

저커버그는 사회적으로 곤란한 말을 거침없이 하기로 유명하다. 동시에 따뜻하고, 호기심이 많으며, 남의 이야기에 귀를 기울이는 사람으로도 통한다.[29] 무엇보다 그는 직업의식이 강하며, 다른 사람도 자신과 같기를 바란다. 어쩌면 아주 어린 나이에 큰 성공을 거두었으니 당연할 수도 있다.

저커버그는 사회 환원을 중요하게 생각한다. 그는 아내와 함께 챈 저커버그 재단을 운영하고 있다. 더 건강한 사회를 만들기 위해 세운 재단이다. 이 재단은 질병을 뿌리 뽑고, 교육을 개선하고 지역사회의 요구를 충족시키고자 다양한 노력을 기울이고 있다. 또

생각의 속도가 부의 크기를 바꾼다

과학, 교육, 지역사회를 위해 일하는 개인과 단체에 보조금을 지원한다. 또한 사회와 환경에 선한 영향을 주는 기업들에도 투자한다. 2015년, 저커버그는 아내와 함께 페이스북 주식의 99%(약 450억 달러)를 평생 사회를 위해 쓰겠다고 발표했다.[30]

저커버그는 회색 티셔츠를 주로 입기로 유명하다. 그는 무슨 옷을 입을지 고민하기보다 세상을 바꿀 결정에 힘을 더 쏟고 싶어 하는 열정적인 사람이다.[31]

비즈니스 아이콘 마크 저커버그의 1%

- 목표를 향해 최선을 다해 달려가자.
  비난에 직면하거나 어려운 시기가 닥쳐도 최선을 다하면 버틸 수 있다.

- 빠르게 움직이자.
  위험을 감수해 빠르게 대응하면 경쟁자들보다 앞서 나갈 수 있다.

- 능력 있는 사람과 함께 힘을 합치자.
  재능 있는 사람을 찾아 함께 일하고 그들에게 결정권을 주자.

- 심리학을 배우자.
  무엇이 사람들의 마음을 움직이는지 이해하면 성공의 기반을 마련한 것이나 마찬가지다.

- 항상 미래를 생각하자.
  생각의 속도를 높이고, 다른 사람보다 뒤처지지 않도록 보장해주는 유일한 방법이다.

지금 떠오르는 비즈니스 아이콘들과 10년 전 세상을 이끌었던 비즈니스 아이콘들의 차이점은 무엇일까? 각자 생각하는 답이 다르겠지만, 한 가지는 확실하다. 현재의 비즈니스 아이콘들은 사회와 환경에 집중하는 경향이 더 강하고, 사람들의 행복을 우선시하며, 세상을 더 좋은 곳으로 만들겠다는 강한 목표를 가지고 있다.

그렇다면 앞선 생각으로 미래를 이끌 비즈니스 아이콘은 누구일까? 어떻게 생각해야 미래를 바꿀 수 있을까? PART 2에서는 아직 유명하지 않지만, 앞으로 세상을 바꿀 가능성이 농후한 사람들을 탐구해보겠다. 그들은 어떻게 1%의 빈틈을 발견해 앞서고 있는지 살펴보자.

PART 2

1%의 빈틈을 찾으면 기회가 찾아온다

17장

쿠쿠아

Kukua

"크게 실패할 준비가 되지 않았다면,
크게 성공할 수 없다."

루스레치아 비시냐니 Lucrezia Bisignani

누구나 어릴 적 좋아했던 만화가 있을 것이다. 만화는 어린이들에게 신나는 시간을 선물하고, 기본적인 사회 규범도 알려준다. 아프리카 어린이들에게 사랑받는 만화를 만든 이탈리아인 기업가 루스레치아 비시냐니는 케냐의 수도 나이로비에서 주로 활동한다. 그녀는 이곳에서 교육 만화 기업 쿠쿠아로 아이들의 여가 시간을 바꾸고 있다.

비시냐니는 로마에서 태어나고 자랐다. 그녀는 네 남매를 데리고 외딴곳에 여행 다니기를 즐겼던 부모님 덕분에 어릴 때부터 세상을 보는 눈을 키울 수 있었다. 또 이국땅에서 생활할 용기도 길렀다. 그 덕에 그녀는 영국의 옥스퍼드에서 기숙학교와 드라마학교를 졸업했으며, 현재는 아프리카에서 지내고 있다.

◆◆◆
크게 볼 줄 알아야 생각의 속도가 빨라진다

비시냐니는 어려서부터 연기와 이야기 구연을 좋아했고, 무언가를 만들고 판매하는 사업가 기질도 있었다.

실제로 비시냐니는 십 대 때 중요한 프로젝트의 모금을 위해 비영리 단체인 '스타아노이Staanoi'를 직접 설립했다. 또, 아프리카에 우물을 만들기 위해 직접 찍은 여행 사진을 판매하기도 했다. 그리고 주변 환경에서 영감을 받아 만든 패션 달력도 판매했다. '게임체인저스Gamechangers'를 개발하기 위한 모금 활동이었다. 게임체인저스는 학생들에게 공감 능력, 기업가 정신, 협상 및 회복력 같은 능력을 키워주는 프로그램이었다.

비시냐니는 이런 경험을 살려 옥스퍼드 드라마학교에서 1년 기초 과정을 마치고, 모금 컨설팅 회사에서 잠시 일했다. 그 뒤 그녀는 샌프란시스코에 있는 기술 스타트업 엑셀러레이터로 옮겨 일했다. '스타트업 엑셀러레이터'란 초기 단계의 창업 기업에 자금, 사무실, 멘토링 등 다양한 도움을 주어 성장시키는 기업을 말한다.

그러다 2014년, 그녀는 싱귤래리티대학의 대학원 과정에 합격하며 중요한 전환점을 맞이했다. 사실 이곳은 엄밀히 말하면 대학이 아니다. 이곳은 세계적인 문제를 기술로 해결하고자 하는 사람들이 모여 있는 미국의 교육 기관이다. 쉽게 말해 이곳에서는 사이버 안보, 교육, 환경, 주거, 빈곤, 물 사용 등의 문제를 해결할 방법을

생각의 속도가 부의 크기를 바꾼다

가르친다. 특히 인공지능, 나노기술, 생명공학 같은 첨단 혁신기술로 문제를 해결하도록 돕는다. 당시 싱귤래리티대학은 나사의 에임스 연구 센터에 기반을 두고 있었다.

비시냐니는 싱귤래리티대학의 10주 프로그램을 이수하는 동안 79명의 사람을 만났다. 그들은 기술 혹은 과학 분야에서 이미 인상적인 성과를 냈거나, 큰 문제를 해결하겠다는 강한 열정을 가진 사람들이었다. 사실 그녀는 동기 중 가장 어려서 요령을 피우기 힘들었다. 그런데도 그녀는 전혀 힘들어하지 않았다. 오히려 그들에게 많은 지식을 배울 수 있어서 좋아했다.

"아수 뛰어난 사람들에게 항상 새로운 걸 배웠어요. 그 덕에 제 사고방식이 완전히 바뀌었죠."

특히, 그녀는 그곳에서 크게 생각하는 법을 배웠다. 그 덕에 프로그램을 마치고 단 몇 개월 뒤에 쿠쿠아를 시작할 수 있었다. 2014년, 쿠쿠아를 창업할 당시 비시냐니는 겨우 23세였다.

◆ ◆ ◆

왜 흑인이 주인공인 만화는 없을까?

비시냐니는 평소 교육에 대한 열정이 남달랐다. 그래서 그녀는 싱귤래리티대학에 있을 때 교육 문제들을 연구했다. 당시에는 많은 개발

도상국, 특히 아프리카에서 문맹이 심각한 문제였다. 마침, 비영리 단체인 엑스프라이즈XPRIZE에서 아프리카의 어린이 문맹 문제를 해결하기 위한 대회를 열었다. 아이들이 스스로 읽고, 쓰고, 셈을 배울 수 있는 소프트웨어를 개발하는 팀에게 1,500만 달러의 투자 자금을 수여하는 대회였다.

이 대회 소식을 접한 비시냐니는 감비아, 케냐, 남아프리카공화국 전역을 여행하며 문맹을 연구했다. 그녀는 도시와 시골을 가리지 않고 구석구석 다니며 수백 개의 교실 뒤편에 앉아 아이들의 교육 과정을 파악했다.

이후 그녀는 자금을 마련했고 앱을 만들 팀을 꾸렸다. 유치원생을 대상으로 하는 교육용 앱을 만들 계획이었다. 그렇게 모든 준비를 끝낸 후, 앱의 모든 설정은 아프리카를 기본으로 하고, 아프리카인 캐릭터를 사용해 앱을 만들었다.

비시냐니는 대회에서 우승할 것이라고 확신했다. 그러나 승리의 여신은 다른 팀의 손을 들었다. 그녀를 비롯해 함께 열심히 준비한 모두가 우승을 놓친 후폭풍에 시달렸다. 그녀는 그때를 이렇게 회상했다.

"대회에 떨어지고 완전히 무너졌어요. 하지만 '이제 나는 어디로 가야 할까?'라는 정말 중요한 고민을 할 수 있었죠."

생각의 속도가 부의 크기를 바꾼다

한창 고민에 빠져 있을 때, 자신들과 닮은 캐릭터를 좋아했던 아이들이 불현듯 떠올랐다. 아이들이 아프리카의 만화 시장에 만족하고 있지 않다고 판단한 그녀는 여가 산업에 진출하겠다고 마음먹었다. 그녀는 쿠쿠아의 일을 이렇게 소개했다.

> "쿠쿠아는 아이들을 위한 거대한 세계관을 구축해 만화, 영화, TV 방송으로 만들어요. 아이들이 자연스럽게 우리 캐릭터를 좋아하게 만들죠. 그리고 저작권, 캐릭터 상품, 소비재, 궁극적으로는 온라인이나 놀이공원 같은 체험 활동을 통한 수익 창출 방안을 모색해요."

운 좋게도, 2018년에 아프리카인 영웅이 등장하는 영화 〈블랙 팬서〉가 개봉했다. 영화는 전 세계에서 관객을 끌어모으며 흥행에 성공했다. 그러자 사람들은 다양한 캐릭터의 중요성을 느끼기 시작했다. 비시냐니는 당시를 회상하며 말했다.

> "갑자기 투자자들이 쿠쿠아의 캐릭터들을 의미 있게 봤어요. 다양한 캐릭터가 필요하다는 사실을 확실하게 깨달은 거예요."

그 후 몇 년 동안 쿠쿠아는 만화 〈슈퍼 세마〉를 제작했다. 만화의 주인공은 과학, 기술, 공학, 수학 그리고 미술 분야에서 영웅 같은 능력을 지닌 아프리카 소녀 '세마'였다. 세마는 다양한 문제들을 해결한다. 예를 들어, 나무를 심어 숲을 만들고, 3D 프린터를 만들어 피자 모형을 제작한다. 비시냐니는 이렇게 설명했다.

> "아이들이 만화로 개념을 이해하고, 학교 과학 시간에 '이거 〈슈퍼 세마〉에서 봤어! 나도 해볼래'라고 말했으면 좋겠어요."

〈슈퍼 세마〉에 나오는 미래 세계는 아프리카의 다양한 언어, 음악, 색감에서 영감을 받았다. 그녀는 이 점을 아프리카뿐 아니라 미국과 유럽의 시청자에게도 알리고 있다. 비시냐니는 "이 만화는 누구나 공감하며 볼 수 있어요. 서로 다른 피부색을 가졌더라도 말이죠"라며 자랑스레 말했다.

유튜브 오리지널로 시작한 〈슈퍼 세마〉는 현재 4번째 시즌을 맞았다. 앞으로는 다른 플랫폼에도 배포할 예정이다. 비시냐니는 다음 단계를 '쌍방향 체험'이라고 밝혔다. 예를 들어, 슈퍼 세마가 실험실에서 과학 실험을 하는 동안 어린이들에게 함께 참여할 기회를 주는 것이다.

또한 쿠쿠아는 다른 기업과 협력해 캐릭터가 들어간 소비재와 장난감, 책, STEM 키트, 옷 같은 상품들도 만들고 있다. 아마존에서

생각의 속도가 부의 크기를 바꾼다

판매 중인 〈슈퍼 세마〉의 말하는 인형은 오스카상을 받은 여배우 루피타 뇽오가 홍보한다. 뇽오는 쿠쿠아의 홍보대사이자 제작 책임자이며 기업의 주주이기도 하다.

비시냐니는 쿠쿠아의 CEO로서 기업의 창조적 활동, 전반적인 사업 전략, 자금 조성 등 모든 부분에 깊이 관여한다. 그녀는 특히 콘텐츠를 만드는 과정을 중요시한다.

> "창의성은 쿠쿠아에서 가장 중요한 가치예요. 독특한 이야기와 캐릭터를 빼면 우리는 아무것도 없어요."

쿠쿠아는 더 나은 만화를 만들기 위해 수상 경력이 있는 작가, 제작자, 기획자, 디자이너로 글로벌 팀을 꾸렸다. 직원 중에는 디즈니에서 일했던 경력자도 있다. 회사 내부의 직원은 겨우 15명으로, 사업을 기민하고 군더더기 없이 운영한다. 쿠쿠아의 최고 재무 책임자인 조반니는 비시냐니의 쌍둥이 남매로, 로마에서 일한다. 회사 내의 직원 대부분은 아프리카 여성이지만, 그 외에도 전 세계에 직원들이 흩어져 있다. 여담이지만, 성우는 모두 케냐 사람이다.

사업을 키우는 동안 가장 어려웠던 일은 흥미로운 이야기와 사랑스러운 캐릭터들을 만드는 것이었다. 그다음이 만화 〈슈퍼 세마〉를 사람들에게 알리는 일이었다. 비시냐니는 "팬층의 확장은 창작물과 브랜드의 품질을 유지하는 것 다음으로 중요한 과제"라고 설명했다.

지금까지 쿠쿠아는 벤처캐피털 기업과 중국의 주요 대기업으로부터 850만 달러를 확보했다. 그리고 비시냐니는 2019년 〈포브스〉가 선정한 '유럽 30세 이하 사회적 기업가 30인'에 이름을 올렸다.

◆◆◆

생각의 속도로 부의 크기를 바꾸다

비시냐니는 '직원들을 격려해 유능하고 더 나은 사람으로 성장시키는 사람'을 좋은 리더라고 생각한다. 또한 팀의 결정을 존중해 기업과 직원이 함께 성장하기를 바란다. 다만, 올바른 결정을 내리려면 기본적으로 기업이 어떻게 돌아가고 있는지 알아야 한다고 믿는다. 그녀는 "리더는 모든 부서의 모든 일을 알아야 한다고 생각해요"라며 자신의 소신을 밝혔다.

교육에 관심이 많은 비시냐니는 자기계발에도 열정적이다.

"저는 새로운 일을 배우는 걸 좋아해요. 세계적인 수준의 만화는 어떻게 구성하고, 소셜 미디어에서 우리를 어떻게 알려야 할까요? 한 번도 해본 적 없는 일이에요. 그래서 빨리 배워야 해요."

그녀는 배우기 위해 책이든 온라인 자료든 가능한 한 많이 읽는

생각의 속도가 부의 크기를 바꾼다

다. 또 멘토에게 조언과 도움을 얻는다. 그녀에게 가장 소중한 멘토들은 투자자들이다.

대표적인 멘토로 '엔터테인먼트의 미래 전문가' 매슈 볼, 퍼스트미닛 캐피털Firstminute Capital의 브렌트 호버먼과 스펜서 크롤리, 알키미아 투자사의 파올로 바를레타, 그리고 에코VC 파트너스EchoVC Partners의 에고사 오모이귀Eghosa Omoigui 등이 있다. 또 영국 아카데미 시상식에서 4회나 수상한 클로디아 로이드도 소중한 멘토다. 로이드는 비시냐니와 함께 〈슈퍼 세마〉를 집필하고 공동 창작하는 주주 중 한 명이다.

그리고 비시냐니는 자신의 분야에서 성공한 사례를 항상 찾아본다. 예컨대, 픽사가 어떻게 세계를 선도할 수 있었는지 분석하고, 월트 디즈니의 CEO 로버트 아이거에게서 본받을 점을 찾는다.

비시냐니는 자신의 학습 능력과 업무 처리 능력을 큰 장점으로 꼽는다. 그녀는 새 대본 첨삭하기, 법률 계약서 검토하기, 기업 성장 분석하기 등 매일 처리해야 하는 업무를 효율적이고 체계적으로 처리한다. 다만, 자신의 약점은 이렇게 설명했다.

"덜 미안해하고 더 가져도 될 것 같은데, 전 겸손한 사람이고 싶어서 그게 쉽지 않아요. 하지만 때로는 더 자신감 있게 내 강점을 말하고, 내가 어떤 사업가이고, 어떤 사람인지 더 당당하게 말하고 싶어요."

비시냐니는 "성별을 막론하고 누구나 강점이 있겠지만, 여성 리더들만의 장점이 있다"고 믿는다. 바로, 직원을 주변의 모든 요소와 함께 보며 입체적으로 이해할 수 있다는 것이다.

"사람은 누구나 각자의 이야기와 열망을 품고 있습니다. 직원들이 품고 있는 이야기를 빛나게 해주면, 이해받고 있다고 생각해 진심으로 최선을 다합니다."

그녀는 회의를 시작하고 처음 10분 동안 개인적인 대화나 안건과 다른 이야기를 나누면 분위기가 편해진다고 생각한다. 그런 면에서 여성들이 회의에서 상대적으로 더 개방적이며 개인적인 대화도 잘 나눈다고 주장한다.

"대화를 시간 낭비라고 생각하지 않아요. 업무 회의만 할 때보다 훨씬 깊게 회의할 수 있고, 당연히 결과도 더 좋아요."

비시냐니는 향후 몇 년간 공감이나 창의성 같은 '소프트 스킬'이 더 중요해질 것이라고 믿는다. 로봇으로 대체할 수 없는 기술들이기에 미래의 비즈니스 아이콘이 더 집중해야 한다는 것이다. 또 비시냐니는 실패에 익숙해져야 한다고 주장한다.

생각의 속도가 부의 크기를 바꾼다

"제가 다닌 드라마학교의 신조는 '실패하라, 또 실패하라, 더 실패하라'였어요. 크게 실패할 준비가 되지 않았다면, 크게 성공할 준비가 되지 않은 거예요."

비즈니스 아이콘 루스레치아 비시냐니의 1%

- 세계를 보는 눈을 기르자.
  세계는 아주 넓다. 내 일에 딱 맞는 장소와 고객은 현재 사는 곳과 다른 장소에 있을지도 모른다.

- 자신의 창의성을 믿자.
  생각의 속도를 높이면 상상력으로 다른 사람을 사로잡아 세상을 바꿀 수도 있다.

- 차선책을 만들자.
  일이 잘 풀리지 않았을 때 어떻게 할지 미리 생각해두자.

- 실패에 익숙해지자.
  상처받는 것을 너무 두려워하면 크게 성장할 수 없다. 실패의 공포에 맞서고, 일이 잘 안 풀릴 때는 교훈을 얻는 데 집중하자.

- 회사 동료들과 친하게 지내자.
  단순히 직원으로 대하지 말고, 자신만의 이야기와 열망을 가진 사람으로 대하자.

18장
투굿투고

"뛰어난 사람을 고용하고
그들에게 영향력을 행사할 권한을 주자."

메테 뤼케|Mette Lykke

지금 이 순간에도 굶주림에 시달리는 사람들이 많다. 그러나 한편에선 아무렇지 않게 음식을 버린다. 굶주림과 음식물 쓰레기라는 상반된 문제가 지구에 존재하는 것이다. 투굿투고는 전 세계의 음식물 쓰레기를 줄이는 데 앞장서는 덴마크 기업이다. 그리고 이 기업을 이끄는 비즈니스 아이콘이 메테 뤼케다.

뤼케는 덴마크 서부 해안의 작은 도시이자, 덴마크 최대의 육상 풍력 발전소가 있는 링쾨빙에서 태어나고 자랐다. 그녀는 오르후스대학에서 정치학을 공부한 뒤, 25세에 세계적인 자문 회사 맥킨지에 경영 컨설턴트로 입사했다. 지금의 그녀를 있게 한 긍정적인 태도로 만들어준 곳이다. 그녀는 이렇게 설명했다.

"맥킨지에서 문제를 해결하는 방법을 배웠습니다. 그곳은 '할 수 있다'는 문화가 아주 강하게 자리 잡은 곳이었어요. 그래서 저도 항상 긍정적으로 생각하려고 노력했죠. 목표를 높게 잡고 많은 일을 할 수 있다고 믿었어요."

하지만 뤼케는 약 20개월 만에 맥킨지에서의 경력을 마무리했다. 2007년 11월, 그녀는 회사를 떠나 입사 동기였던 크리스티안 버크, 야코브 윈크와 함께 기업을 차렸다.

"컨설턴트는 상황을 진단하고 해결책을 마련해요. 그리고 결과를 보기도 전에 다른 곳으로 떠나죠. 우리는 처음부터 끝까지 모든 과정을 따라가고 싶었어요. 그래서 저희는 '회사를 차려서 고귀한 목표를 위해 일하고, 사업을 끝까지 완수하면 얼마나 재미있을까?' 이런 이야기를 자주 나눴어요. 우리를 위해 일하고, 일하는 방법도 스스로 결정하고 싶었죠."

어쩌면 뤼케가 고귀한 목표를 가진 사업을 시작한 것은 당연한 수순일지 모른다. 사실 그녀의 할아버지는 목재 야적장과 건설 자재 체인점을 설립한 기업가다. 그녀에게 사업가의 피가 흐르는 셈이다.

그리고 뤼케는 십 대 때 지역 승마학교에서 자원봉사를 하는 등 일찍이 강한 사회적 책임감을 보였다. 그렇다면 그녀의 부모님도 딸의 창업을 찬성했을까?

"아버지는 좋은 생각이라며 지지해주셨어요. 회사에서는 언제든지 일할 수 있지만, 사업을 하고 싶을 때 마음에 드는 동업자를 2명이나 만나기란 쉽지 않다며 응원해주셨죠."

하지만 그녀의 어머니는 딸의 미래가 불안정해질까 봐 창업을 별로 달가워하지 않았다. 그래서 뤼케는 어머니를 더 설득해야 했다.

◆ ◆ ◆
좋아하는 것에서 기회를 찾다

뤼케, 버크, 윈크는 모두 운동을 좋아했다. 그래서 우선 재미있게 건강을 관리할 수 있는 앱을 만들기로 했다. 비만 문제를 해결하는 데 힘을 보태기로 한 것이다. 이들은 달리기와 자전거 타기처럼 혼자 하는 운동에 사회적인 기능을 더하자는 계획을 세웠다.

그렇게 탄생한 앱이 '엔도몬도Endomondo'다. 엔도몬도는 '엔도르핀'이라는 단어와 '세상'을 뜻하는 에스페란토어 '몬도mondo'를 합친 말로, '엔도르핀의 세상'이라는 의미를 담고 있다. 이 앱은 달리기, 자전거 타기처럼 거리 기반 운동을 위한 GPS 추적 기능을 무료

생각의 속도가 부의 크기를 바꾼다

로 제공한다. 또 자신의 목표와 진행 상황을 사람들과 공유하고, 친구들과 경쟁할 수도 있다.

뤼케는 엔도몬도를 두 가지 버전으로 만들었다. 덕분에 사용자는 광고가 있는 무료 버전과 광고가 없고 기능이 추가된 프리미엄 버전 중 원하는 앱을 선택할 수 있었다.

그런데 가장 큰 문제가 있었다. 당시에는 스마트폰, 특히 GPS 추적을 할 수 있는 스마트폰이 충분히 보급되지 않았었다. 첫 번째 아이폰이 2007년 1월에 출시됐지만, GPS 추적을 할 수 있는 제품은 2008년에 나왔다. 뤼케는 당시를 이렇게 회상했다.

"사람들이 앱 자체를 잘 몰랐을 때라 출시하기가 상당히 까다로웠어요. 투자자들은 시대를 너무 앞서가는 것 같다며 투자를 망설였죠."

이들은 사업을 시작하고 처음 2년 동안 돈을 벌지 못했지만, 아직 어리고 씀씀이가 헤프지 않아서 그나마 버틸 수 있었다. 뤼케는 "꿈을 좇는 데 필요한 금액이 상대적으로 크지 않았다"며 그때를 떠올렸다.

세 사람은 앱을 더 널리 알리기 위해 덴마크 전역에서 열리는 주말 달리기 대회에 찾아갔다.

"책상을 놓고 컴퓨터와 TV를 설치해 대회에 온 사람들에게 앱을 선보였어요. 그런데 문제는 단 7%만 GPS 추적을 할 수 있는 휴대전화를 쓴다는 거였죠. 그래서 사람들에게 새 휴대전화를 사라고 조언했어요. 어려웠지만 그렇게 조금씩 앱을 알렸어요. 사람들이 새 전화를 사서 앱을 써보면, 금세 빠져서 친구들에게 앱 초대장을 보냈어요. 운동하는 걸 자랑하고 싶어 하는 사람들에게 도움이 됐죠. 사람들이 페이스북과 트위터에도 많이 공유해줬어요."

세 사람은 무료 광고로 앱을 알리며 홍보에도 힘썼다. 엔도몬도는 곧 유명해졌고, 마침내 2015년에는 전 세계의 2,000만 명이 앱을 사용했다.

뤼케는 엔도몬도를 키우며 세 가지 교훈을 얻었다. 첫째, 아무리 힘들어도 포기하면 안 된다. 둘째, 진심으로 좋아하고 열정을 느끼는 일을 해야 한다. 셋째, 함께 있을 때 즐거운 사람들과 일하면 더욱 좋다. 이 세 가지 교훈이 생각의 속도를 높여줬다.

2015년, 미국의 스포츠 의류 브랜드인 언더아머가 엔도몬도에게 매각을 제안했다. 당시 공동 창업자들이 모두 떠나 뤼케 혼자 운영하고 있었기에, 그녀도 새로운 모험을 떠나야겠다는 생각이 들었다.

그리고 엔도몬도가 언더아머와 잘 어울린다고 느꼈다. 그녀는

생각의 속도가 부의 크기를 바꾼다

"언더아머도 좋았고 함께 만들어갈 목표도 마음에 들었어요"라고 설명을 덧붙였다. 그렇게 언더아머는 엔도몬도를 8,500만 달러에 매수했다. 맥킨지를 떠난 그녀의 용기 있는 선택이 빛을 본 순간이었다.

뤼케는 언더아머에 엔도몬도를 매각한 뒤, 2년 정도 더 머물며 인수를 도왔다. 하지만 큰 기업과 일하자, 스타트업으로 돌아가고 싶은 열망에 불이 붙었다.

> "며칠 지나지도 않았는데 처음부터 하나하나 만들던 시절이 그리워서 근질근질했어요. 예전의 힘, 속도, 자유, 그리고 압박감까지 그리웠어요."

그리고 곧 우연한 만남으로 다시 한번 그녀의 삶의 방향이 바뀌었다.

◆ ◆ ◆

나만 생각하지 말고, 모두를 생각하라

2016년, 뤼케는 코펜하겐 외곽에서 열리는 행사에 참석하려고 버스에 탔다. 그때 우연히 옆자리에 앉은 여성과 대화를 나눴는데, 그녀가 어떤 앱을 보여줬다. 뤼케는 그때를 떠올리며 말했다.

"출시된 지 8개월 된 앱이었는데, 정말 기발하다고 생각했
어요."

옆자리 승객이 보여준 '투굿투고'라는 앱은 음식이 남은 식당과
소비자를 연결해주는 서비스였다. 소비자들은 식당에서 할인된 가
격으로 음식을 살 수 있고, 식당은 음식물 쓰레기를 줄일 수 있는
일석이조 앱이었다.

그 기발한 앱에 감탄한 뤼케는 앱을 만든 브라이언 크리스텐센,
토마스 비외른 맘슨, 스티안 올레센, 클라우스 바게 페데르센, 아담
시그브랜드에게 연락해 찬사를 건넸다. 그 뒤 이들은 뤼케에게 조
언을 구하며 좋은 관계를 맺었고, 그녀는 그곳에 투자했다. 게다가
그녀는 CEO를 맡아 달라는 부탁까지 받았다.

곰곰이 고민하던 뤼케는 투굿투고를 더 키우고, 팀을 성장시키
며, 사회공헌 사업을 가능한 한 크고 영향력 있게 만드는 역할을 수
락했다. 그녀는 CEO 자리를 처음 제안받았을 때 주저했던 마음을
밝혔다.

"사실 남자 다섯 명이 제게 나서 달라고 요청해서 조금 망설
였어요. 제가 앞자리에 앉으면 운전을 해야 하잖아요. 그런
데 그들이 저를 믿고 뒷좌석에 앉겠다고 약속했어요."

생각의 속도가 부의 크기를 바꾼다

이후 뤼케는 투자한 금액보다 더 많이 돌려받았다. 다행히 투굿투고가 탄탄하게 성장한 덕분이다. 투굿투고의 직원 수는 2017년 8명에서, 현재는 5개국에 1,000명 이상으로 늘어났다. 지금 이 앱은 서유럽, 폴란드, 캐나다, 미국을 포함한 17개국에서 사용되며, 앞으로 더 확장할 계획이다. 이 기업은 현재 3개의 벤처캐피털 펀드에서 지원받고 있으며, 지금까지 지원받은 금액은 1억 5,000만 유로다.

사람들이 계속 음식을 지나치게 낭비하자, 투굿투고는 사업을 더욱 키우기 위해 2022년에 프랑스 기업 코다베네^{CodaBene}를 인수했다. 이곳은 가게에서 식품의 유통기한을 더 잘 관리하고, 음식을 효율적으로 사용하도록(가령, 유통기한이 임박한 음식을 기부하는 등) 돕는 인공지능 기반 소프트웨어를 개발한 기업이다.

"우리는 음식물 쓰레기를 줄일 수 있는 다양한 방법을 갖추고 싶어요. 앱 하나로 음식물 쓰레기 문제를 해결하는 게 목표거든요. 그런데 아직 앱 하나만으로는 모든 사용자가 음식물 쓰레기를 줄일 수 없어요. 그러니 서비스를 늘려야죠."

◆ ◆ ◆

음식물 쓰레기 문제에 집중한 3가지 이유

뤼케가 음식물 쓰레기 문제에 집중하는 이유는 크게 세 가지다. 첫째,

음식물 쓰레기는 거대한 환경 문제다. 온실가스 배출량의 37%가 식품 생산으로 발생한다.[1] 또 식품 생산은 생물의 다양성과 서식지를 망치는 주요한 원인이다. 그런데 매년 40%의 음식이 버려진다.[2] 둘째, 음식을 버리는 것은 도덕적 의무를 저버린 행위다. 뤼케는 이렇게 설명을 덧붙였다.

> "우리는 지구상의 모든 사람에게 충분한 음식을 나눌 방법을 고민합니다. 지금도 수억 명의 사람들이 주린 배를 움켜쥐고 잠자리에 들어요.[3] 그러니 식량이 충분한 나라는 음식물 쓰레기를 줄여야 할 도덕적 의무가 있다고 생각해요."

마지막으로, 매년 1조 2천억 달러 이상의 음식물이 버려지고 있다.[4] 이는 금전적으로도 막심한 손해다.

투굿투고는 매일 쓰레기통에 버려질 뻔한 음식을 약 30만 끼나 아끼고 있다. 뤼케는 음식물 쓰레기를 줄이는 일 외에도 앞으로 더 많은 영향력을 행사할 생각이다. 남은 음식을 활용하는 요리법을 소개할 수도 있고, 냉장고를 잘 정리하는 방법을 알려줄 수도 있다.

최근 여러 경영대학원에서 투굿투고를 사회공헌 사업의 본보기로 보기 시작했다. 뤼케는 그 사실에 뿌듯해하며 "사람들이 더 좋은 기업을 만들 수 있게 우리가 영감을 줬다면, 그것은 3차적인 영향이에요"라고 말했다.

뤼케에게 장기적인 목표를 묻자 이렇게 답했다.

"우리는 음식물 쓰레기와의 전쟁에서 이길 힘을 모두에게 줄 거예요. 또 사람들이 음식을 보면 투굿투고도 함께 떠올리게 만들고 싶어요. 냉장고를 열고 아내한테 물어보는 거죠. '이거 투굿투고 우유야?'라고요.

우리는 남은 음식에 대한 인식을 바꾸고, 사람들이 제로웨이스트를 달성하도록 해결책을 마련할 거예요. 지금도 음식이 남지 않게 예방하고, 만약 생기면 투굿투고를 사용하거나 기부하도록 돕고 있어요. 그렇게 매일 수백만 끼가 낭비되지 않도록 막고 있죠."

2020년, 뤼케는 세계경제포럼의 젊은 글로벌 리더에 이름을 올렸다. 그녀는 이 영광을 투굿투고에 돌리며 이렇게 말했다.

"우리는 좋은 일을 하겠다는 정말 중요한 사명을 가지고 있어요. 그래서 저라는 개인이 아니라, 기업이 상을 받아야 한다고 생각해요. 앞으로도 창의적인 사람들이 더 좋은 기업을 만들고, 좋은 기업의 기준을 더 높이도록 영감을 주고 싶어요. 그런 면에서는 상을 받아 기뻤어요. 앞으로도 쭉 도움을 줄 수 있겠다고 생각했거든요."

사실 뤼케는 엔도몬도를 매각한 돈으로 평생 일하지 않고 즐겁게 살 수 있다. 그런데 왜 그렇게 하지 않았을까? 그녀는 그 이유를 다음과 같이 설명했다.

"저는 중요한 무언가, 강한 목적을 가진 무언가를 만들 때 정말 행복해요. 매일매일 영향력을 키우고 성장하는 모습을 보는 것도 재미있어요. 힘도 나고요. 해변에서 놀면 당연히 좋겠죠. 하지만 그러면 저는 성장할 수 없잖아요. 저에게는 정말로 목표가 필요해요."

◆◆◆

생각의 속도로 부의 크기를 바꾸다

뤼케는 리더라면 다른 사람을 성장시키고 직원들에게 권한을 줘야 한다고 믿는다. 또한 그녀는 계속 발전하기 위해 다른 사람의 의견에 귀를 기울이려 힘쓴다.

"제 경험상, 가장 중요한 건 나다운 거예요. 사람들은 기계가 아니라 다른 사람에게서 영감을 받아요. 그러니 나답게 행동하세요. 뚜렷한 목적을 가지고, 가야 할 방향을 분명히 정하세요. 그리고 사람들을 그 위로 달리게 만드세요. 장벽을 치우고 자유롭게 풀어주세요. 그러면 그들은 능력을 최대한 많이 발휘하려고 할 거예요.

무엇보다 다른 사람의 의견에 마음을 열어야 해요. 직접적인 보고든 일반적인 의견이든 상관없어요. 열린 마음으로 듣지 않으면 어떤 의견도 받아들일 수 없어요. 그래서 저는 사람들의 의견을 들으면, 언제든지 고마움을 확실하게 표현해요."

뤼케는 생각의 속도를 높이기 위해 외부 사람과 대화하고 새로운 관점을 접하려고 노력한다. 또 다양한 책을 읽는다. 뤼케는 "훌륭한 비즈니스 아이콘이 되는 방법을 읽을 수는 없어요. 하지만 통찰력을 얻을 수는 있죠"라고 덧붙였다.

또한 뤼케는 팀을 발전시키려면 신뢰를 쌓아야 한다고 강조한다. 그녀가 감명 깊게 읽은 책 중에 미국의 경영 전문가 패트릭 렌시오니의 《팀워크의 부활》(위즈덤하우스, 2021)이 있다. 이 책 역시 결속력을 해치는 첫 번째 요인으로 '신뢰의 결핍'을 꼽는다. 그녀가 신뢰의 중요성을 덧붙여 설명했다.

"팀원을 믿으면 열린 마음으로 의견을 받아들일 수 있고, 사업적 토론도 할 수 있고, 또 계속 함께 일할 수 있어요. 의견에 동의하고 일을 맡길 수도 있고, 동의하지 않지만 맡길 수도 있어요. 그리고 결과를 내는 거죠. 신뢰를 쌓는 건 정말 가치 있는 투자예요. 만약 사람들이 나를 신뢰하길 바란다면, 내가 어떤 결정을 내린 이유를 이해하게끔 충분히 설명해야 해요. 어려운 결정일수록 말이죠. 그래서 저는 최대한 투명해지려고 노력해요."

뤼케는 인내심이 강하지만 조급한 편이다. 그녀는 자신의 장점으로 '나보다 나은 사람을 잘 끌어들인다', '계산된 위험을 감수한다'를 꼽았다. 그리고 자신의 약점으로 '사람을 너무 느리게 임명한다'를 꼽았다. 뛰어난 사람을 잘 끌어들이는 만큼 빨리 임명해야 현명하다고 생각하기 때문이다. 또, 그녀는 어려운 결정도 더 빠르게 내려야 한다고 생각한다.

"저는 항상 일을 마무리하고 싶은 간절함이 커요. 그래서 미팅이 너무 길어지거나, 일이 계속 미뤄지면 불안해요. 무언가 실행하고 빨리 그 결과를 보고 싶어요. 하지만 '로마는 하루아침에 이루어지지 않았다'라는 말을 마음에 새기며 참죠. 결과가 나오기까지 오랜 날들을 초조해요. 그래서 저는 인내심과 조급함 사이에서 균형을 잡는 것이 훌륭한 리더의 핵심이라고 생각해요."

이제 사람들은 리더에게 과거와 다른 모습을 기대한다. 다시 말해, 더 이상 사람들은 정장을 입고 출근해 그저 좋은 결과만 내는 리더에 만족하지 않는다. 그녀 또한 리더의 자질이 앞으로 몇 년간 더 많이 변할 것이라고 생각한다.

"대퇴직(코로나19 팬데믹 때 미국을 중심으로 많은 직장인이 자발적으로 퇴사했던 현상)과 조용한 퇴사가 흔해지며 많은 사람이 '나는 정말 이 일을 매일 하고 싶나?'를 고민하기 시작했어요. 아마 갈수록 일에 전념하는 사람들이 더 줄어들 거예요. 이 말은 곧 일을 믿고 맡길 사람을 찾기 더 어려워진다는 뜻이에요. 리더로서 정말 어려운 문제죠. 양측이 중간에서 합의점을 찾아야 해요.

사람들을 일에 계속 참여시키기는 정말 어려워요. 만약 무언가 의미 있는 걸 제공한다면 큰 도움이 되겠죠. 회사의 목표가 뚜렷하다면 다른 기업들보다 더 매력적으로 보일 거예요. 그런데 직원들에게 실제로 우리가 더 좋은 세상을 만들었다고 보여주기는 힘들잖아요. 그래서 저는 기업의 사명에 더 많이 집중하려고 노력해요."

뤼케는 오래 함께할 수 있는 비즈니스 아이콘을 꿈꾼다. 그러기 위해서는 사람들을 이끌 때 기본적으로 나다워야 한다. 또 에너지 속도를 잘 조절해야 한다. 이는 맥킨지의 동료에게 배운 교훈이었다. 그 동료는 경력을 길게 이어갈 수도 있고, 빠르게 쌓을 수도 있지만 반드시 둘 중 하나를 택해야 한다고 조언해줬다.

"100미터 달리기 말고 마라톤을 한다는 생각으로 속도를 조절해야 해요. 제게 꼭 필요했던 교훈이에요."

비즈니스 아이콘 메테 뤼케의 1%

··

- 무슨 일이 있어도 절대 포기하지 말자.

  가장 어려운 시기에도 포기하지 않으면 더 강해질 수 있다.

- 목표를 높게 잡자.

  목표가 높아서 끝내 달성하지 못하더라도, 낮게 잡았을 때보다 더 많은 일을 이룰 수 있다.

- 조바심을 내되, 인내심을 가지자.

  일을 마무리하는 데 조바심을 내자. 단, 발전은 점진적으로 이뤄진다는 사실을 받아들이자. 변화에는 시간이 필요하다.

- 투명한 태도로 신뢰를 쌓자.

  직원들이 서로 믿고 신뢰하면 팀은 더 강해진다.

- 오래 버틸 수 있게 속도를 조절하자.

  무엇이든 오래 하고 싶다면 힘을 잘 분배해야 한다.

생각의 속도가 부의 크기를 바꾼다

19장
이지 솔라

———— E a s y   S o l a r ————

"직원들이 기업의 목표를 달성할 수 있게 권한을 주자."

은타비셍 모시아Nthabiseng Mosia

전기를 쓸 수 없다면 어떨까? 집 앞 골목에 가로등이 없어 밤이면 외출하기 어렵고, 책을 보기도 어렵다면? 상상만 해도 답답할 것이다. 그런 곳에 전력을 공급해주는 한 줄기 빛 같은 기업이 바로 이지 솔라다. 이지 솔라는 현재 서아프리카 국가인 시에라리온과 라이베리아에서 빠르게 성장 중이다.

은타비셍 모시아는 오프그리드 태양광 기업 이지 솔라의 공동 설립자이자 최고 상업 책임자다. 그녀는 가나 출신 어머니와 남아프리카공화국 출신 아버지 밑에서 태어났다. 모시아가 태어날 당시 그녀의 아버지는 아프리카민족회의ANC의 회원으로 조국을 떠나 망명 중이었다. ANC는 남아프리카공화국의 인종차별 정권에 반대하는 자유화 운동 조직을 말한다. 모시아의 가족은 ANC의 지도자였던 넬슨 만델라의 출소 후 요하네스버그로 이주했다. 그곳에서 쭉 자란 모시아는 케이프타운대학에서 경영, 과학, 재무 회계학을 최상위 성적으로 졸업했다.

그녀는 대학에 다니는 동안 공인재무분석사나 공인회계사를 꿈꿨다. 하지만 투자관리 회사에서 인턴을 한 뒤, 금융계에 취업하고 싶다는 확신이 사라졌다. 대신 경영 컨설팅에 관심이 생겼다. '문제를 해결하고 다양한 산업을 배울 수 있는 멋진 직업'처럼 보였기 때문이다.

◆◆◆

모두가 밝은 세상에서 살 수 있기를

대학을 졸업한 모시아는 영국과 인도에서 시간을 보낸 후, 전략과 혁신에 특화된 회계법인 딜로이트에 컨설턴트로 합류했다. 그녀는 그곳에서 일하며 개발과 에너지 사이의 밀접한 연관성을 깨달았다. 또한 미래를 위해 깨끗하고 재생 가능한 에너지를 써야 한다는 인식도 점점 깊어졌다.

에너지에 관심이 생긴 모시아는 미국 컬럼비아대학교 국제 공공정책 대학원에서 2년 만에 에너지, 재무, 정치학의 석사 학위를 받았다. 그리고 이곳에서 그녀는 이지 솔라를 함께 세우게 될 알렉산드르 투레와 에릭 실버먼을 만났다.

생각의 속도가 부의 크기를 바꾼다

세 사람은 수업 과제로 프로젝트를 하나 계획했다. 아프리카의 소외된 지역에 태양열 에너지를 보급한다는 계획이었다. 사실 모시아는 항상 아프리카의 발전에 관심이 있었다. 감사하게도 이들의 프로젝트는 D-프라이즈(극빈층을 돕는 사업에 지원하는 비영리 단체)의 지원을 받고 본격적인 사업으로 발전했다.

초기에 실버먼은 시에라리온에 집중하자고 제안했다. 컬럼비아에서 공부하기 전, 미국의 자원봉사자 기관인 평화봉사단(피스 코프) 소속으로 시에라리온에서 몇 년을 지낸 적이 있었기 때문이다.

이지 솔라의 목표는 '유통의 마지막 단계'에 에너지를 공급해, 많은 사람이 에너지를 쉽고 저렴하게 이용하도록 만드는 것이다. 이지 솔라는 에너지를 상점이나 대리점의 네트워크로 제공해 접근성을 높인다. 그 에너지는 선불로 저렴하게 살 수 있으며, 스마트폰 기술로 결제를 유예할 수도 있다. 또 태양열 패널이나 스마트폰을 충전할 수 있는 랜턴, 태양열 선풍기 같은 다양한 태양열 관련 제품도 판매한다. 한마디로 친환경 사업으로 삶을 바꾸는 중이다.

"아프리카 대륙의 절반 이상이 어둠 속에서 살고 있어요. 요즘에도 시골에 사는 사람들은 전화를 충전하기 위해 작은 키오스크가 있는 곳까지 2~3킬로미터를 걸어가요. 그곳에 가면 발전기를 살 수 있는 사람이 충전해줘요. 충전이 끝날 때까지 꼬박 2시간을 기다려야 하지만요. 전 세계 거의 모든 곳에 전기가 보급됐어요. 그러나 아프리카는 아직 아닙니다. 아프리카에 가장 빠르고, 저렴하게 전기를 공급할 방법은 태양열을 활용하는 거예요."

아프리카 전역에 전력망과 대형 발전소를 지으려면 많은 시간과 자금이 필요하다. 게다가 아프리카는 세계에서 가장 가난한 시장으로, 의료 및 교육 시스템도 불안하고 여유 자금도 부족하다. 그러나 아프리카 대륙은 세계에서 일조량이 가장 풍부해서 태양열을 활용하기 좋다. 모시아는 냉철하게 말했다.

"안타깝지만, 전력망을 늘리려면 10~20년이 걸려요. 반면에 태양열은 더 저렴하고 빠르게 설치할 수 있어요. 게다가 친환경적이죠. 태양열이야말로 가정에 전기를 공급하는 최고의 방법이에요."

이지 솔라는 주로 시에라리온과 라이베리아에서 운영 중이며, 80만 명에게 전력을 공급하고 있다. 물론 꾸준히 사업도 확장하는 중이다. 특히 이 기업은 많은 인구수 대비 공공설비가 부족한 시장을 먼저 고려한다. 그래서 현재 기니와 나이지리아로 확장 중이며, 콩고민주공화국에도 진출할 계획이다. 콩고민주공화국은 전체 인구가 9,200만 명이 넘지만 10% 미만만 전기를 사용하고 있다.[1]

생각의 속도가 부의 크기를 바꾼다

이지 솔라의 사업 모델은 전 세계에 있는 투자사와 개발 금융 기관의 이목을 사로잡았다. 그 덕에 지금까지 2,000만 달러를 모금했으며, 끊임없이 자금을 지원받고 있다.

> "처음에는 자금을 모으기 어려웠어요. 우리는 금융 시장을 능숙하게 활용할 줄 알았지만, 사람들은 아프리카를 굉장히 위험한 시장으로 봤어요. 특히 남아프리카나 북아프리카를 제외하면 더 불안해했어요."

자금 문제 말고도 여러 난관에 봉착했다. 코로나19 팬데믹과 우크라이나 전쟁 같은 급변하는 세계정세 때문에 어려움을 겪기도 하고, 인플레이션으로 농촌 고객들의 소득도 감소했다.

하지만 곧 기회도 찾아왔다. 이지 솔라가 자사의 태양열 생산에 대한 탄소배출권 발행 권한을 얻은 것이다. 이 배출권을 산 선진국 기업들은 아프리카의 저소득층 가정에 태양열 에너지 공급을 돕고 자사의 온실가스 배출도 상쇄할 수 있다.

이지 솔라의 연 매출은 이미 800만 달러를 넘어섰고, 직원 수도 800명이 넘는다. 매장에서 일하는 영업사원, 농업 지역에서 고객을 모으는 대리점 직원, 태양열 시스템의 서비스와 관리를 책임지는 AS 직원, 마케터와 고객센터 및 본사 직원까지 모두 이지 솔라를 위해 최선을 다하고 있다.

뛰어난 기술력을 지닌 이지 솔라는 태양열 제품과 서비스를 넘어 사업 분야를 넓히고 있다. 예를 들어, 보유하고 있는 신용 정보를 활용해, 은행을 이용한 적 없는 고객에게 스마트폰이나 깨끗한 요리용 레인지 같은 제품들을 살 수 있도록 자금을 지원한다. 또 개인 소비자뿐만 아니라 공장을 비롯한 기업에 태양열 에너지를 공급할 기회도 엿보고 있다. 모시아는 이렇게 설명했다.

> "우리는 주로 태양열에 기반한 '생산적인 가전제품'에 주목하고 있어요. 태양열 냉장고, 태양열 양수기, 그리고 디젤 발전기를 대체할 태양열 발전기 같은 거죠. 또 사람들에게 수입을 만들어줄 태양열 설비들도 찾고 있어요. 더 나아가 안정적인 은행이 없는 나라에서 자산 금융도 제공하죠."

이지 솔라는 아프리카 사람들의 삶을 긍정적으로 바꿨다. 태양열 가로등 덕분에 밤에 안전하게 다닐 수 있고, 아이들은 밤에도 책을 보고 숙제를 할 수 있다. 게다가 등유 램프를 쓰지 않아 깨끗한 공기를 마시며 편하게 텔레비전도 볼 수 있다.

이처럼 모시아는 태양열 에너지로 안전한 사회를 만들고, 사람들의 생활 수준을 높이고, 사람들에게 부를 축적할 새로운 기회를 주고 있다.

생각의 속도가 부의 크기를 바꾼다

◆◆◆

생각의 속도로 부의 크기를 바꾸다

모시아는 큰 목표를 세우고 일을 추진하는 비즈니스 아이콘이다. 목표를 크게 세워야 생각의 속도를 높일 수 있기 때문이다. 그녀는 자신의 포부를 당차게 밝혔다.

> "아프리카에서는 미래와 과거를 동시에 보고 배울 수 있어요. 또 누군가의 실수를 통해 깨달음을 얻을 수 있죠. 우리는 그런 과정을 통해 깨끗하고 저렴한 방식으로 전기를 보급했습니다. 그리고 인간의 존엄성을 지켰어요. 앞으로도 이 세상을 퇴보시키는 일은 없을 거예요."

모시아는 2019년 〈포브스〉가 선정한 '30세 이하 리더 30인'에서 기술 부문에 이름을 올렸다. 같은 해에 그녀는 공동 창업자들과 함께 세계경제포럼에서 뽑은 '올해의 사회적 기업가' 중 한 명으로 인정받았다. 2020년에는 〈포브스 아프리카〉가 선정한 '올해의 젊은 여성 사업가'에 뽑혔다.

이렇게 그녀의 이름이 알려질수록 기후 변화와 싸우는 그녀의 목소리에도 힘이 실렸다. 그녀는 앞으로 사회와 환경을 생각하는 강한 도덕적 기준을 갖춘 사람이 더 많아져야 한다고 생각한다. 모시아는 이렇게 말했다.

"기후 위기는 이미 전 세계의 문제이며, 우리는 생존의 경계선에 있습니다. 저는 되도록 많은 사람에게 기후 위기를 막아야 한다고 외치고 싶어요. 그리고 뜻이 같은 사람들의 목소리를 모으는 데 힘쓸 거예요."

모시아는 뛰어난 리더십으로 불확실하고 혼란한 상황에서 벗어날 수 있다고 믿는다.

"리더는 단순히 일의 성과를 낸 사람을 뜻하지 않아요. 만약 리더의 정의가 그렇다면, 무언가 성취한 사람은 누구나 리더가 될 수 있겠죠. 사업은 마치 끝나지 않는 소방 활동 같아요. 그래서 매일 '오늘은 어떤 문제를 해결해야 할까? 어떻게 대응해야 할까? 최고의 팀을 만들려면 어떻게 해야 할까?' 이런 고민을 하죠."

더 나은 세상을 만드는 데 앞장서려면 사람들이 목표를 달성하도록 도와야 한다. 하지만 시장에는 여러 제약이 존재한다. 따라서 모시아는 "사람들이 목표 달성을 위해 어떤 노력이든 하고, 상황이 틀어져도 대응할 수 있게 만들어야 해요. 그리고 '인내심'도 매우 중요하죠"라고 강조한다. 더 크고 장기적인 목표를 달성하려면 눈앞의 어려움을 견뎌야 하기 때문이다.

모시아는 종종 여성이고 아프리카인이라는 이유로 불합리한 상황에 놓였다. 그러나 그녀는 상황에 굴하지 않았다. 오히려 그 역경속에서 공감 능력, 강력한 협업과 경청 능력, 분위기를 파악하는 능력, 사람들을 '뒤에서 밀어주는' 능력을 키웠다. 그녀는 과거를 회상하며 이렇게 말했다.

> "저는 살면서 불합리한 일을 많이 겪었어요. 그리고 어쩌면 남성 공동 창업자들은 겪지 않았을 문제들에 맞서 싸워야만 했어요."

모시아는 목표를 세우고, 다른 사람에게 영감을 주고, 실패를 기꺼이 받아들이는 점을 자신의 장점이라고 생각한다. 그녀는 자신의 장점이 일에서 어떻게 빛나는지 설명했다.

> "이지 솔라의 직원들은 가야 할 방향을 정확히 알고 있어요. 그리고 저는 직원들에게 권한을 주고, 그들의 실패도 보듬어야 한다고 믿어요. 한두 번 실패해도 괜찮아요. 앞으로 실패하지 않게 대화를 나누면 되죠!"

모시아는 지금까지 많은 일을 성취했지만, 아직도 가면 증후군을 앓고 있다. 가면 증후군은 자신의 성공이 운으로 얻어졌다고 생각하는 심리를 말한다. 그녀는 이 증후군을 약점이라고 생각해서 극복하려고 꾸준히 노력하는 중이다.

"매일 '난 가치 있는 사람이야'라며 저에게 칭찬해줘요. 저는 이 자리에 오르기 위해 정말 열심히 일했고, 마땅히 있어야 할 곳에 있는 거예요. 전 그동안 이룬 모든 성공을 누릴 자격이 있어요."

비즈니스 아이콘 은타비셍 모시아의 1%

- 열정이 느껴지는 일을 하자.
  좋아하는 일을 해야 앞서 생각할 수 있고 더 큰 성과를 얻을 수 있다.
- 더 나은 세상을 만들 수 있는 일이 무엇인지 파악하자.
  무슨 일을 해야 세상을 바꿀 수 있을지 항상 고민해야 한다.
- 뒤에서 밀어주자.
  어려움에 직면한 사람이 난관을 헤쳐갈 수 있도록 힘을 실어주자. 그리고 그들이 회복할 수 있게 도와주자.
- 여정이 쉬울 것이라 기대하지 말자.
  때로는 장기적인 목표를 달성하기 위해 발버둥 쳐야 한다.
- 도덕적 기준을 항상 잊지 말자.
  뛰어난 비즈니스 아이콘은 올바른 가치와 훌륭한 기업 문화로 평가받는다.

생각의 속도가 부의 크기를 바꾼다

20장
팜크라우디

Farmcrowdy

"많이 말하기보다 많이 듣자."

아킨델레 필립스Akindele Phillips

매일 빠르게 변하는 세상에서 소규모 농부에게 시선을 주고, 기아 종식을 위해 애쓰는 기업이 있다. 지금 살펴볼 팜크라우디다. 팜크라우디는 나이지리아를 비롯한 아프리카 국가에서 식품 생산의 효율성을 높이도록 돕는 기업으로, 많은 농부에게 희망을 선물하고 있다.

이 기업을 이끄는 비즈니스 아이콘인 아킨델레 필립스는 팜크라우디의 공동 설립자이자 CEO다. 그는 또 아웃소싱 회계 서비스 기업인 포터스 월드 컨설트Porter's World Consult를 운영하고 있으며, 제조업체와 제품 배송차의 소유자를 연결하는 물류 플랫폼 하울247Haul247을 공동 설립했다.

세 곳의 사업체를 운영하는 필립스는 사실 기업가 집안의 사람이다. 의사인 아버지는 병원을 설립했고, 어머니는 학교를 운영했다. 아무리 기업가 집안에서 자랐다고 하더라도, 세 기업을 운영하기란 쉽지 않을 것이다. 그는 어떻게 세 기업의 업무 사이에서 균형을 맞추는 것일까? 그 비법은 바로 중요한 일에만 집중하고, 나머지는 직원들에게 위임하는 것이다. 그렇게 하면 간혹 몇 가지를 놓치더라도 문제없이 일을 진행할 수 있다.

◆ ◆ ◆
모두가 잘 먹고 살 수 없을까?

필립스는 나이지리아에 있는 오바페미 아올로워대학에서 회계를 공부했다. 그는 졸업 후 KPMG에 입사해 회계 감사관으로 교육을 받은 뒤, 필랜드무브라는 물류회사로 옮겨 전략 이사에 올랐다. 이때부터 그는 기업가의 꿈을 키웠다.

이후 필립스는 포터스 월드 컨설트에서 팜크라우디의 공동 설립자들인 온예카 아크마와 이페아니 아나조도를 알게 됐다. 세 사람의 만남은 새로운 도전으로 이어졌다. 2016년, 필립스는 두 사람의 제안으로 최고 재무 책임자로 사업에 합류했고, 4년 뒤에는 CEO 겸 최고 위험 책임자가 됐다.

팜크라우디의 목표는 기아 종식, 식량의 안전보장과 영양 개선, 지속 가능한 농업의 촉진이다. 이 목표는 UN의 '지속가능발전목표 SDGs 2'와 일치한다.

나이지리아에는 전체 인구의 약 20%인 3,800만 명의 소규모 농부들이 있다.[1] 이들은 팜유, 코코아콩, 옥수수, 견과류, 쌀, 콩 따위를 재배한다. 그런데 안타깝게도 이 농부들은 씨앗이나 비료 등 수확량을 높이는 데 필요한 초기 재료를 쉽게 확보하지 못한다. 게다가 최신 농업 방식을 잘 몰라서 재료를 구했더라도 바르게 사용하지 못하기도 한다.

팜크라우디는 그런 농부들을 지원하기 위해 여러 노력을 기울이고 있다.

먼저, 소매상이 씨앗과 비료를 더 많이 살 수 있게 자금을 지원한다. 농부들에게 더 저렴한 가격에 판매하도록 돕기 위해서다. 그리고 소매상이 농부들에게 선진 농업 기술을 쉽게 알려주도록 돕는 앱도 개발했다. 또한 '아그라이나'라는 앱으로 소매상이 재고를 체계적으로 관리하고, 손쉽게 수금할 수 있도록 돕는다. 심지어 이 앱에서는 은행 계좌도 개설할 수 있다.

무엇보다 팜크라우디는 소매상과 협력해 개인 농부들의 생산물을 좋은 가격에 매입하고, 나이지리아 내외의 구매자들에게 판매한다. 같은 방식으로 육류 생산자들의 납품도 돕고 있다.

팜크라우디는 이 과정에서 종자를 판매해 이익을 얻은 소매상에게 수수료를 받는다. 그리고 소매상들은 씨앗과 비료를 팔아 이익을 남기고, 판매 수익으로 대출금을 상환한다.

◆ ◆ ◆

돈보다 사회를 생각해 발견한 작은 틈

2022년, 러시아의 우크라이나 침공은 세계 곳곳에 식량 안보 문제를 일으켰다. 이 사태로 아프리카에서는 밀 공급이 크게 줄며 빵의 가격이 상승했다. 그 결과, 개발금융기관DFI과 식품 업계는 다양한 상품의 안정적인 생산을 위해 세계 각지에 투자할 필요성을 느꼈다. 팜크라우디 또한 개발금융기관과 다른 기관 투자자들로부터 사업 자금을 지원받았다. 필립스는 그때를 떠올리며 이렇게 말했다.

"저는 그 어떤 국가도 자급자족할 수 없다고 생각합니다. 따라서 계속 교류하고 상품을 교환해야 합니다."

팜크라우디는 농산물 생산량을 예측하는 데 우선순위를 둔다. 그렇게 예측한 생산량을 바탕으로, 일류 식품업체들에 재료를 구매할 지역과 제품을 판매할 지역을 추천하고, 계획을 세울 수 있게 도움을 준다.

"특정 지역의 수확량을 예측하기 힘든 경우가 많습니다. 하지만 소매상의 도움을 받으면 수확량을 예측할 수 있습니다. 씨앗, 비료, 농약 등 특정 지역에 판매된 원재료의 양을 알 수 있기 때문입니다. 만약 그 지역의 다른 모든 조건이 동등하다면 수확량을 예상할 수 있습니다.”

팜크라우디는 현재 나이지리아와 르완다에서 운영되고 있다. 이들은 10년 안에 농산물을 재배할 수 있는 모든 아프리카 국가에서 운영되길 꿈꾼다. 그 꿈을 이루기 위해 코트디부아르로 확장할 준비를 하고 있으며, 자메이카에서 시범 운영할 계획도 세웠다.

다만, 필립스는 무작정 돈을 좇으며 사업을 확장하지 않는다. 그는 사업에서 사회적, 환경적인 영향력을 매우 중요하게 생각한다.

“앞으로 지구에서 50~100년을 더 살려면 사회와 환경에 주의를 기울여야 합니다.”

이 글을 쓰는 지금, 이 기업은 약 180만 달러의 자금을 확보했으며, 2,500만 달러를 추가로 모을 예정이다. 소매상들에게 운영 자금을 제공하는 동시에 자사의 기술력을 높이고, 장비와 마케팅에 투자해 새로운 시장으로 진출하기 위해서다.

◆ ◆ ◆

생각의 속도로 부의 크기를 바꾸다

필립스는 성공의 공을 훌륭한 멘토들에게 돌렸다. 그는 나이지리아의 유명한 변호사인 아수에 이고달로를 비롯해 여러 사업가와 종교인을 멘토로 삼고 있다. 그는 "도움이 필요할 때면 멘토들에게 구체적으로 질문하고 조언을 듣습니다"라고 말하며 멘토의 필요성을 강조했다.

그는 또 경영서를 탐독하며, 동료에게 받는 '360도 조언'의 힘을 굳게 믿는다. 360도 조언이란 지금 무엇을 더 해야 하는지, 무엇을 바꿔야 하는지, 무엇을 멈춰야 하는지에 대한 다각도의 조언을 말한다. 즉, 문제를 360도로 꼼꼼히 살펴보고 해결책을 찾는 방법이라고 할 수 있다.

그는 지난 몇 년 동안 360도 조언으로 많은 깨달음을 얻었다. 예를 들어, 자신이 충분히 공감하지 못한 부분이나, 다른 사람에게 다시 확인하는 과정을 놓친 일을 알아챘다.

필립스는 리더라면 직원들의 강점과 약점을 정확히 파악할 수 있어야 하고, 그들이 장점을 발휘할 수 있도록 업무를 배분해야 한다고 생각한다. 무엇보다 그는 다른 사람을 돌보는 사람을 훌륭한 리더라고 본다.

"리더의 자리에 오르면 먼저 누가 도움이 필요한지 파악해야 합니다. 혼자서는 사업을 꾸려나갈 수 없어요. 리더가 없더라도 업무가 돌아갈 수 있는 체계를 만들어야 합니다. 최소한 어느 정도는 말이죠. 그래서 도움이 필요한 사람을 돌보고 성장시켜야 합니다."

생각의 속도가 부의 크기를 바꾼다

필립스는 정보를 균형 있게 흡수하고, 문제의 해결책을 명확하게 제시하는 것을 자신의 장점으로 꼽는다. 또 다른 사람의 이야기를 잘 듣는 점도 장점이라고 생각한다. 실제로 그는 앞선 생각으로 사람들을 이끌 수 있는 힘이 '경청'에서 나온다고 믿는다.

그런 그에게도 약점은 있다. 바로 완벽을 추구하는 성향이다. 그는 이렇게 설명했다.

> "항상 모든 일이 완벽하기를 바라지만, 삶은 그렇지 않습니다. 그래서 저는 인내심을 가지고 균형을 맞추려 노력합니다."

필립스는 타인을 도울 때 힘이 샘솟는다. 실제로 그는 컨설팅, 특히 스타트업의 문제를 해결하고 지원하는 사업을 꾸준히 해왔다. 또 식량 안보 문제를 해결하기 위해 앞장서며 자부심을 느끼고 있다. 그는 이렇게 말했다.

> "무슨 일이든 밥부터 먹고 해야 합니다. 그만큼 식량 안보 문제는 중요해요."

필립스는 꾸준히 동기부여를 받기 위해 매일 아침 '비전 보드vision board'를 본다. 비전 보드에는 그가 원하는 미래의 모습이 사진으로 걸려 있다. 그리고 영향을 주고 싶은 삶, 사업이 발전하는 모습, 진출하고 싶은 국가들, 개인과 가족의 목표도 붙어 있다. 생각의 속도를 높이기 위해 비전 보드라는 도구를 활용하는 셈이다.

그는 실제로 비전 보드의 효과를 봤다. 그가 포터스 월드 컨설트를 막 시작했을 때는 나이지리아에서만 운영됐다. 그래서 그는 비전 보드에 진출하고 싶은 국가를 하나씩 계속 붙였다. 그리고 틈날 때마다 비전 보드를 보며 자신의 기업이 여러 나라에 진출한 미래 모습을 상상했다. 그랬더니 정말 여러 아프리카 국가에 진출하게 됐다.

여기서 끝이 아니다. 2021년, 팜크라우디는 CNN과 아프리카수출입은행Afreximbank이 선정하는 '이볼브Evolve'에 이름을 올렸다. 아프리카에서 영향력 있는 B2B 기술 기업에 선정된 것이다. 놀랍게도 필립스의 비전 보드에는 일찍이 CNN도 붙어 있었다. 필립스는 이렇게 말했다.

"비전 보드는 아이디어를 떠올릴 때 정말 유용해요. 그래서 때로는 별 의미 없는 단어도 일단 붙여둡니다."

필립스는 앞선 생각으로 빨리 일을 해나가고 싶더라도, 결정을 내릴 때 다양한 이해당사자들의 요구와 기대를 염두에 둬야 한다고 강조했다.

생각의 속도가 부의 크기를 바꾼다

"일할 때 신경 쓸 사람이 많습니다. 만약 사업을 이끌고 있다면 주주, 직원, 고객, 규제 기관과 정부, 비정부 기관도 신경 써야 합니다. 즉, 다양한 이해당사자들에게 끼치는 영향을 반드시 고려해야 합니다."

비즈니스 아이콘 아킨델레 필립스의 1%

• 차세대 리더를 발굴하는 데 투자하자.
권한을 함께 나눈다면 조직을 더 효과적으로 이끌 수 있다.

• 360도 조언을 구하자.
무엇을 개선해야 할지 객관적인 조언을 들을 수 있고, 내가 모르는 나에 대해 알 수 있다.

• 다른 사람의 말을 경청하자.
말하고 싶은 유혹을 뿌리치고 다른 사람의 말에 귀를 기울이면, 더 깊은 관계를 맺을 수 있다.

• 이해당사자들을 고려하자.
일의 다양한 이해당사자들을 확인하고, 그들의 기대와 요구를 알아내자. 오래 일하는 데 도움이 될 것이다.

• 나만의 비전 보드를 만들자.
내가 원하는 미래를 가시화하면 생각의 속도를 높일 수 있다. 그러면 꿈을 이룰 확률이 높아진다.

21장
딜리전트 로보틱스

—— Diligent Robotics ——

"좋은 리더는 가야 할 방향을 정확히 안다."

안드레아 토마즈Andrea Thomaz

미래를 배경으로 하는 영화에는 일하는 로봇이 자주 등장한다. 어쩌면 그런 미래는 머지않아 펼쳐질 것 같다. 딜리전트 로보틱스는 병원에서 의료 직원들과 함께 일하는 로봇을 만들어 업무의 효율을 높이는 기업이다. 그리고 안드레아 토마즈가 바로 딜리전트 로보틱스의 CEO이자 공동 설립자다.

그녀는 1990년대 후반 텍사스대학에서 전기와 컴퓨터 공학을 공부하던 중 인공지능AI에 관심이 생겼다. 그녀는 이렇게 말했다.

"새로운 지식을 가르칠 수 있는 기계에 매료됐어요. 기계학습이 주도하는 AI의 새로운 시대에 빠져들었죠."[1]

생각의 속도가 부의 크기를 바꾼다

토마즈는 텍사스대학을 떠난 뒤, 거대 기술 기업 IBM에서 차석 엔지니어로 잠시 일했다. 그때 그녀는 매사추세츠 공과대학^{MIT}에서 인공지능과 인간-컴퓨터 연구를 진행한다는 소식을 들었다.

> "그 소식을 듣고 석사 학위를 받으러 대학원에 가야겠다고 마음먹었어요. 학계로 진출할 생각은 없었어요. 단지 기계학습과 인공지능의 전문 지식을 쌓은 다음 무엇을 할지 고민하고 싶었어요."

그렇게 석사과정을 시작한 그녀는 인공지능을 개발하는 데 매료돼 다년간 열정을 쏟았다. 하루는 우연히 로봇 연구실에 갔다가 자신이 만든 소프트웨어가 현실에서 작동하는 모습을 보았다. 그 순간 그녀의 마음이 두근거렸다. 로봇공학에 대한 열정이 시작된 순간이었다.

로봇공학에 푹 빠진 토마즈는 박사과정에 들어갔고, '사회적으로 배우는 기계학습'이라는 주제로 논문을 썼다. 로봇이 어떻게 사람에게 새로운 일을 배우는지, 이 과정을 어떤 기계학습 알고리즘으로 지원할지를 연구해서 쓴 논문이었다.

마침내 2006년, 토마즈는 박사과정을 마쳤다. 그러나 당시 그녀는 어느 기업에 가야 자신이 추구하는 로봇공학을 계속할 수 있을지 몰랐다. 그래서 우선 학계에 남기로 하고 조지아 공과대학으로 옮겨 조교와 부교수로 재직했다. 그리고 그곳에서 사회적 지능형 기계 연구소Socially Intelligent Machines Lab를 이끌었다.

조지아 공과대학에 있는 동안 그녀는 연구의 범위를 넓혀, 로봇이 인간의 말을 어떻게 해석할지, 대화에서 어떻게 상호작용해야 하는지, 행동할 때 무엇에 주의해야 하는지 같은 주제를 연구했다. 지금은 로봇공학을 연구하는 사람이 많아졌지만, 2007~2008년 당시에는 아주 소수의 과학자만 로봇공학을 연구했다. 다시 말해, 토마즈와 그녀의 학생들은 맨땅에서 로봇을 만든 선구자들이었다. 그렇게 조지아 공과대학에서 열정적으로 9년을 보낸 뒤, 그녀는 텍사스대학으로 옮겨 로봇공학 연구소의 리더가 됐다.

◆ ◆ ◆

로봇과 사람이 어울려 일할 수는 없을까?

그러던 어느 날 토마즈는 그녀의 학생이었던 비비안 추와 진로 상담을 했다. 조지아 공과대학에서 박사과정을 밟고 있던 추는 연구에 필요한 상업적 응용 프로그램을 찾고 있었다. 이 무렵에는 로봇공학에 뛰어든 기업이 늘어나는 추세였는데도, 그들은 적합한 것을 찾지 못했다.

토마즈는 추와 이야기를 나누다가 문득 '함께 스타트업을 설립하면 어떨까?'라는 생각이 들었다. 앞선 생각의 씨앗을 뿌린 순간이었다. 토마즈는 그때를 이렇게 떠올렸다.

생각의 속도가 부의 크기를 바꾼다

"우리는 사람들 옆에서 일하는 로봇을 만들고 싶었어요. 그런데 당시에 그런 기업은 없었어요. 세상에 혼자서 일하는 자율 로봇만 필요한 건 아니잖아요. 창고나 제조업에도 로봇의 자리가 따로 있죠. 로봇과 사람이 함께 일할 수 있는 분야도 아주 많아요. 우리는 여기에 집중했어요."

두 사람은 고민 끝에 2017년 12월, 딜리전트 로보틱스를 설립했다. 20년 동안 주로 학계에 몸담았던 토마즈에게는 큰 용기를 낸 일이었다. 다행히 미국국립과학재단에서 자금을 지원받을 수 있었다. 그들은 행동을 배우는 로봇을 개발하겠다는 목표를 세웠다. 특히 의료 인력이 부족한 만큼 보건 분야에 집중하기로 했다.

이들은 다수의 프로토타입을 거쳐, 마침내 병원 인력 옆에서 일하는 서비스 로봇 목시Moxi를 제작했다. 처음에 두 사람은 목시를 '그녀'라고 지칭했다. 그러나 가장 간단한 업무를 하는 로봇에게 성별을 붙인다는 것이 마음에 걸렸다. 그래서 두 사람은 목시를 더 이상 성별로 부르지 않기로 했다.

지금도 두 사람은 목시를 성별로 부르지 않으려고 의식적으로 노력한다. 다만, 사람들이 목시를 '그'나 '그녀'로 부르는 것까지 막지는 않는다. 토마즈는 "로봇이 내 주변에 돌아다니는데, 쉽게 성별(대명사)로 부르지 않는 건 힘들어요"라고 공감하기도 했다.

목시는 코로나19 팬데믹이 한창이던 2020년, 댈러스 병원에 처음으로 배치됐다. 목시의 첫 임무는 병원 건물 주변에서 개인 보호 장비와 다른 물품들을 옮기는 것이었다.

"목시는 주로 간호사, 약사, 연구실 기술자를 대신해 물품을 옮겨줘요. 목시를 보내면 연구실 샘플이나 약을 들고 병원 을 가로질러 뛰지 않아도 돼요."

현재 목시는 미국 전역의 수십 개 병원에서 사용된다. 병원들은 목시를 '서비스형 로봇'으로 고용해, 하는 일에 따라 매달 요금을 지불한다. 비록 지금은 미국에서만 사용 중이지만, 토마즈는 향후 몇 년 안에 목시가 전 세계로 뻗어나가기를 꿈꾸고 있다.

◆ ◆ ◆

앞선 생각이 갖고 있는 무한한 가능성

딜리전트 로보틱스의 사업은 확실히 매력적이다. 지금까지 유망한 투자사와 여러 투자자들이 이 기업에 5,000만 달러를 지원한 사실만 봐도 알 수 있다. 토마즈는 딜리전트 로보틱스의 강점을 이렇게 설명 했다.

"저희는 버튼을 눌러 문을 열고 사람들과 함께 일하는 정교 한 이동 로봇을 개발한 첫 번째 회사예요. 비록 지금은 주로

생각의 속도가 부의 크기를 바꾼다

병원에 있지만 앞으로 여러 의료 분야로 넓힐 수 있어요. 물론 일반 서비스직에 진출할 수도 있죠."

다만, 토마즈는 목시 같은 로봇을 상점, 식당, 사무실 등 다양한 상업 환경에서 사용할 수 있겠지만, 집에서는 필요하지 않다고 생각한다.

현재 딜리전트 로보틱스는 기업을 성장시킬 매우 중요한 시기에 들어섰다. 토마즈는 이렇게 설명했다.

"저희는 '엄청난 수요'라는 기회를 마주하고 있어요. 그런데 아직 저희의 공급 능력이 수요를 충족시키기에 부족하죠. 그래서 가능한 한 빨리 로봇을 많이 만들고, 운영하는 능력을 구축해 사업을 성장시키고 싶어요."

이미 이곳은 기술에 집중하던 작은 팀에서 약 85명의 핵심 직원을 둔 기업으로 성장했다. 여기에는 제조 및 생산 팀에서 일하는 로봇 관리 직원도 포함된다. 현재 토마즈는 CEO를, 추는 최고 기술 책임자를 맡고 있다.

기업이 조금씩 성장하자 토마즈가 맡아야 하는 일도 달라졌다. 처음 2년 정도는 제품의 연구와 개발에 집중했기 때문에, 토마즈가 교수였을 때 하던 업무와 거의 비슷했다. 그러나 제품 개발을 끝내고 고객들과 계약하고 나자, 업무가 완전히 바뀌었다. 점점 영업, 직원 고용, 재무, 주요 성과 지표 분석 등에 쏟는 시간이 많아졌다. 그러자 일이 더 사업적으로 느껴지기 시작했다.

"사업적으로 배워야 할 부분이 너무 많았어요. 제가 항상 바보 같은 질문을 한다고 느꼈죠. 그런데 어느 날부터 '이 부분을 어떻게 구성해야 할지 모르겠어요. 도와줘요!'라고 도움을 구하는 게 너무 편해졌어요. 그리고 알잖아요, 세상에 바보 같은 질문은 없어요."

토마즈는 초기에 투자를 받기 위해 '학자'라는 편견을 극복해야 했다. 투자자들이 사업을 해보지 않은 그녀가 회사를 발전시키지 못할까 봐 걱정했기 때문이다. 하지만 학자 출신이어서 좋았던 점도 있었다.

"이 로봇을 만들려면 연구실에 있을 때처럼 '빨리 다시, 빨리 다시' 하는 실험 정신이 필요해요. 그렇게 개발하고 나서 기업을 잘 운영하는 모습을 보여주니, 투자자들도 더 이상 저를 학자로만 보지 않았어요. 오히려 초능력자처럼 봤죠. '세상에! 공부만 한 학자인 줄 알았는데, 회사를 운영하는 능력도 있으시네요. 대단해요'라며 감탄했어요."

생각의 속도가 부의 크기를 바꾼다

토마즈의 기술 능력은 두말할 필요 없이 뛰어나다. 그러나 지금 그녀는 세부 연구에서 물러나 사업에 집중하며 즐거운 나날을 보내고 있다. 그녀는 요즘 행복한 순간을 이렇게 설명했다.

"고객의 수가 늘어날수록 일할 힘이 나요. 저는 고객사에 방문하는 걸 좋아해요. 목시가 돌아다니는 모습도 보고, 최전선의 직원들이 목시와 함께 일하는 모습도 봐요. 목시와 함께 즐겁게 사진 찍는 모습을 보면 저도 행복해요. 특히 목시가 그들의 업무에 완전히 녹아든 모습을 보면 정말 뿌듯히죠."

오늘날 로봇을 부정적으로 보는 시각도 분명히 존재한다. 그러나 목시는 병원 직원들에게 열렬한 환영을 받는다. 로봇을 바라보는 사람들의 시선에 대해 토마즈가 설명했다.

"로봇을 긍정적으로 보는 시각도, 부정적으로 보는 시각도 있어요. 다만, 사람들은 기본적으로 로봇이 필요하며, 우리를 위해 많은 일을 해야 한다고 생각해요. 하지만 동시에 나쁜 로봇이 세상을 지배하는 영화들도 많아요. 저는 사람들의 마음속에 이런 공상과학적인 인식도 자리 잡고 있다고 생각해요."

목시가 새로운 병원에 들어가서 실무적으로 도움을 주면, 사람들은 금세 공상과학적인 상상에서 벗어난다. 사실 사람들은 로봇의 일을 빠르게 결론 내리곤 한다. 토마즈는 설명을 덧붙였다.

> "사실 목시는 엄청나게 발달한 인공지능이 아니에요. 그냥 배달하는 로봇이잖아요. 하지만 도움이 필요한 일들을 믿음직스럽게 처리해요. 내 일을 실제로 거들어주죠. 저는 이게 로봇이 사회에 녹아드는 길이라고 생각해요. 로봇을 위한 자리는 어디에나 있어요."

◆ ◆ ◆

생각의 속도로 부의 크기를 바꾸다

토마즈는 딜리전트 로보틱스의 목표를 높게 잡는다. 한 걸음 앞서기 위해서다. 단, 리더의 역할이 단순히 목표를 설정하는 데 그치면 안 된다고 강조한다. 리더라면 목표를 세분화하고, 모든 직원이 목표를 이해할 수 있도록 도와야 한다. 또한, 기업의 문화를 형성하는 데 리더의 역할이 중요하다고 생각한다. 그녀는 설명을 덧붙였다.

> "직원 모두가 현재 자신이 목표의 어느 단계에 있는지 이해하고, 같은 목표를 향해 노력하게 만들어야 좋은 리더라고 생각해요. 무엇보다 딜리전트 로보틱스는 직원들을 불태워

버리는 기업이 되고 싶지 않아요. 1% 앞서 생각하되, 전력 질주가 아니라 마라톤을 해야 하죠. 저희는 물건이 아니라 문화를 만들고 있어요."

토마즈는 로봇을 올바르게 사용하면 사회에서 중요한 역할을 맡을 수 있다고 믿는다. 이 믿음은 딜리전트 로보틱스의 사명이자 토마즈 개인의 철학이다.

"로봇의 성패는 사람들과 함께 일하는 능력에 달렸어요. 딜리전트 로보틱스는 사람들만 있는 팀에서 로봇도 효율적으로 일할 수 있음을 보여주고 있어요. 우리는 아름다운 로봇을 만들고 싶어요. 사람들에게 유용하고 아름다운 로봇을 만들 거예요."

토마즈는 기업을 성장시킬 유능한 인재를 모으려면 사명이 중요하다고 생각한다. 토마즈는 사명의 중요성에 대해 설명했다.

"제가 면접을 본 지원자들은 모두 사회적인 사명감 때문에 딜리전트 로보틱스에서 일하고 싶다고 말했어요. 누구나 좋은 목표가 있는 곳에서 일하고 싶어 해요. 사회에 도움을 주는 최첨단 기계학습, AI, 로봇 시스템을 구축하기를 바라죠."

토마즈는 비즈니스 아이콘으로서 자신의 약점을 '아마도 학계에서 가지고 왔을 낡은 생각들'을 꼽는다. 그녀는 기업에서 잠깐 일했다 보니 사업에 대해 모르는 부분이 많다. 하지만 그녀에게는 단점을 보완할 장점이 있었다.

"스타트업이라 정보가 부족한 상태에서 많은 결정을 내려야 했어요. 다행히 제 장점이 쉽게 결정을 내리고 빠르게 실행하는 거예요. 직원들은 빠르게 결정하는 CEO가 필요해요. 너무 오래 걸리면 애매한 상황이 펼쳐지거든요."

토마즈는 도움을 받고 싶을 때면 멘토들에게 조언을 구했다. 그녀는 이를 '올바른 시기에 알맞은 멘토 선택하기 전략'이라고 표현했다. 멘토에는 딜리전트 로보틱스의 사외 이사인 랜스 반덴브룩(수행 로봇의 공급사인 IAM 로보틱스의 CEO), 미국을 선도하는 로봇 과학자이자 토마즈의 MIT 박사과정 고문이었던 신시아 브리질을 비롯한 동료 스타트업 창업자들이 있다.

또 토마즈는 더 나은 리더로 성장하기 위해 책을 늘 가까이한다.

"저는 뛰어난 리더들과 여러 기업의 이야기에 푹 빠져 있어요. 책은 언제나 깨달음을 줘요. 예전에 벤 호로위츠의 《하드씽》(한국경제신문사, 2021)을 정말 감명 깊게 읽었어요."

토마즈는 미래의 기술 분야를 이끌고 싶다면 공감 능력을 키워야 한다고 강조한다. 특히 직원들을 대할 때 그 사람의 일부만 보면 안 된다고 믿는다. 모든 직원은 개인으로 인정받기를 원하고, 자신의 발전 과정을 리더들이 책임감 있게 도와주기를 바란다. 무엇보다 토마즈는 '중요한 메시지는 여러 번 말하기'를 중요하게 생각한다.

비즈니스 아이콘 안드레아 토마즈의 1%

....

- 경험이 없더라도 시작을 두려워하지 말자.
  직접 해보고 배우면서 능력을 키울 수 있고, 전문가의 조언을 받을 수도 있다.

- 자신만의 기술로 틈새시장을 공략하자.
  수요는 있지만 공급이 없다면 틈새시장을 개척할 수 있다.

- 직원들과 기업의 목표를 일치시키자.
  직원들이 자신이 무엇을 위해 일하고 있는지 정확하게 이해해야 최고의 결과를 달성할 수 있다.

- 중요하다고 생각하는 핵심 메시지를 자주 반복하자.
  많이 들어야 내용을 기억할 수 있다.

- 단점을 차별점으로 만들자.
  처음에는 같은 업계의 사람들과 다른 경력이나 기술이 부정적으로 보이더라도, 장기적으로는 나를 차별화하는 특징이 된다.

기회는 기다려주지 않는다.
지금 당장 생각의 속도를 높여라

"내가 관찰한 바에 따르면, 성공한 사람들은 다른 사람이 낭
비하는 시간을 잘 활용한다."

20세기의 대표적인 비즈니스 아이콘인 헨리 포드는 성공한 사람들
의 공통점을 이렇게 말했다. 그렇다면 이 책에 소개된 비즈니스 아이
콘들의 공통점은 무엇일까? 과연 큰 부를 쌓을 수 있는 단 하나의 비
법이 존재할까?

　무엇보다 가장 큰 공통점은 앞선 생각으로 엄청난 부를 쌓았다는
점이다. 이 책에 소개된 비즈니스 아이콘들은 처음부터 특별한 조
건을 갖춘 사람이 아니었다. 그저 단 1%만 앞서 생각했을 뿐인데,
경이로운 성공을 이루고 부를 쌓았다.

그리고 그들은 아주 성실하다는 공통점을 갖고 있다. 살짝 진부한 이야기로 들리겠지만, 이 책에 소개된 그 누구도 넷플릭스 시리즈에 빠져 있거나 황금 같은 일요일을 스마트폰만 쳐다보며 보내지 않았다. 아니 적어도, 그 덕에 꿈을 이뤘다고 말하지 않았다.

또 중요한 공통점은 '높은 목표'다. 앞서 생각하는 이들은 강한 목적의식을 가지고 있다. 그들은 무엇을 이루고 싶은지, 왜 그 일을 하고 싶은지 정확히 알고 있다. 그래서 자신이 하는 일에 전력을 다하고, 목표를 이루기 위한 장기적인 계획도 체계적으로 세운다. 목표를 확실하게 세워서 생각의 속도를 높이는 것이다. 또한 목표를 달성할 수 있다면 어느 정도 희생할 마음의 준비도 되어 있다.

그리고 원하는 목표를 생생하게 그려서 능력 있는 인재들이 그들과 함께 일하고 싶게 만든다. 게다가 이 책에 소개된 비즈니스 아이콘들은 업무의 권한을 직원들에게 나눠준다. 그 덕에 직원들은 결단력, 충성심, 기업가 정신을 가지고 일할 수 있다.

또 이들은 생각의 속도가 아무리 빨라도 모든 일을 직접 할 수 없다는 사실을 안다. 그래서 유능한 팀을 만들고 기업 내부에서 혹은 외부의 조력자와 항상 협력하고자 한다. 다시 말해, 자신의 앞선 생각만 믿고 거만하게 굴지 않는다.

이들은 자신보다 나은 사람을 고용하는 데도 거리낌이 없다. 적극적으로 조언과 도움을 구하고, 다른 사람에게 투자받는 경우도 많다. 무언가 고민될 때는 멘토에게 조언을 듣고, 또 누군가의 멘토가 되기도 한다.

위험을 감수하려는 의지도 강하다. 물론 무작정 도박을 하지는 않는다. 앞서 생각하는 자들은 경제와 사회가 진화하는 정도, 그리고 기술 트렌드에 대한 자신만의 이해를 바탕으로 위험을 감수한다. 또한 성공하기 위해서는 반드시 실패를 겪어야 한다고 생각하기 때문에 몇 번이고 실패할 준비가 되어 있다. 회복할 힘과 집요한 면이 있어 다른 사람이라면 포기했을 좌절 앞에서도 포기하지 않고 다시 도전한다.

생각의 속도가 빠른 사람들은 또한 완벽하기 위해 노력한다. 그들은 다른 사람에게 많은 것을 요구하며, 해내기 힘든 요구를 할 때도 있다. 때로는 이런 부분 때문에 능력 있는 직원을 잃기도 한다. 그러나 이런 노력 덕분에 한계를 뛰어넘어 세상을 바꾼다.

또 이 책에 나오는 비즈니스 아이콘들은 기업의 선한 영향력을 믿는다. 이들은 어떤 문제를 해결하는 과정에서 세상을 더 좋은 곳으로 만들고 싶어 한다.

이처럼 비즈니스 아이콘들의 공통점은 많다. 하지만 유능한 리더들을 관통하는 단 하나의 조건은 존재하지 않는다. 남성일 수도 여성일 수도 있고, 젊을 수도 나이가 많을 수도 있다. 외향적일 수도 있고 내향적일 수도 있다. 또 인류를 우주로 보낼 수도 있고, 체형 보정 속옷을 판매할 수도 있다.

생각의 속도가 부의 크기를 바꾼다

다만, 모두 1% 앞서 생각한 사람들이라는 점만큼은 확실하다. 생각의 속도가 부의 크기를 바꾼 것이다. 누구든 앞선 생각을 할 수 있다. 단 1%만 앞서도 놀라운 결과가 당신 앞에 펼쳐질 것이다.

◆ 참고 자료 ◆

* 객관적이고 정확한 정보 전달을 위해 책, 뉴스 기사,
인터뷰 영상 등 다양한 자료를 검토 및 활용하였다.

1장 제너럴 모터스 메리 배라

1 LaReau, J (2022) GM CEO Mary Barra's rare, behind-the-scenes interview: Who she relies on in 'lonely job', *Deloitte Free Press*, 3 June, https://eu.freep.com/in-depth/money/cars/general-motors/2022/06/03/gm-ceo-mary-barra-reveals-personal-details-rare-interview/9705679002 (archived at perma.cc/D8NF-WC9M)

2 Yahoo! Finance (2023) General Motors Company (GM), https://finance.yahoo.com/quote/GM (archived at perma.cc/A4NM-UD7S)

3 CNBC (2014) US government says it lost $11.2B on GM bailout, 30 April, https://www.cnbc.com/2014/04/30/us-government-says-it-lost-112b-on-gm-bailout.html (archived at perma.cc/67D9-2DZW)

4 Jiang, S (2022) General Motors CEO Mary Barra shares her leadership journey, visions for the future, *The Michigan Daily*, 13 April, www.michigandaily.com/news/general-motors-ceo-mary-barra-shares-her-leadership-journey-visions-for-the-future (archived at perma.cc/Q56H-A7RL)

5 Automotive News (2014) Barra is first GMI graduate to be auto CEO, 17 March, https://www.autonews.com/article/20140317/OEM02/303179962/barra-is-first-gmi-graduate-to-be-auto-ceo (archived at perma.cc/T7E4-QV8D)

6 General Motors (2022) Mary T. Barra Chair and Chief Executive Officer, https://www.gm.com/company/leadership.detail.html/Pages/bios/global/en/corporate-officers/Mary-Barra (archived at perma.cc/Y9KE-YD87)

7 Isidore, C (2015) Death toll for GM ignition switch: 124, CNNMoney, 10 December, https://money.cnn.com/2015/12/10/news/companies/gm-recall-ignition-switch-death-toll/index.html (archived at perma.cc/N65P-YQ62)

8 Rushe, D (2014) GM chief Mary Barra: 'Pattern of incompetence' caused fatal recall delay, *The Guardian*, 5 June, www.theguardian.com/business/2014/jun/05/gm-mary-barra-fatal-recall-incompetence-neglect (archived at perma.cc/45GM-DAEX)

생각의 속도가 부의 크기를 바꾼다

9   General Motors (2014) GM creates Speak Up For Safety program for employees, 10 April, https://news.gm.com/newsroom.detail.html/Pages/news/us/en/2014/Apr/0410-speakup.html (archived at perma.cc/338V-ARAP)

10   Barra, M (2022) GM CEO Mary Barra takes her first driverless ride [LinkedIn] www.linkedin.com/posts/mary-barra_gm-ceo-mary-barra-takes-her-first-driverless-activity-6938274651076775936-HaQA/?trk=public_profile_like_view&originalSubdomain=uk (archived at perma.cc/2AR2-ZN3G)

11   LaReau, J (2022) GM CEO Mary Barra's rare, behind-the-scenes interview: Who she relies on in 'lonely job', *Deloitte Free Press*, 3 June, https://eu.freep.com/in-depth/money/cars/general-motors/2022/06/03/gm-ceo-mary-barra-reveals-personal-details-rare-interview/9705679002 (archived at perma.cc/D8NF-WC9M)

12   General Motors (2022) Diversity, Equity & Inclusion, www.gmsustainability.com/priorities/developing-talented-people/diversity-equity-and-inclusion.html (archived at perma.cc/VB7L-635X)

13   Hall, K (2020) GM names members of new Inclusion Advisory Board, The Detroit News, https://eu.detroitnews.com/story/business/autos/general-motors/2020/06/22/gm-names-members-newly-formed-inclusion-advisory-board/3236091001 (archived at perma.cc/LXF4 WA4U)

14   Rometty, G (2021) Mary Barra, *Time*, 15 September, https://time.com/collection/100-most-influential-people-2021/6095976/mary-barra/ (archived at perma.cc/5XHG-UWGY)

15   LaReau, J (2022) GM CEO Mary Barra's rare, behind-the-scenes interview: Who she relies on in 'lonely job', *Deloitte Free Press*, 3 June, https://eu.freep.com/in-depth/money/cars/general-motors/2022/06/03/gm-ceo-mary-barra-reveals-personal-details-rare-interview/9705679002 (archived at perma.cc/D8NF-WC9M)

16   The Wharton School (2018) GM CEO Marry Barra discusses career, management, and diversity, 9 April, www.wharton.upenn.edu/story/8-insights-leadership-gm-ceo-mary-barra-wharton-people-analytics-conference (archived at perma.cc/E4NG-EVZH)

17   The Wharton School (2018) GM CEO Marry Barra discusses career, management, and diversity, 9 April, www.wharton.upenn.edu/story/8-insights-leadership-gm-ceo-mary-barra-wharton-people-analytics-conference (archived at perma.cc/E4NG-EVZH)

18   Feloni, R (2015) GM CEO Mary Barra explains how shrinking the dress code to 2 words reflects her mission for the company, *Business Insider*, 27 March, www.businessinsider.com/gm-ceo-mary-barra-on-changing-gms-dress-code-2015-3?IR=T (archived at perma.cc/B9EC-CK7U)

19   The Wharton School (2018) GM CEO Marry Barra discusses career, management, and diversity, 9 April, www.wharton.upenn.edu/story/8-insights-leadership-gm-ceo-mary-barra-wharton-people-analytics-conference (archived at perma.cc/E4NG-EVZH)

20   General Motors (2022) Diversity, Equity & Inclusion, www.gmsustainability.com/
priorities/developing-talented-people/diversity-equity-and-inclusion.html (archived at
perma.cc/VB7L-635X)

2장 아마존 **제프 베이조스**

1   Bezos, J and Isaacson, W (2021) *Invent & Wander*, Public Affairs and Harvard Business
Review Press, United States, p 221

2   Bezos, J and Isaacson, W (2021) *Invent & Wander*, Public Affairs and Harvard Business
Review Press, United States, p 6

3   Deutschman, A (2004) Inside the mind of Jeff Bezos, *Fast Company*, August, www.
fastcompany.com/50541/inside-mind-jeff-bezos-4 (archived at perma.cc/754L-ETZW)

4   Bezos, J and Isaacson, W (2021) *Invent & Wander*, Public Affairs and Harvard Business
Review Press, United States, pp 4–9

5   Stone, B (2013) *The Everything Store*, Penguin, United States, p 48

6   Lipchick, S (2022) Meet Jeff Bezos' billionaire parents, Jacklyn and Miguel 'Mike' Bezos,
SCMP, www.scmp.com/magazines/style/celebrity/article/3188951/meet-jeff-bezos-
billionaire-parents-jacklyn-and-miguel (archived at perma.cc/ER29-2Z49)

7   Stone, B (2013) *The Everything Store*, Penguin, United States, p 51

8   Stone, B (2013) *The Everything Store*, Penguin, United States, p 56

9   Stone, B (2013) *The Everything Store*, Penguin, United States, p 76

10   Wilhelm, A (2017) A look back in IPO: Amazon's 1997 move, *TechCrunch+*, 28 June,
https://techcrunch.com/2017/06/28/a-look-back-at-amazons-1997-ipo (archived at perma.
cc/G3H6-4JAM)

11   Bezos, J (1998) Letter to Shareholders, https://ir.aboutamazon.com/annual-reports-
proxies-and-shareholder-letters/default.aspx (archived at perma.cc/Q4XM-WXR6)

12   Bezos, J (1998) Letter to Shareholders, https://ir.aboutamazon.com/annual-reports-
proxies-and-shareholder-letters/default.aspx (archived at perma.cc/Q4XM-WXR6)

13   Amazon (2001) Annual Report, p 32

14   Hansell, S (2002) A surprise from Amazon: Its first profit, *The New York Times*, 23 January,
https://www.nytimes.com/2002/01/23/business/technology-a-surprise-from-amazon-
its-first-profit.html (archived at perma.cc/VX45-D9AG)

15   Statista (2022) Quarterly value of Amazon third-party seller services 2017–22, www.
statista.com/statistics/1240236/amazon-third-party-seller-services-value/ (archived at
perma.cc/99G3-MANM)

16   CNN.com/Technology (2003) Amazon's Bezos hurt in helicopter crash, 13 March,
https://edition.cnn.com/2003/TECH/biztech/03/13/bezos.hurt.reut/index.html (archived

at perma.cc/B6RX-GNBQ)

17 Stone, B (2022) *The Everything Store*, Penguin, United States, p 54

18 Statista (2022) Annual net income of Amazon.com from 2004 to 2021, www.statista.com/ statistics/266288/annual-et-income-of-amazoncom (archived at perma.cc/BN68-2GCD)

19 Amazon (2020) Amazon's actions to help employees, communities, and customers affected by COVID-19, 13 May, www.aboutamazon.eu/news/working-at-amazon/ amazons-actions-to-help-employees-communities-and-customers-affected-by-covid-19 (archived at perma.cc/FH4L-KZKS)

20 Palmer, A (2020) How Amazon managed the coronavirus and came out stronger, CNBC, 29 September, www.cnbc.com/2020/09/29/how-amazon-managed-the-coronavirus-crisis-and-came-out-stronger.html (archived at perma.cc/E6LD-NTVM)

21 Bezos, J and Isaacson, W (2021) *Invent & Wander*, Public Affairs and Harvard Business Review Press, United States, 122

22 Malik, A (2017) Amazon completes $8.5 billion acquisition of MGM, 17 March, techcrunch.com/2022/03/17/amazon-completes-its-8-5-billion-acquisition-of-mgm (archived at perma.cc/XAF8-BAPT)

23 Palmer, A (2020) Amazon Zoox unveils self-driving robotaxi, CNBC, 14 December, www.cnbc.com/2020/12/14/amazons-self-driving-company-zoox-unveils-autonomous-robotaxi.html (archived at perma.cc/Q7FV-S964)

24 Frontline (2020) Amazon Empire: The rise and reign of Jeff Bezos, www.pbs.org/wgbh/ frontline/documentary/amazon-empire (archived at perma.cc/98C2-GUYS)

25 CompaniesMarketCap.com (2022) Market capitalization of Amazon (AMZN), https:// companiesmarketcap.com/amazon/marketcap (archived at perma.cc/U92L-5PUG)

26 loomberg Billionaires Index (2022) Bloomberg, www.bloomberg.com/billionaires (archived at perma.cc/LKE8-Z85Z)

27 Palmer, A (2021) Jeff Bezos to formally step down as Amazon CEO on July 5, Andy Jassy to take over, CNBC, 26 May, www.cnbc.com/2021/05/26/jeff-bezos-to-formally-step-down-as-amazon-ceo-on-july-5.html (archived at perma.cc/A6S5-RU44)

28 Koren, M (2021) Jeff Bezos knows who paid for him to go to space, *The Atlantic*, 20 July, www.theatlantic.com/science/archive/2021/07/jeff-bezos-blue-origin-successful-flight/619484/ (archived at perma.cc/79E3-EUP7)

29 Clifford, C (2018) Jeff Bezos dreams of a world with a trillion people living in space, CNBC, 1 May, www.cnbc.com/2018/05/01/jeff-bezos-dreams-of-a-world-with-a-trillion-people-living-in-space.html (archived at perma.cc/Q67C-M99D)

30 Bezos, J and Isaacson, W (2021) *Invent & Wander*, Public Affairs and Harvard Business Review Press, United States, p 20

31 Bezos Day One Fund, www.bezosdayonefund.org (archived at perma.cc/N5CL-YY8T)

32 Bezos Earth Fund, www.bezosearthfund.org (archived at perma.cc/UFS5-QQ6G)

33 Regalado, A (2021) Meet Altos Labs, Silicon Valley's latest wild bet on living forever, *MIT Technology Review*, 4 September, www.technologyreview.com/2021/09/04/1034364/altos-labs-silicon-valleys-jeff-bezos-milner-bet-living-forever (archived at perma.cc/P95C-R9F7)

34 Bezos, J (1998) Letter to Shareholders, https://ir.aboutamazon.com/annual-reports-proxies-and-shareholder-letters/default.aspx (archived at perma.cc/Q4XM-WXR6)

35 Head Topics (2020) Amazon has a sexist and 'toxic' culture, some employees say, *Business Insider*, 3 October, https://headtopics.com/us/amazon-has-a-sexist-and-toxic-culture-some-employees-say-business-insider-16040131 (archived at perma.cc/BWW2-5WRU)

36 Bateman, T and AP (2021) Jeff Bezos' Blue Origin has a 'toxic culture of sexism and safety failings, allege former employees', *Euronews*, 1 October, www.euronews.com/next/2021/10/01/jeff-bezos-blue-origin-has-a-toxic-culture-of-sexism-and-safety-failings-allege-former-emp (archived at perma.cc/YD7F-XZMJ)

37 Bezos, J and Isaacson, W (2021) *Invent & Wander*, Public Affairs and Harvard Business Review Press, United States, 223

38 Bezos, J (1998) Letter to Shareholders, https://ir.aboutamazon.com/annual-reports-proxies-and-shareholder-letters/default.aspx (archived at perma.cc/Q4XM-WXR6)

39 Stone, B (2013) *The Everything Store*, Penguin, United States, p 61

40 Hern, A (2018) The two-pizza rule and the secret of Amazon's success, *The Guardian*, 24 April, www.theguardian.com/technology/2018/apr/24/the-two-pizza-rule-and-the-secret-of-amazons-success (archived at perma.cc/4RKS-K3BX)

41 Bezos, J and Isaacson, W (2021) *Invent & Wander*, Public Affairs and Harvard Business Review Press, United States, p 23

42 Bezos, J and Isaacson, W (2021) *Invent & Wander*, Public Affairs and Harvard Business Review Press, United States, p 9

43 Bezos, J and Isaacson, W (2021) *Invent & Wander*, Public Affairs and Harvard Business Review Press, United States, p 143

44 Bezos, J and Isaacson, W (2021) *Invent & Wander*, Public Affairs and Harvard Business Review Press, United States, p 260

45 Bezos, J and Isaacson, W (2021) *Invent & Wander*, Public Affairs and Harvard Business Review Press, United States, p 150

46 Stone, B (2013) *The Everything Store*, Penguin, United States, p 223

47 YouTube (2015) Jeff Bezos BEST laughs compilation EVER!!!! (Online video) www.youtube.com/watch?v=lZ_DyimkS54 (archived at perma.cc/6RSY-REG4)

3장 스팬스 세라 블레이클리

1 NPR (2016) How a pitch in a Neiman Marcus ladies room changed Sara Blakely's life [podcast transcript] 12 September, www.npr.org/transcripts/493312213 (archived at perma. cc/VQ8J-JPDT)

2 SPANX (2022) About us, https://spanx.com/pages/about-us (archived at perma.cc/99HX-9SLD)

3 Haverstock, E (2021) Sara Blakely is a billionaire (again) after selling a majority of Spanx to Blackstone, *Forbes*, 20 October, www.forbes.com/sites/elizahaverstock/2021/10/20/sara-blakely-is-a-billionaire-again-after-selling-a-majority-of-spanx-to-blackstone (archived at perma.cc/SZ76-XVPR)

4 NPR (2016) How a pitch in a Neiman Marcus ladies room changed Sara Blakely's life [podcast transcript] 12 September, www.npr.org/transcripts/493312213 (archived at perma. cc/VQ8J-JPDT)

5 NPR (2016) How a pitch in a Neiman Marcus ladies room changed Sara Blakely's life [podcast transcript] 12 September, www.npr.org/transcripts/493312213 (archived at perma. cc/VQ8J-JPDT)

6 NPR (2016) How a pitch in a Neiman Marcus ladies room changed Sara Blakely's life [podcast transcript] 12 September, www.npr.org/transcripts/493312213 (archived at perma. cc/VQ8J-JPDT)

7 NPR (2016) How a pitch in a Neiman Marcus ladies room changed Sara Blakely's life [podcast transcript] 12 September, www.npr.org/transcripts/493312213 (archived at perma. cc/VQ8J-JPDT)

8 Forbes (2021) Spanx founder Sara Blakely shares secrets to building a billion-dollar business, #Next1000 Summit (Online video) www.youtube.com/watch?v=0K-TQcV-Xoo (archived at perma.cc/WV2R-LMA4)

9 Haverstock, E (2021) Sara Blakely is a billionaire (again) after selling a majority of Spanx to Blackstone, *Forbes*, 20 October, www.forbes.com/sites/elizahaverstock/2021/10/20/sara-blakely-is-a-billionaire-again-after-selling-a-majority-of-spanx-to-blackstone (archived at perma.cc/SZ76-XVPR)

10 Haverstock, E (2021) Sara Blakely is a billionaire (again) after selling a majority of Spanx to Blackstone, Forbes, 20 October, www.forbes.com/sites/elizahaverstock/2021/10/20/sara-blakely-is-a-billionaire-again-after-selling-a-majority-of-spanx-to-blackstone (archived at perma.cc/SZ76-XVPR)

11 Haverstock, E (2021) Sara Blakely is a billionaire (again) after selling a majority of Spanx to Blackstone, *Forbes*, 20 October, www.forbes.com/sites/elizahaverstock/2021/10/20/sara-blakely-is-a-billionaire-again-after-selling-a-majority-of-spanx-to-blackstone (archived at perma.cc/SZ76-XVPR)

12 Blakely, S (2021) Today marks a HUGE milestone for @spanx and for me personally···
[Instagram] 20 October, www.instagram.com/p/CVQQX0gAUGw (archived at perma.cc/
R855-RJHX)

13 O'Connor, C (2012) Undercover billionaire: Sara Blakely joins the rich list thanks to
Spanx, *Forbes*, 7 March. www.forbes.com/sites/clareoconnor/2012/03/07/undercover-
billionaire-sara-blakely-joins-the-rich-list-thanks-to-spanx/?sh=718d7b4cd736 (archived at
perma.cc/ZE3E-2TCG)

14 Jackson, E (2020) Coronavirus: Spanx founder giving $5 million to women-run
businesses, *The Business Journals*, 6 April, www.bizjournals.com/bizwomen/news/
latest-news/2020/04/coronavirus-spanx-founder-giving-5-million-to.html?page=all
(archived at perma.cc/98UF-AYGX)

15 CEO Today (2021) How Spanx founder Sara Blakely created a billion-dollar brand, www.
ceotodaymagazine.com/2021/10/how-spanx-founder-sara-blakely-created-a-billion-
dollar-brand (archived at perma.cc/K3XY-66N4)

16 Blakely, S (2013) My Giving Pledge, www.spanxfoundation.com/giving-pledge (archived
at perma.cc/2726-2GWH)

17 Blakely, S (2021) Today marks a HUGE milestone for @spanx and for me personally···
[Instagram] 20 October, www.instagram.com/p/CVQQX0gAUGw (archived at perma.cc/
R855-RJHX)

18 O'Connor, C (2012) Undercover billionaire: Sara Blakely joins the rich list thanks to
Spanx, *Forbes*, 7 March, www.forbes.com/sites/clareoconnor/2012/03/07/undercover-
billionaire-sara-blakely-joins-the-rich-list-thanks-to-spanx/?sh=718d7b4cd736 (archived at
perma.cc/ZE3E-2TCG)

19 Howes, L (2020) Multi-billionaires explain their steps to success & happiness, Sara
Blakely & Jesse Itzler (Online video) www.youtube.com/watch?v=Ueh7W0xGac0 (archived
at perma.cc/8EZZ-7J6N)

20 Forbes (2021) Spanx founder Sara Blakely shares secrets to building a billion-dollar
business, #Next1000 Summit (Online video) www.youtube.com/watch?v=0K-TQcV-Xoo
(archived at perma.cc/WV2R-LMA4)

21 O'Connor, C (2012) Undercover billionaire: Sara Blakely joins the rich list thanks to
Spanx, *Forbes*, 7 March, www.forbes.com/sites/clareoconnor/2012/03/07/undercover-
billionaire-sara-blakely-joins-the-rich-list-thanks-to-spanx/?sh=718d7b4cd736 (archived at
perma.cc/ZE3E-2TCG)

22 Forbes (2021) Spanx founder Sara Blakely shares secrets to building a billion-dollar
business, #Next1000 Summit (Online video) www.youtube.com/watch?v=0K-TQcV-Xoo
(archived at perma.cc/WV2R-LMA4)

1   Walker, R (2021) How Detroit native Rosalind 'Roz' Brewer is breaking barriers, *ClickOnDetroit*, 5 May, www.clickondetroit.com/news/local/2021/05/05/how-detroit-native-rosalind-roz-brewer-is-breaking-barriers (archived at perma.cc/Z8M9-C4BT)

2   Walgreens Boots Alliance (2022) Annual Report, https://s1.q4cdn.com/343380161/files/doc_financials/2022/ar/WBA-2022-Annual-Report.pdf (archived at perma.cc/9B8C-WZJY)

3   Stanford Graduate School of Business (2021) Rosalind Brewer: Find your voice and don't be silent (Podcast), 23 June, https://www.gsb.stanford.edu/insights/rosalind-brewer-find-your-voice-dont-be-silent (archived at perma.cc/4383-E3W3)

4   Stanford Graduate School of Business (2021) Rosalind Brewer: Find your voice and don't be silent (Podcast), 23 June, https://www.gsb.stanford.edu/insights/rosalind-brewer-find-your-voice-dont-be-silent (archived at perma.cc/4383-E3W3)

5   Kowitt, B (2021) Roz Brewer on what it feels like to be 1 of 2 Black female CEOs in the Fortune 500, *Fortune*, 4 October, https://fortune.com/longform/roz-brewer-ceo-walgreens-boots-alliance-interview-fortune-500-black-female-ceos/ (archived at perma.cc/CWK2-RRF6)

6   Fortune (2022) The 50 Most Powerful Women, https://fortune.com/most-powerful-women (archived at perma.cc/SS4D-HFXT)

7   Forbes, M, McGrath, M, Jones, N and Burho, E (eds) (2022) The World's 100 Most Powerful Women, *Forbes*, 6 December, https://www.forbes.com/lists/power-women/?sh=667f9ed25a95 (archived at perma.cc/V8FB-NK9C)

8   *Harvard Business Review* (2021) Walgreens CEO Roz Brewer to leaders: Put your phones away and listen to employees (Online video) 9 December, www.youtube.com/watch?v=Rk1y7Yahtic (archived at perma.cc/D9JD-WCHC)

9   The Economic Club of Chicago (2022) Roz Brewer, CEO, Walgreens Boots Alliance (Online video) 17 February, https://www.youtube.com/watch?v=nQY0FKIoOl4 (archived at perma.cc/5M2S-8RWU)

10   *Harvard Business Review* (2021) Walgreens CEO Roz Brewer to leaders: Put your phones away and listen to employees (Online video) 9 December, www.youtube.com/watch?v=Rk1y7Yahtic (archived at perma.cc/D9JD-WCHC)

11   Alcorn, C (2021) Rosalind Brewer officially takes the helm at Walgreens, becoming the only Black woman Fortune 500 CEO, CNN, 15 March, https://edition.cnn.com/2021/03/15/business/rosalind-brewer-walgreens/index.html (archived at perma.cc/6RUR-WMFX)

12   Neiswanger, R (2017) Brewer to retire as CEO at Sam's, *Arkansas Democrat Gazette*, 7 January, www.arkansasonline.com/news/2017/jan/07/brewer-to-retire-as-ceo-at-sam-s-201701/?f=business (archived at perma.cc/3FCN-X4JM)

13 Peterson, H (2015) People are calling Sam's Club CEO 'racist' after she gave an interview about diversity, *Business Insider*, 14 December, www.businessinsider.com/sams-club-ceo-accused-of-racism-after-cnn-interview-2015-12?r=US&IR=T (archived at perma.cc/7XYL-WNWA)

14 Alcorn, C (2021) Rosalind Brewer officially takes the helm at Walgreens, becoming the only Black woman Fortune 500 CEO, CNN, 15 March, https://edition.cnn.com/2021/03/15/business/rosalind-brewer-walgreens/index.html (archived at perma.cc/6RUR-WMFX)

15 *Today* (2021) Watch Hoda's full interview with Rosalind Brewer, the newest CEO of Walgreens (Online video) 5 May, www.youtube.com/watch?v=2t35ETrJygo (archived at perma.cc/D2WM-6AXT)

16 Starbucks (2017) Starbucks names Rosalind Brewer Group President and Chief Operating Officer, https://stories.starbucks.com/press/2017/starbucks-names-rosalind-brewer-group-president-and-chief-operating-officer (archived at perma.cc/BC48-NRCY)

17 Stanford Graduate School of Business (2021) Rosalind Brewer: Find your voice and don't be silent (Podcast), 23 June, https://www.gsb.stanford.edu/insights/rosalind-brewer-find-your-voice-dont-be-silent (archived at perma.cc/4383-E3W3)

18 Stevens, M (2018) Starbucks CEO apologizes after arrests of 2 black men, *The New York Times*, 15 April, www.nytimes.com/2018/04/15/us/starbucks-philadelphia-black-men-arrest.html (archived at perma.cc/H7NV-QEXY)

19 Starbucks (2018) Starbucks CEO. Reprehensible outcome in Philadelphia incident (14 April), https://stories.starbucks.com/press/2018/starbucks-ceo-reprehensible-outcome-in-philadelphia-incident (archived at perma.cc/SDH5-6ULV)

20 Stewart, E (2018) Starbucks says everyone's a customer after Philadelphia bias incident, *Vox*, 19 May, www.vox.com/identities/2018/5/19/17372164/starbucks-incident-bias-bathroom-policy-philadelphia (archived at perma.cc/T5QR-FK8Z)

21 Walgreens (2021) Walgreens surpasses 29 million COVID-19 vaccinations administered, implements new policies to continue to lead against pandemic, 4 August, https://news.walgreens.com/press-center/news/pharmacy-and-healthcare/walgreens-suprasses-29-million-covid-19-vaccinations-delivered-implements-new-policies-to-continue-to-lead-fight-against-pandemic.htm (archived at perma.cc/4BHP-84P6)

22 *Today* (2021) Watch Hoda's full interview with Rosalind Brewer, the newest CEO of Walgreens (Online video) 5 May, www.youtube.com/watch?v=2t35ETrJygo (archived at perma.cc/D2WM-6AXT)

23 Stanford Graduate School of Business (2021) Rosalind Brewer: Find your voice and don't be silent (Podcast), 23 June, https://www.gsb.stanford.edu/insights/rosalind-brewer-find-your-voice-dont-be-silent (archived at perma.cc/4383-E3W3)

24 *Today* (2021) Watch Hoda's full interview with Rosalind Brewer, the newest CEO of Walgreens (Online video) 5 May, www.youtube.com/watch?v=2t35ETrJygo (archived at perma.cc/D2WM-6AXT)

25 *Harvard Business Review* (2021) Walgreens CEO Roz Brewer to leaders: Put your phones away and listen to employees (Online video) 9 December, www.youtube.com/watch?v=Rk1y7Yahtic (archived at perma.cc/D9JD-WCHC)

26 *Today* (2021) Watch Hoda's full interview with Rosalind Brewer, the newest CEO of Walgreens (Online video) 5 May, www.youtube.com/watch?v=2t35ETrJygo (archived at perma.cc/D2WM-6AXT)

27 CNBC (2018) Starbucks COO Rosalind Brewer: 'It's amazing to bring my head and heart to work' (Online video) 7 May, www.cnbc.com/video/2018/05/07/rosalind-brewer-its-amazing-to-bring-my-head-and-heart-to-work.html (archived at perma.cc/DVQ2-2N2Y)

28 *Today* (2021) Watch Hoda's full interview with Rosalind Brewer, the newest CEO of Walgreens (Online video) 5 May, www.youtube.com/watch?v=2t35ETrJygo (archived at perma.cc/D2WM-6AXT)

29 *Today* (2021) Watch Hoda's full interview with Rosalind Brewer, the newest CEO of Walgreens (Online video) 5 May, www.youtube.com/watch?v=2t35ETrJygo (archived at perma.cc/D2WM-6AXT)

30 Stanford Graduate School of Business (2021) Rosalind Brewer: Find your voice and don't be silent (Podcast), 23 June, https://www.gsb.stanford.edu/insights/rosalind-brewer-find-your-voice-dont-be-silent (archived at perma.cc/4383-E3W3)

31 The Economic Club of Chicago (2022) Roz Brewer, CEO, Walgreens Boots Alliance (Online video) 17 February, https://www.youtube.com/watch?v=nQY0FKIoOl4 (archived at perma.cc/5M2S-8RWU)

32 The Economic Club of Chicago (2022) Roz Brewer, CEO, Walgreens Boots Alliance (Online video) 17 February, https://www.youtube.com/watch?v=nQY0FKIoOl4 (archived at perma.cc/5M2S-8RWU)

5장 에어비앤비 브라이언 체스키, 조 게비아, 네이션 블러차직

1 Chesky, B (2014) Don't fuck up the culture, *Medium*, 20 April, https://medium.com/@bchesky/dont-fuck-up-the-culture-597cde9ee9d4 (archived at perma.cc/79J8-A3G2)

2 Airbnb (2022) About us, https://news.airbnb.com/about-us (archived at perma.cc/3NX4-3T3C)

3 Gallagher, L (2017) *The Airbnb Story*, Virgin Books, United Kingdom, pp 1–11

4 Gallagher, L (2017) *The Airbnb Story*, Virgin Books, United Kingdom, p 16

5 Gallagher, L (2017) *The Airbnb Story*, Virgin Books, United Kingdom, pp 20–25

6　　Gallagher, L (2017) *The Airbnb Story*, Virgin Books, United Kingdom, pp 27–28

7　　Gallagher, L (2017) *The Airbnb Story*, Virgin Books, United Kingdom, pp 30–37

8　　Gallagher, L (2017) *The Airbnb Story*, Virgin Books, United Kingdom, p 47

9　　Airbnb (2022) Airbnb it easily with Airbnb Setup, https://www.airbnb.co.uk/host/homes (archived at perma.cc/U23E-P9G4)

10　Zuo, S (2019) Top cities (and countries) where Airbnb is illegal or restricted, passive Airbnb, www.passiveairbnb.com/top-cities-and-countries-where-airbnb-is-illegal-or-restricted (archived at perma.cc/YU7X-8NA5)

11　Blanco, A (2022) Three Americans found dead inside Mexico city Airbnb from carbon monoxide poisoning, *The Independent*, 9 November, www.independent.co.uk/news/world/americas/carbon-monoxide-poisoning-mexico-city-americans-b2221702.html (archived at perma.cc/EP6M-4EJ4)

12　Macrotrends (2022) Airbnb Revenue 2018–2022, https://www.macrotrends.net/stocks/charts/ABNB/airbnb/revenue (archived at perma.cc/2GSL-Y6NQ)

13　Yurieff, K (2020) Airbnb is laying off 25% of its employees, CNN, 5 May, https://edition.cnn.com/2020/05/05/tech/airbnb-layoffs/index.html (archived at perma.cc/8VC8-TYXD)

14　Hussain, NZ and Franklin, J (2020) Airbnb surges past $100 billion in biggest U.S. IPO of 2020, *Reuters*, 10 December, www.reuters.com/article/airbnb-ipo-idUSKBN28K261 (archived at perma.cc/2NT5-323P)

15　Airbnb (2020) A new way we're fighting discrimination on Airbnb, 15 June, www.airbnb.co.uk/resources/hosting-homes/a/a-new-way-were-fighting-discrimination-on-airbnb-201 (archived at perma.cc/ZEE8-RR9J)

16　Airbnb (2022) 100,000 people fleeing Ukraine have found stays through Airbnb.org, 31 August, https://news.airbnb.com/100000-people-fleeing-ukraine-found-temporary-stays-through-airbnb-org (archived at perma.cc/9GTH-PFP6)

17　Lee, D (2022) Airbnb makes renewed push to boost supply as rental rates soar, *Financial Times*, 16 November, www.ft.com/content/40f3b66a-1ac5-48ed-a488-9b884fc5c06d (archived at perma.cc/5GJF-SVWG)

18　Hussain, NZ and Franklin, J (2020) Airbnb surges past $100 billion in biggest U.S. IPO of 2020, *Reuters*, 10 December, www.reuters.com/article/airbnb-ipo-idUSKBN28K261 (archived at perma.cc/2NT5-323P)

19　Gallagher, L (2017) *The Airbnb Story*, Virgin Books, United Kingdom, pp 164–68

20　Fairweather, A (2013) Meet Brian Chesky, the homeless entrepreneur, *Tech Central*, 14 March, https://techcentral.co.za/meet-brian-chesky-the-homeless-entrepreneur/187552 (archived at perma.cc/2BLL-743C)

21　Hunter, B (2018) Airbnb's co-founder has been innovating ever since he was a kid, *FEE*, 14 May, https://fee.org/articles/airbnbs-co-founder-has-been-innovating-since-he-wasa-kid (archived at perma.cc/VEF4-NVNL)

22 Wiggers, K (2022) Airbnb co-founder Joe Gebbia steps back from leadership role, *TechCrunch*, 21 July, https://techcrunch.com/2022/07/21/airbnb-co-founder-joe-gebbia-steps-back-from-leadership-role (archived at perma.cc/58KH-9NP9)

23 Gallagher, L (2017) *The Airbnb Story*, Virgin Books, United Kingdom, pp 180–81

24 Airbnb (2022) Nathan Blecharczyk, https://news.airbnb.com/about-us/leadership/nathan-blecharczyk (archived at perma.cc/29KD-KRW9)

6장 파타고니아 이본 쉬나드

1 Patagonia (2022) Patagonia's Next Chapter: Earth is now our only shareholder, 14 September, www.patagoniaworks.com/press/2022/9/14/patagonias-next-chapter-earth-is-now-our-only-shareholder (archived at perma.cc/3SZW-49MU)

2 Patagonia (2023) Core Values, https://eu.patagonia.com/gb/en/core-values (archived at perma.cc/GG5A-5BBN)

3 Chouinard, Y (2016) *Let My People Go Surfing*, Patagonia/Penguin, United States, pp 4–13

4 Chouinard, Y (2016) *Let My People Go Surfing*, Patagonia/Penguin, United States, p 17

5 Chouinard, Y (2016) *Let My People Go Surfing*, Patagonia/Penguin, United States, p 38

6 Chouinard, Y (2016) *Let My People Go Surfing*, Patagonia/Penguin, United States, pp 38–57

7 Chouinard, Y (2016) *Let My People Go Surfing*, Patagonia/Penguin, United States, p 207

8 1% for the Planet (2023) About Us, https://onepercentfortheplanet.org/en/about (archived at perma.cc/465Q-N8BD)

9 Chouinard, Y (2016) *Let My People Go Surfing*, Patagonia/Penguin, United States, pp 57–66

10 Chouinard, Y (2016) *Let My People Go Surfing*, Patagonia/Penguin, United States, p 70

11 Chouinard, Y (2016) *Let My People Go Surfing*, Patagonia/Penguin, United States, p 155

12 McCormick, E (2022) Patagonia's billionaire owner gives away company to fight climate crisis, 15 September, www.theguardian.com/us-news/2022/sep/14/patagonias-billionaire-owner-gives-away-company-to-fight-climate-crisis-yvon-chouinard (archived at perma.cc/3DNC-NPY3)

13 *Suston* (2022) Patagonia: 'Earth is now our only shareholder', 19 September, https://sustonmagazine.com/2022/09/19/patagonia-earth-is-now-our-only-shareholder (archived at perma.cc/XH9F-FDKR)

14 Patagonia (2022) Patagonia's Next Chapter: Earth is now our only shareholder, 14 September. www.patagoniaworks.com/press/2022/9/14/patagonias-next-chapter-earth-

is-now-our-only-shareholder (archived at perma.cc/3SZW-49MU)

15 Neate, R (2022) Yvon Chouinard – the 'existential dirtbag' who founded and gifted Patagonia, *The Guardian*, 15 September, www.theguardian.com/global/2022/sep/15/yvon-chouinard-the-existential-dirtbag-who-founded-and-gifted-patagonia (archived at perma.cc/UUQ2-JU9L)

16 Gelles, D (2022) Billionaire no more: Patagonia founder gives away the company, *The New York Times*, 14 September, www.nytimes.com/2022/09/14/climate/patagonia-climate-philanthropy-chouinard.html (archived at perma.cc/FLM9-3EQR)

17 Chouinard, Y (2016) *Let My People Go Surfing*, Patagonia/Penguin, United States, p 175

18 Chouinard, Y (2016) *Let My People Go Surfing*, Patagonia/Penguin, United States, pp 151–52

19 Chouinard, Y (2016) *Let My People Go Surfing*, Patagonia/Penguin, United States, pp 77–95

20 Chouinard, Y (2016) *Let My People Go Surfing*, Patagonia/Penguin, United States, pp 111–19

21 Chouinard, Y (2016) *Let My People Go Surfing*, Patagonia/Penguin, United States, pp 157–65

22 Chouinard, Y (2016) *Let My People Go Surfing*, Patagonia/Penguin, United States, pp 167–73

23 Chouinard, Y (2016) *Let My People Go Surfing*, Patagonia/Penguin, United States, pp 157–65

24 Chouinard, Y (2016) *Let My People Go Surfing*, Patagonia/Penguin, United States, p 66

25 Chouinard, Y (2016) *Let My People Go Surfing*, Patagonia/Penguin, United States, p 48

26 Chouinard, Y (2016) *Let My People Go Surfing*, Patagonia/Penguin, United States, pp 175–230

27 Gelles, D (2022) Billionaire no more: Patagonia founder gives away the company, *The New York Times*, 14 September, www.nytimes.com/2022/09/14/climate/patagonia-climate-philanthropy-chouinard.html (archived at perma.cc/FLM9-3EQR)

28 Chouinard, Y (2016) *Let My People Go Surfing*, Patagonia/Penguin, United States, p 57

29 Chouinard, Y (2016) *Let My People Go Surfing*, Patagonia/Penguin, United States, p 231

7장 미스터비스트 지미 도널드슨

1 Casey Neistat (2019) $2 MILLION in 12 months, the price of Mr. Beast's success (Online video) www.youtube.com/watch?v=UE6UkF9sABU (archived at perma.cc/28BR-7N6F)

2 Zilber, A (2018) YouTube star Jimmy Donaldson leaves $10,000 tip at a North Carolina

diner after ordering just two glasses of water, *Daily Mail*, 22 October, www.dailymail. co.uk/news/article-6301253/YouTube-star-leaves-10-000-tip-North-Carolina-diner-ordering-just-two-glasses-water.html (archived at perma.cc/56HT-RB3J)

3   MrBeast (2019) I opened a FREE BANK (Online video) www.youtube.com/ watch?v=ORUX1lHbOa8 (archived at perma.cc/6YMV-SC4H)

4   MrBeast (2021) I sold my house for $1 (Online video) www.youtube.com/ watch?v=vJH28ICkCdU (archived at perma.cc/X54R-FHAP)

5   Boyd, J (2022) The most-subscribed YouTuber and channels, *Brandwatch*, 15 December, www.brandwatch.com/blog/most-subscribed-youtubers-channels (archived at perma.cc/ D44R-2JBQ)

6   Ariba (2022) MrBeast is now the most followed on YouTube. What's the secret to his success? *The Indian Express*, 17 November, https://indianexpress.com/article/ explained/explained-culture/who-is-mrbeast-youtube-subscribers-pewdiepie-explained-8273863 (archived at perma.cc/9K6N-DZCQ)

7   Sorvino, C (2022) Could MrBeast be the first YouTuber billionaire?, *Forbes*, 30 November, www.forbes.com/sites/chloesorvino/2022/11/30/could-mrbeast-be-the-first-youtuber-billionaire/?sh=526a09f191a2 (archived at perma.cc/35LY-J8V9)

8   Ariba (2022) MrBeast is now the most followed on YouTube. What's the secret to his success?, *The Indian Express*, 17 November, https://indianexpress.com/article/ explained/explained-culture/who-is-mrbeast-youtube-subscribers-pewdiepie-explained-8273863 (archived at perma.cc/9K6N-DZCQ)

9   Sorvino, C (2022) Could MrBeast be the first YouTuber billionaire?, *Forbes*, 30 November, www.forbes.com/sites/chloesorvino/2022/11/30/could-mrbeast-be-the-first-youtuber-billionaire/?sh=526a09f191a2 (archived at perma.cc/35LY-J8V9)

10   MrBeast (2021) I counted to 100,000 (Online video) www.youtube.com/ watch?v=xWcldHxHFpo (archived at perma.cc/5EBZ-ECSS)

11   MrBeast (2017) Spinning a fidget spinner for 24 hours straight (Online video) www. youtube.com/watch?v=vtq3sSLImKs (archived at perma.cc/PQ3Z-GW2A)

12   MrBeast (2021) I spent 50 hours buried alive (Online video) www.youtube.com/ watch?v=9bqk6ZUsKyA (archived at perma.cc/TW3B-K9EY)

13   MrBeast (2020) I spent 50 hours in solitary confinement (Online video) www.youtube. com/watch?v=r7zJ8srwwjk (archived at perma.cc/S9Q6-SBPT)

14   MrBeast (2021) I survived 50 hours in Antarctica (Online video) www.youtube.com/ watch?v=7IKab3HcfFk (archived at perma.cc/ZG7P-T4GG)

15   Cacich, A (2021) YouTuber MrBeast reached 30 million subscribers with a little help from his friends, *Distractify*, 11 February, www.distractify.com/p/mrbeast-crew (archived at perma.cc/2TQQ-Z9EH)

16   MrBeast (2019) Planting 20,000,000 trees, my biggest project ever! (Online video) www.
     youtube.com/watch?v=HPJKxAhLw5I (archived at perma.cc/HW5Y-H2A7)

17   Sorvino, C (2022) Could MrBeast be the first YouTuber billionaire?, *Forbes*, 30 November,
     www.forbes.com/sites/chloesorvino/2022/11/30/could-mrbeast-be-the-first-youtuber-
     billionaire/?sh=526a09f191a2 (archived at perma.cc/35LY-J8V9)

18   Global Media Insight (2022) YouTube User Statistics 2022, www.globalmediainsight.
     com/blog/youtube-users-statistics/#stat (archived at perma.cc/V294-ALL3)

19   Sorvino, C (2022) Could MrBeast be the first YouTuber billionaire?, *Forbes*, 30 November,
     www.forbes.com/sites/chloesorvino/2022/11/30/could-mrbeast-be-the-first-youtuber-
     billionaire/?sh=526a09f191a2 (archived at perma.cc/35LY-J8V9)

20   Gray, G (2021) The untold truth of MrBeast, SVG, 17 December, www.svg.com/711096/
     the-untold-truth-of-mrbeast (archived at perma.cc/JG4C-NL8J)

21   Lorenz, T (2021) Mr. Beast, YouTube star, wants to take over the business world, *The New
     York Times*, 4 May, www.nytimes.com/2021/05/04/technology/mr-beast-youtube.html
     (archived at perma.cc/4R8R-ENPR)

22   Newman, J (2023) World's biggest YouTuber, MrBeast, 24, who paid to cure 1,000
     blind people, finally responds to critics who blasted 'demonic' act for using the plight
     of the poor to boost content, *Daily Mail*, 1 February, www.dailymail.co.uk/news/
     article-11700877/YouTuber-MrBeast-responds-criticism-paying-cure-1-000-peoples-
     blindness.html (archived at perma.cc/WXV9-93BS)

23   Sorvino, C (2022) Could MrBeast be the first YouTuber billionaire?, *Forbes*, 30 November,
     www.forbes.com/sites/chloesorvino/2022/11/30/could-mrbeast-be-the-first-youtuber-
     billionaire/?sh=526a09f191a2 (archived at perma.cc/35LY-J8V9)

24   Casey Neistat (2019) $2 MILLION in 12 months, the price of Mr. Beast's success (Online
     video) www.youtube.com/watch?v=UE6UkF9sABU (archived at perma.cc/28BR-7N6F)

25   Sorvino, C (2022) Could MrBeast be the first YouTuber billionaire?, *Forbes*, 30 November,
     www.forbes.com/sites/chloesorvino/2022/11/30/could-mrbeast-be-the-first-youtuber-
     billionaire/?sh=526a09f191a2 (archived at perma.cc/35LY-J8V9)

8장 다이슨 제임스 다이슨

1   Dyson, J (2022) *Invention: A Life*, https://www.dyson.co.uk/james-dyson (archived at
    perma.cc/PM67-36NL)

2   Dyson (2022) Sir James Dyson biography, www.dyson.co.uk/james-dyson (archived at
    perma.cc/5CES-652J)

3   Dyson (2022) Our story, https://careers.dyson.com/en-gb/who-we-are (archived at perma.
    cc/H8PG-3HR4)

4   Statista (2022) Revenue of Dyson Ltd worldwide 2010–2021, 12 December, www.statista. com/statistics/746505/worldwide-dyson-annual-revenue (archived at perma.cc/6V2X-CX7T)

5   Dyson, J (2021) *Invention: A life of learning through failure*, Simon & Schuster, United Kingdom, p 17

6   Dyson, J (2021) *Invention: A life of learning through failure*, Simon & Schuster, United Kingdom, pp 14–19

7   Greenstreet, R (2021) James Dyson: 'The worst thing anyone has said to me? That my father had died. I was nine', *The Guardian*, 4 December, https://amp.theguardian.com/ lifeandstyle/2021/dec/04/james-dyson-interview-father-died (archived at perma.cc/3CTJ-GZUX)

8   Dyson, J (2021) *Invention: A life of learning through failure*, Simon & Schuster, United Kingdom, p 20

9   Dyson, J (2021) *Invention: A life of learning through failure*, Simon & Schuster, United Kingdom, p 21

10 Dyson, J (2021) *Invention: A life of learning through failure*, Simon & Schuster, United Kingdom, pp 14–27

11 Dyson, J (2021) *Invention: A life of learning through failure*, Simon & Schuster, United Kingdom, pp 28–58

12 Dyson, J (2021) *Invention: A life of learning through failure*, Simon & Schuster, United Kingdom, pp 74–95

13 Dyson, J (2021) *Invention: A life of learning through failure*, Simon & Schuster, United Kingdom, pp 94–96

14 Dyson, J (2021) *Invention: A life of learning through failure*, Simon & Schuster, United Kingdom, pp 114–15

15 Dyson, J (2021) *Invention: A life of learning through failure*, Simon & Schuster, United Kingdom, pp 120–131

16 Dyson, J (2021) *Invention: A life of learning through failure*, Simon & Schuster, United Kingdom, p 31

17 Arlidge, J (2020) James Dyson interview: How I blew £500m on an electric car to rival Tesla, The Times, 16 May, www.thetimes.co.uk/article/james-dyson-interview-electric-car-tesla-tzls09t5m (archived at perma.cc/2FLG-U8CB)

18 Dyson, J (2021) *Invention: A life of learning through failure*, Simon & Schuster, United Kingdom, pp 202–04

19 Dyson, J (2021) *Invention: A life of learning through failure*, Simon & Schuster, United Kingdom, p 217

20 Dyson, J (2021) *Invention: A life of learning through failure*, Simon & Schuster, United

Kingdom, p 138

21   Dyson, J (2021) *Invention: A life of learning through failure*, Simon & Schuster, United Kingdom, pp 219–20

22   Warrington, J and Boscia, S (2021) Sir James Dyson has moved back to the UK, docs show, as tax row continues, *City A.M.*, www.cityam.com/boris-johnson-told-sir-james-dyson-he-would-fix-tax-issue (archived at perma.cc/5YEH-ZZ9Y)

23   Dyson, J (2021) *Invention: A life of learning through failure*, Simon & Schuster, United Kingdom, pp 252–53

24   Dyson, J (2022) UK's competitiveness is turning to dust under flexible working diktat, *The Times*, 8 December, www.thetimes.co.uk/article/uk-s-competitiveness-is-turning-to-dust-under-flexible-working-diktat-6x6pmq03k (archived at perma.cc/7E5N-6P5N)

25   Parsons, G (2022) Ex-Dyson employee says James Dyson has a 'Victorian' management approach, LBC, 8 December, www.lbc.co.uk/radio/presenters/tom-swarbrick/its-a-horrendous-place-to-work-says-ex-dyson-employee (archived at perma.cc/W47N-7TP2)

26   Dyson, J (2021) *Invention: A life of learning through failure*, Simon & Schuster, United Kingdom, pp 256–71

27   The James Dyson Foundation (2020) Our story: The accidental engineer, www.jamesdysonfoundation.com/who-we-are/our-story.html (archived at perma.cc/XQM3-W4EJ)

28   Dyson (2021) Dyson brings new perspective to Alzheimer's research, September, www.dyson.co.uk/newsroom/overview/news/september-2021/Dyson-Race-Against-Dementia-partnership (archived at perma.cc/FL87-KEXM)

29   The Dyson Institute of Engineering and Technology (2022) Education re-engineered, www.dysoninstitute.com (archived at perma.cc/HL8J-P3FQ)

30   Archambault, C (2022) Sir James Dyson net worth – Sunday Times Rich List 2022, 20 May, www.thetimes.co.uk/article/sunday-times-rich-list-sir-james-dyson-singapore-brexit-wealth-wfkqccw97 (archived at perma.cc/748N-CDUC)

31   Dyson, J (2021) *Invention: A life of learning through failure*, Simon & Schuster, United Kingdom, p 38

32   Dyson, J (2021) *Invention: A life of learning through failure*, Simon & Schuster, United Kingdom, p 24

33   Dyson, J (2021) *Invention: A life of learning through failure*, Simon & Schuster, United Kingdom, p 10

34   Dyson, J (2021) *Invention: A life of learning through failure*, Simon & Schuster, United Kingdom, p 126

35   Greenstreet, R (2021) James Dyson: 'The worst thing anyone has said to me? That my father had died. I was nine', The Guardian, 4 December, https://amp.theguardian.com/lifeandstyle/2021/dec/04/james-dyson-interview-father-died (archived at perma.cc/3CTJ-

GZUX)

36 Dyson, J (2021) *Invention: A life of learning through failure*, Simon & Schuster, United Kingdom, p 92

37 Dyson, J (2021) *Invention: A life of learning through failure*, Simon & Schuster, United Kingdom, p 343

38 Dyson, J (2021) *Invention: A life of learning through failure*, Simon & Schuster, United Kingdom, pp 311–12

39 Dyson, J (2021) *Invention: A life of learning through failure*, Simon & Schuster, United Kingdom, pp 319–30

9장 바이오콘 키란 마줌다르 쇼

1 Mazumdar-Shaw, K (2022) Profile, LinkedIn, https://www.linkedin.com/in/kmazumdarshaw (archived at perma.cc/AK69-KGGU)

2 Companies MarketCap.com (2023) Market capitalization of Biocon, https://companiesmarketcap.com/biocon/marketcap (archived at perma.cc/6M76-D8K2)

3 Biocon (2022) Fact Sheet, www.biocon.com/about-us/factsheet-biocon (archived at perma.cc/N572-KHCQ)

4 Jewell, C (2018) From brewing to biologics: Biocon's Kiran Mazumdar-Shaw transforms global health, *WIPO Magazine*, April, www.wipo.int/wipo_magazine/en/2018/02/article_0005.html (archived at perma.cc/US3N-ZTQ7)

5 Kazmin, A (2020) The female Indian entrepreneurs who have overcome gender barriers, *Financial Times*, 24 August, www.ft.com/content/bab1e7a8-c395-4fe2-af20-9fd1ff6587ee (archived at perma.cc/JPV6-6F9V)

6 Spence, P (2020) And I think that's where my entrepreneurial journey began (Online video) *EY*, 19 October, www.ey.com/en_gl/life-sciences/how-an-accidental-entrepreneur-is-on-a-mission-to-change-capitalism (archived at perma.cc/KJG7-4LA2)

7 Biocon (2022) History, https://archive.biocon.com/biocon_aboutus_history.asp (archived at perma.cc/ZA84-RWGH)

8 Mazumdar-Shaw, K (2022) India's life sciences industry poised for the next level, 13 April, https://kiranshaw.blog/2022/04/13/indias-life-sciences-industry-poised-for-the-next-level (archived at perma.cc/367N-GXE7)

9 Mazumdar-Shaw, K (2021) Women can bring transformational change in India, 15 August, https://kiranshaw.blog/2021/08/15/women-can-bring-transformational-change-in-india (archived at perma.cc/4EKU-L5XK)

10 Mazumdar-Shaw, K (2022) Inspiring journeys with Ms Kiran Mazumdar-Shaw, 1 April, https://kiranshaw.blog/2022/04/01/inspiring-journeys-with-ms-kiran-mazumdar-shaw

(archived at perma.cc/S5QC-2B7T)

11 Mazumdar-Shaw, K (2022) India's life sciences industry poised for the next level, 13
    April, https://kiranshaw.blog/2022/04/13/indias-life-sciences-industry-poised-for-the-
    next-level (archived at perma.cc/367N-GXE7)

12 Biocon (2022) History, https://archive.biocon.com/biocon_aboutus_history.asp (archived
    at perma.cc/ZA84-RWGH)

13 Biocon (2022) History, https://archive.biocon.com/biocon_aboutus_history.asp (archived
    at perma.cc/ZA84-RWGH)

14 Biocon Academy (2022) Unlock your full potential for excellence in biosciences, https://
    www.bioconacademy.com (archived at perma.cc/5HXD-NM4Z)

15 Jewell, C (2018) From brewing to biologics: Biocon's Kiran Mazumdar-Shaw transforms
    global health, WIPO Magazine, April, www.wipo.int/wipo_magazine/en/2018/02/
    article_0005.html (archived at perma.cc/US3N-ZTQ7)

16 Biocon (2022) Addressing the COVID-19 pandemic, www.biocon.com/addressing-the-
    covid-19-pandemic (archived at perma.cc/XTG6-LPBP)

17 Biocon Foundation (2022) About Us, https://www.bioconfoundation.org/about/
    overview.html (archived at perma.cc/LCP6-2UHA)

18 Biocon (2022) Kiran Mazumdar-Shaw, www.biocon.com/about-us/our-leadership/kiran-
    mazumdar-shaw (archived at perma.cc/YPS2-KMRJ)

19 Mazumdar-Shaw, K (2015) The mentor who taught me to be unconventional, resourceful
    & fearless, 19 August, https://www.linkedin.com/pulse/mentor-who-shaped-me-taught-
    unconventional-fearless-mazumdar-shaw (archived at perma.cc/8KQY-FW3G)

20 Mazumdar-Shaw, K (2022) Inspiring journeys with Ms Kiran Mazumdar-Shaw, 1 April,
    https://kiranshaw.blog/2022/04/01/inspiring-journeys-with-ms-kiran-mazumdar-shaw
    (archived at perma.cc/S5QC-2B7T)

21 Mazumdar-Shaw, K (2022) Inspiring journeys with Ms Kiran Mazumdar-Shaw, 1 April,
    https://kiranshaw.blog/2022/04/01/inspiring-journeys-with-ms-kiran-mazumdar-shaw
    (archived at perma.cc/S5QC-2B7T)

22 Mazumdar-Shaw, K (2017) A journey of endurance, 29 December, www.linkedin.com/
    pulse/journey-endurance-kiran-mazumdar-shaw (archived at perma.cc/23JQ-65MC)

23 YouTube (2016) Kiran Mazumdar-Shaw 'Compassionate capitalism' (Online video) *Mint,*
    www.youtube.com/watch?v=cQQsb7valrw (archived at perma.cc/38DV-QXWJ)

24 Spence, P (2020) And I think that's where my entrepreneurial journey began (Online
    video) *EY*, 19 October, www.ey.com/en_gl/life-sciences/how-an-accidental-
    entrepreneur-is-on-a-mission-to-change-capitalism (archived at perma.cc/KJG7-4LA2)

25 Mazumdar-Shaw, K (2022) Inspiring journeys with Ms Kiran Mazumdar-Shaw, 1 April,
    https://kiranshaw.blog/2022/04/01/inspiring-journeys-with-ms-kiran-mazumdar-shaw

(archived at perma.cc/S5QC-2B7T)

26 Mazumdar-Shaw, K (2015) The mentor who taught me to be unconventional, resourceful & fearless, 19 August, https://www.linkedin.com/pulse/mentor-who-shaped-me-taught-unconventional-fearless-mazumdar-shaw (archived at perma.cc/8KQY-FW3G)

27 Mazumdar-Shaw, K (2022) Inspiring journeys with Ms Kiran Mazumdar-Shaw, 1 April, https://kiranshaw.blog/2022/04/01/inspiring-journeys-with-ms-kiran-mazumdar-shaw (archived at perma.cc/S5QC-2B7T)

10장 스페이스X, 테슬라, X 일론 머스크

1   YouTube (2021) When something is important enough, you do it, even if the odds are not in your favor… (Online video) 3 April, www.youtube.com/watch?v=ViOdlRzq3MY (archived at perma.cc/D4QH-2ZJF)

2   Vance, A (2015) *Elon Musk: How the billionaire CEO of SpaceX and Tesla is shaping our future*, Virgin Books, United Kingdom, pp 33 and 38

3   Vance, A (2015) *Elon Musk: How the billionaire CEO of SpaceX and Tesla is shaping our future*, Virgin Books, United Kingdom, p 40

4   Vance, A (2015) *Elon Musk: How the billionaire CEO of SpaceX and Tesla is shaping our future*, Virgin Books, United Kingdom, pp 43, 47, 51 and 54

5   Vance, A (2015) *Elon Musk: How the billionaire CEO of SpaceX and Tesla is shaping our future*, Virgin Books, United Kingdom, pp 60, 63, 72 and 80

6   Vance, A (2015) *Elon Musk: How the billionaire CEO of SpaceX and Tesla is shaping our future*, Virgin Books, United Kingdom, pp 88–89

7   Vance, A (2015) *Elon Musk: How the billionaire CEO of SpaceX and Tesla is shaping our future*, Virgin Books, United Kingdom, p 203

8   Vance, A (2015) *Elon Musk: How the billionaire CEO of SpaceX and Tesla is shaping our future*, Virgin Books, United Kingdom, p 207

9   Sherwin, A (2022) Elon Musk's ex-wife Talulah Riley says Tesla boss woke up screaming with terror over bankruptcy fears, inews.co.uk, 6 October, https://inews.co.uk/news/elon-musk-ex-wife-talulah-riley-tesla-boss-bankruptcy-1897540 (archived at perma.cc/GW4F-MYKC)

10 Vance, A (2015) *Elon Musk: How the billionaire CEO of SpaceX and Tesla is shaping our future*, Virgin Books, United Kingdom, p 210

11 SpaceX (2022) Making history, www.spacex.com/mission (archived at perma.cc/WC47-YMD8)

12 Henry, C (2020) SpaceX becomes operator of world's largest commercial satellite constellation with Starlink launch, *Spacenews*, 6 January, https://spacenews.com/

spacex-becomes-operator-of-worlds-largest-commercial-satellite-constellation-with-starlink-launch (archived at perma.cc/52Y9-2EB8)

13 Statista (2022) Share of satellite launches worldwide by SpaceX from 2008 to 2020, www.statista.com/statistics/955928/spacex-satellite-launches-worldwide (archived at perma.cc/2AER-2KZL)

14 BBC (2022) Musk says SpaceX will keep funding Ukraine Starlink internet, 15 October, www.bbc.co.uk/news/world-us-canada-63266142 (archived at perma.cc/QX6K-PWMZ)

15 Forbes (2022) Elon Musk, CEO, Tesla, www.forbes.com/profile/elon-musk (archived at perma.cc/6FMH-XQ4V)

16 Torchinsky, R (2022) Elon Musk hints at a crewed mission to Mars in 2029, *NPR*, 17 March, www.npr.org/2022/03/17/1087167893/elon-musk-mars-2029 (archived at perma.cc/N3LV-7H6J)

17 Thompson, C, Lee, K and Levin, T (2022) Tesla just celebrated its 12th year as a public company. Here are the most important moments in its history, *Business Insider*, 11 July, www.businessinsider.com/most-important-moments-tesla-history-2017-2?r=US&IR=T (archived at perma.cc/3B4C-LVBU)

18 CompaniesMarketCap.com (2022) Market capitalization of Tesla (TSLA), https://companiesmarketcap.com/tesla/marketcap (archived at perma.cc/2SSZ-SZQ8)

19 Associated Press (2022) A timeline of billionaire Elon Musk's bid to control Twitter, 4 October, https://apnews.com/article/elon-musk-twitter-timeline-e0b41992f178a5221dd0410321068eb2 (archived at perma.cc/QS6H-VMVT)

20 Statista (2023) Net income/loss of Twitter from 2010 to 2021, www.statista.com/statistics/274563/annual-net-income-of-twitter (archived at perma.cc/4AH2-29J4)

21 Rushe, D, Oladipo, G, Bhuiyan, J, Milmo, D and Middleton, J (2022) Twitter slashes nearly half its workforce as Musk admits 'massive drop' in revenue, *The Guardian*, 5 November, https://www.theguardian.com/technology/2022/nov/04/twitter-layoffs-elon-musk-revenue-drop (archived at perma.cc/8QFC-EYJ9)

22 Sky News (2022) Musk says Twitter 'not on the fast lane to bankruptcy anymore', 25 December, https://news.sky.com/story/elon-musk-says-twitter-not-on-the-fast-lane-to-bankruptcy-anymore-12774290 (archived at perma.cc/2FLB-CJCG)

23 Kayali, L (2022) Musk tells Twitter staff: Work 'hardcore' or leave, *Politico*, 16 November, www.politico.eu/article/must-tells-twitter-staff-to-work-harder-or-leave (archived at perma.cc/LXA2-MW57)

24 Nolan, B (2022) Elon Musk says Twitter purchase will accelerate the creation of X, his long-discussed 'everything app', *Business Insider*, 5 October, www.businessinsider.com/elon-musk-twitter-accelerant-x-everything-app-2022-10?r=US&IR=T (archived at perma.cc/727F-Y7WJ)

25 Olinga, L (2022) Elon Musk sounds the alarm about ChatGPT, *The Street*, 26 December, www.thestreet.com/technology/elon-musk-sounds-the-alarm-about-chatgpt (archived at perma.cc/K7DB-B5YU)

26 Burnett, E (2022) Biden turns to Elon Musk to aid Iranian protestors. Defence official calls Musk 'a loose cannon', CNN, 22 October, https://edition.cnn.com/videos/business/2022/10/21/biden-elon-musk-starlink-internet-iran-protests-ukraine-whitehouse-dnt-marquardt-ebof-vpx.cnn (archived at perma.cc/9UT6-6HJS)

27 Hals, T and Jackson, S (2021) Musk defends timing of Tesla's $2.6bln deal for SolarCity, *Reuters*, 13 July, www.reuters.com/business/musk-set-take-stand-second-day-trial-over-solarcity-deal-2021-07-13 (archived at perma.cc/YF7Y-GR9Y)

28 U.S. Securities and Exchange Commission (2018) Elon Musk settles SEC fraud charges; Tesla charged with and resolves securities law change, 29 September, www.sec.gov/news/press-release/2018-226 (archived at perma.cc/5G9P-Y3BW)

29 Lee, D (2023) Elon Musk wins investor lawsuit over Tesla 'funding secured' tweet, *Financial Times*, 4 February, www.ft.com/content/f3a1e3d8-e6f2-45df-8856-aec6d069a01c (archived at perma.cc/PFJ9-7WZY)

30 Kolodny, L (2019) Elon Musk found not liable in 'pedo guy' defamation trial, 6 December, www.cnbc.com/2019/12/06/unsworth-vs-musk-pedo-guy-defamation-trial-verdict.html (archived at perma.cc/FZW8-QUTL)

31 Ingram, D (2022) Musk suggests Ukraine should cede Crimea, draws rebuke from Zelenskyy, NBC News, 3 October, www.nbcnews.com/tech/tech-news/musk-suggests-ukraine-cede-crimea-draws-rebuke-zelenskyy-rcna50528 (archived at perma.cc/CH73-ANMX)

32 Lock, S (2023) Elon Musk breaks world record for largest loss of personal fortune in history, *The Guardian*, 12 January, www.theguardian.com/technology/2023/jan/12/elon-musk-breaks-world-record-for-largest-loss-of-personal-fortune-in-history (archived at perma.cc/P4LH-L9HK)

33 BBC (2022) *The Elon Musk Show*, 19 October, www.bbc.co.uk/iplayer/episode/p0d3j60k/the-elon-musk-show-series-1-episode-2 (archived at perma.cc/G6E5-XV8Z)

34 Hern, A (2018) Will Elon Musk's 120-hour week stop us worshipping workaholism? *The Guardian*, 23 August, www.theguardian.com/technology/2018/aug/23/elon-musk-120-hour-working-week-tesla (archived at perma.cc/4QDY-TMER)

35 Vance, A (2015) *Elon Musk: How the billionaire CEO of SpaceX and Tesla is shaping our future*, Virgin Books, United Kingdom, p 177

36 YouTube (2019) Elon Musk: 'No, I don't ever give up. I'd have to be dead or completely incapacitated' (Online video) 14 December, www.youtube.com/watch?v=wZZCTE1TCmw (archived at perma.cc/FV6L-VNHC)

37 YouTube (2015) Elon Musk on criticism, critique and not being right all the time (Online video) 23 January, www.youtube.com/watch?v=MQEMe0SFu-Q (archived at perma.cc/URJ8-6EFC)

38 O'Kane, C (2022) Elon Musk says he doesn't own a house and for the most part sleeps in friends' spare bedrooms, *CBS News*, 18 April, www.cbsnews.com/news/elon-musk-house-stays-friends-net-worth (archived at perma.cc/4MQ5-S8V2)

39 BBC (2021) Elon Musk reveals he has Asperger's on Saturday Night Live, 9 May, www.bbc.co.uk/news/world-us-canada-57045770 (archived at perma.cc/2UHC-BSBD)

40 YouTube (2021) Elon Musk monologue – SNL (Online video) 9 May, www.youtube.com/watch?v=fCF8I_X1qKI (archived at perma.cc/2GJF-BA6S)

11장 비트코인 사토시 나카모토

1 Bitcointalk (2010) https://bitcointalk.org/index.php?topic=532.msg6269#msg6269 (archived at perma.cc/VR9J-97E4)

2 Y Charts (2023) Bitcoin market cap, 23 January, https://ycharts.com/indicators/bitcoin_market_cap (archived at perma.cc/6UK4-E3GM)

3 Qureshi, H (2019) Satoshi Nakamoto, *Nakamoto*, 29 December, https://nakamoto.com/satoshi-nakamoto (archived at perma.cc/2GVU-QKJC)

4 Nakamoto, S (2008) *Bitcoin: A peer-to-peer electronic cash system*

5 Qureshi, H (2019) Satoshi Nakamoto, Nakamoto, 29 December, https://nakamoto.com/satoshi-nakamoto (archived at perma.cc/2GVU-QKJC)

6 Reiff, N (2022) What was the first cryptocurrency? *Investopedia*, 23 July, www.investopedia.com/tech/were-there-cryptocurrencies-bitcoin (archived at perma.cc/BC87-2S23)

7 CNBCTV18.com (2022) Everything you need to know about the bitcoin genesis block, 21 July, www.cnbctv18.com/technology/everything-you-need-to-know-about-the-bitcoin-genesis-block-14205612.htm (archived at perma.cc/P758-TQ5S)

8 Duggan, W (2022) The history of Bitcoin, the first cryptocurrency, *US News*, 31 August, https://money.usnews.com/investing/articles/the-history-of-bitcoin (archived at perma.cc/25KN-ST5R)

9 Philips, D (2021) How many Bitcoin does its inventor Satoshi Nakamoto still own?, *Decrypt*, 3 January, https://decrypt.co/34810/how-many-bitcoin-does-its-inventor-satoshi-nakamoto-still-own (archived at perma.cc/25KN-ST5R)

10 Forbes (2023) The world's real-time billionaires, www.forbes.com/real-time-billionaires/#2fe825a53d78 (archived at perma.cc/Z6FV-7W6K)

11 Held, D (2018) Bitcoin's distribution was fair, *Medium*, 4 October, https://danhedl.

medium.com/bitcoins-distribution-was-fair-e2ef7bbbc892 (archived at perma.cc/QKS5-C5UU)

12 Nakamoto, S (2009) Bitcoin open source implementation of P2P currency, P2P Foundation forum, 11 February, https://p2pfoundation.ning.com/forum/topics/bitcoin-open-source (archived at perma.cc/G2HJ-ZNKQ)

13 Rizzo, P (2021) 10 years ago today, Bitcoin creator Satoshi Nakamoto sent his final message, *Forbes*, 26 April, www.forbes.com/sites/peterizzo/2021/04/26/10-years-ago-today-bitcoin-creator-satoshi-nakamoto-sent-his-final-message/?sh=14ad690c10dd (archived at perma.cc/HG6M-KCTD)

14 Cryptopedia (2022) The early days of crypto exchanges, 17 March, www.gemini.com/cryptopedia/crypto-exchanges-early-mt-gox-hack (archived at perma.cc/7KYV-FKJC)

15 Reiff, N (2022) What was the first cryptocurrency?, *Investopedia*, 23 July, www.investopedia.com/tech/were-there-cryptocurrencies-bitcoin (archived at perma.cc/BC87-2S23)

16 Rizzo, P (2021) 10 years ago today, Bitcoin creator Satoshi Nakamoto sent his final message, *Forbes*, 26 April, www.forbes.com/sites/peterizzo/2021/04/26/10-years-ago-today-bitcoin-creator-satoshi-nakamoto-sent-his-final-message/?sh=14ad690c10dd (archived at perma.cc/HG6M-KCTD)

17 Rizzo, P (2021) 10 years ago today, Bitcoin creator Satoshi Nakamoto sent his final message, *Forbes*, 26 April, www.forbes.com/sites/peterizzo/2021/04/26/10-years-ago-today-bitcoin-creator-satoshi-nakamoto-sent-his-final-message/?sh=14ad690c10dd (archived at perma.cc/HG6M-KCTD)

18 Rizzo, P (2021) 10 years ago today, Bitcoin creator Satoshi Nakamoto sent his final message, *Forbes*, 26 April, www.forbes.com/sites/peterizzo/2021/04/26/10-years-ago-today-bitcoin-creator-satoshi-nakamoto-sent-his-final-message/?sh=14ad690c10dd (archived at perma.cc/HG6M-KCTD)

19 Building Bitcoin (nd) https://buildingbitcoin.org/bitcoin-dev/log-2010-12-07.html#l-1600 (archived at perma.cc/6PJA-73SF)

20 Karaivanov, D (2020) Satoshi Nakamoto lived in London while working on Bitcoin. Here's how we know, *The Chain Bulletin*, 23 November, https://chainbulletin.com/satoshi-nakamoto-lived-in-london-while-working-on-bitcoin-heres-how-we-know (archived at perma.cc/J5QQ-DFHF)

21 Bitcointalk (2010) https://bitcointalk.org/index.php?topic=234.msg1976#msg1976 (archived at perma.cc/7FGX-FW2Z)

22 Ungeared (2020) The strange story of Satoshi Nakamoto's spelling choices, https://ungeared.com/the-strange-story-of-satoshi-nakamotos-spelling-choices-part-1 (archived at perma.cc/SC9X-EJHJ)

23 Kovach, S (2021) Tesla buys $1.5 billion in bitcoin, plans to accept it as payment, *CNBC*, 8 February, www.cnbc.com/2021/02/08/tesla-buys-1point5-billion-in-bitcoin.html (archived at perma.cc/8XVR-HB2S)

24 Novet, J (2022) Tesla has dumped 75% of its bitcoin holdings a year after touting 'long-term potential', *CNBC*, 20 July, www.cnbc.com/2022/07/20/tesla-converted-75percent-of-bitcoin-purchases-to-fiat-currency-in-q2-2022.html (archived at perma.cc/2JKU-WHSX)

25 Shrem, C (2019) Bitcoin's biggest hack in history: 184.4 billion Bitcoin from thin air, Hackernoon, 11 January, https://hackernoon.com/bitcoins-biggest-hack-in-history-184-4-ded46310d4ef (archived at perma.cc/Q8LM-6HLL)

26 Davies, P with AP (2021) Hungary's Bitcoin fans unveil statue of mysterious crypto founder Satoshi Nakamoto, *Euronews*, 17 September, www.euronews.com/next/2021/09/17/hungary-s-bitcoin-fans-unveil-faceless-statue-of-mysterious-crypto-founder-satoshi-nakamot (archived at perma.cc/CD7W-6DWL)

27 Bitcointalk (2010) https://bitcointalk.org/index.php?topic=48.msg329#msg329 (archived at perma.cc/QF5Q-QZET)

28 Tham, N (2022) Bitcoin has crashed 68% from its peak – but one bull says the latest crypto winter is a 'warm winter', CNBC, 25 August, www.cnbc.com/2022/08/26/crypto-winter-is-coming-but-it-will-be-a-warm-winter-says-vc-firm.html (archived at perma.cc/KZH2-LU8Y)

29 Global Data (2022) Bitcoin's market capitalization history (2013–2022, $ billion), www.globaldata.com/data-insights/financial-services/bitcoins-market-capitalization-history (archived at perma.cc/G524-UFMF)

30 River Financial (2022) Can Bitcoin's hard cap of 21 million be changed?, https://river.com/learn/can-bitcoins-hard-cap-of-21-million-be-changed (archived at perma.cc/MAR8-BUVV)

31 Bitcointalk (2010) Dying bitcoins, 21 June, https://satoshi.nakamotoinstitute.org/posts/bitcointalk/threads/71/#7 (archived at perma.cc/Z2RA-JB7A)

12장 캔바 멜라니 퍼킨스

1   Perkins, M (2018) A message for those who feel they're on the outside, from Canva co-founder Melanie Perkins, *Smart Company*, 24 September, www.smartcompany.com.au/startupsmart/advice/canva-co-founder-melanie-perkins-message (archived at perma.cc/7SB3-Z9NS)

2   Canva (2022) About Canva: Empowering the world to design, www.canva.com/about (archived at perma.cc/GNJ7-QVVW)

3   Zipkin, N (2019) She was told 'No' 100 times. Now this 31-year-old female founder runs a $1 billion business, *Entrepreneur*, 12 June, www.entrepreneur.com/leadership/she-was-

told-no-100-times-now-this-31-year-old-female/310482 (archived at perma.cc/4GYS-5ZEN)

4   Konrad, A (2019) Canva uncovered: How a young Australian kitesurfer built a $3.2 billion (profitable!) startup phenom, *Forbes*, 11 December, www.forbes. com/sites/alexkonrad/2019/12/11/inside-canva-profitable-3-billion-startup-phenom/?sh=233109af4a51 (archived at perma.cc/DLJ2-TCBH)

5   The Economic Times (2022) It took Melanie Perkins 100+ rejections over 3 years (& some faith!) to give life to design platform Canva, 13 July, https://economictimes.indiatimes. com/magazines/panache/it-took-melanie-perkins-100-rejections-over-3-yrs-some-faith-to-give-life-to-design-platform-canva/articleshow/92845505.cms?from=mdr (archived at perma.cc/5LCD-6R4R)

6   Zipkin, N (2019) She was told 'No' 100 times. Now this 31-year-old female founder runs a $1 billion business, *Entrepreneur*, 12 June, www.entrepreneur.com/leadership/she-was-told-no-100-times-now-this-31-year-old-female/310482 (archived at perma.cc/4GYS-5ZEN)

7   Roll, M (2022) Did you know that Canva's founder was rejected more than a hundred times?, www.linkedin.com/posts/martinroll_womeninbusiness-womenentrepreneurs-techforgood-activity-6952522521644556288-cCXX/?trk=public_profile_like_view&originalSubdomain=lv (archived at perma.cc/L59R-3XF9)

8   Forbes (2022) Melanie Perkins, Cofounder & CEO, Canva, www.forbes.com/profile/melanie-perkins/?sh=7b7f396d1265 (archived at perma.cc/85FD-Z4B8)

9   Zipkin, N (2019) She was told 'No' 100 times. Now this 31-year-old female founder runs a $1 billion business, *Entrepreneur*, 12 June, www.entrepreneur.com/leadership/she-was-told-no-100-times-now-this-31-year-old-female/310482 (archived at perma.cc/4GYS-5ZEN)

10 Konrad, A (2019) Canva uncovered: How a young Australian kitesurfer built a $3.2 billion (profitable!) startup phenom, *Forbes*, 11 December, www.forbes. com/sites/alexkonrad/2019/12/11/inside-canva-profitable-3-billion-startup-phenom/?sh=233109af4a51 (archived at perma.cc/DLJ2-TCBH)

11 TechCrunch (2013) Canva raises $3 million to make design accessible to everyone, 19 March, https://techcrunch.com/2013/03/19/canva-raises-3-million-to-make-design-accessible-to-everyone (archived at perma.cc/UH5M-P54U)

12 Konrad, A (2019) Canva uncovered: How a young Australian kitesurfer built a $3.2 billion (profitable!) startup phenom, *Forbes*, 11 December, www.forbes. com/sites/alexkonrad/2019/12/11/inside-canva-profitable-3-billion-startup-phenom/?sh=233109af4a51 (archived at perma.cc/DLJ2-TCBH)

13 Konrad, A (2019) Canva uncovered: How a young Australian kitesurfer built a $3.2 billion (profitable!) startup phenom, *Forbes*, 11 December, www.forbes. com/sites/alexkonrad/2019/12/11/inside-canva-profitable-3-billion-startup-phenom/?sh=233109af4a51 (archived at perma.cc/DLJ2-TCBH)

14 Canva (2018) Canva raises $40M to earn Unicorn title, 9 January, https://www.canva. com/newsroom/news/canva-raises-40m-round-earn-unicorn-title (archived at perma.cc/ DLH8-NKUJ)

15 Enlyft (2022) Companies using Canva, https://enlyft.com/tech/products/canva (archived at perma.cc/6E5S-WMFY)

16 Recon Research (2022) Canva, the $26 billion design startup, launches a productivity suite to take on Google Docs and Microsoft Office, 15 September, https://reconres.com/ canva-the-26-billion-design-startup-launches-a-productivity-suite-to-take-on-google-docs-and-microsoft-office (archived at perma.cc/3VDS-2Y75)

17 Connelly, C (2015) From making scarves to building a $165 million tech start-up: Canva's Melanie Perkins, *The Sydney Morning Herald*, 6 October, https://www.smh.com.au/ technology/from-making-scarves-to-building-a-165-million-startup-canvas-melanie-perkins-20151006-gk2nda.html (archived at perma.cc/EG4J-ZP4U)

18 Crozier, R (2021) Canva's infosec resourcing 'still growing' two years after large data breach, *IT News*, 2 September, www.itnews.com.au/news/canvas-infosec-resourcing-still-growing-two-years-after-large-data-breach-569282 (archived at perma.cc/P27Q-DDK5)

19 Canva (2022) Canva announces USD 40 billion valuation fueled by the global demand for visual communication, www.canva.com/newsroom/news/canva-announces-usd-40-billion-valuation-fueled-global-demand-visual-communication (archived at perma.cc/48PC-J4YH)

20 Forbes (2022) Melanie Perkins, cofounder & CEO, Canva, www.forbes.com/profile/ melanie-perkins/?sh=7b7f396d1265 (archived at perma.cc/85FD-Z4B8)

21 Forbes (2022) Melanie Perkins, cofounder & CEO, Canva, www.forbes.com/profile/ melanie-perkins/?sh=7b7f396d1265 (archived at perma.cc/85FD-Z4B8)

22 The Giving Pledge (2022) Melanie Perkins and Cliff Obrecht, https://givingpledge.org/ pledger?pledgerId=427 (archived at perma.cc/5CZR-HL68)

23 Connelly, C (2015) From making scarves to building a $165 million tech start-up: Canva's Melanie Perkins, *The Sydney Morning Herald*, 6 October, https://www.smh.com.au/ technology/from-making-scarves-to-building-a-165-million-startup-canvas-melanie-perkins-20151006-gk2nda.html (archived at perma.cc/EG4J-ZP4U)

24 Nine News Australia (2019) Australia's Melanie Perkins is the co-founder of Canva (Online video) 3 July, www.youtube.com/watch?v=CzJFy-TfP_s (archived at perma.cc/WH4B-XNUD)

25 Zipkin, N (2019) She was told 'No' 100 times. Now this 31-year-old female founder runs a $1 billion business, *Entrepreneur*, 12 June, www.entrepreneur.com/leadership/she-was-told-no-100-times-now-this-31-year-old-female/310482 (archived at perma.cc/4GYS-5ZEN)

26 Zipkin, N (2019) She was told 'No' 100 times. Now this 31-year-old female founder runs a $1 billion business, *Entrepreneur*, 12 June, www.entrepreneur.com/leadership/she-was-

told-no-100-times-now-this-31-year-old-female/310482 (archived at perma.cc/4GYS-5ZEN)

27 Perkins, M (2018) A message for those who feel they're on the outside, from Canva co-founder Melanie Perkins, *Smart Company*, 24 September, www.smartcompany.com.au/startupsmart/advice/canva-co-founder-melanie-perkins-message (archived at perma.cc/7SB3-Z9NS)

13장 하이얼 그룹 장 루이민

1 Wharton School of the University of Pennsylvania (2018) For Haier's Zhang Ruimin, success means creating the future, *Knowledge at Wharton*, 20 April, https://knowledge.wharton.upenn.edu/article/haiers-zhang-ruimin-success-means-creating-the-future (archived at perma.cc/HQ3R-M4CW)

2 Statista (2022) Selected leading home appliances manufacturers worldwide ranked by revenue in 2021, www.statista.com/statistics/266689/net-sales-of-leading-home-appliance-manufacturers-worlwide (archived at perma.cc/RA8T-9RLU)

3 Haier (2022) Haier in a nutshell, www.haier-europe.com/en_GB/about-haier (archived at perma.cc/T5BZ-9AWJ)

4 Haier (2022) Zhang Ruimin, www.haier.com/global/about-haicr/cco (archived at perma.cc/85PA-JZNU)

5 Ruimin, Z (2007) Raising Haier, *Harvard Business Review*, February, https://hbr.org/2007/02/raising-haier (archived at perma.cc/889V-8DGF)

6 Wharton School of the University of Pennsylvania (2018) For Haier's Zhang Ruimin, success means creating the future, *Knowledge at Wharton*, 20 April, https://knowledge.wharton.upenn.edu/article/haiers-zhang-ruimin-success-means-creating-the-future (archived at perma.cc/HQ3R-M4CW)

7 Haier (2022) Haier in a nutshell, www.haier-europe.com/en_GB/about-haier (archived at perma.cc/T5BZ-9AWJ)

8 McKinsey Quarterly (2021) Shattering the status quo: A conversation with Haier's Zhang Ruimin, 27 July, www.mckinsey.com/capabilities/people-and-organizational-performance/our-insights/shattering-the-status-quo-a-conversation-with-haiers-zhang-ruimin (archived at perma.cc/UX3Z-E4VQ)

9 Gordon, J (2022) Rendanheyi model – explained, *The Business Professor*, 5 October, https://thebusinessprofessor.com/en_US/mgmt-operations/rendanheyi-model-explained (archived at perma.cc/CHL3-NARP)

10 Hamel, G and Zanini, M (2018) The end of bureaucracy, *Harvard Business Review*, December, https://hbr.org/2018/11/the-end-of-bureaucracy (archived at perma.cc/5QNP-3MYD)

11 Wharton School of the University of Pennsylvania (2018) For Haier's Zhang Ruimin,

success means creating the future, Knowledge at Wharton, 20 April, https://knowledge. wharton.upenn.edu/article/haiers-zhang-ruimin-success-means-creating-the-future (archived at perma.cc/HQ3R-M4CW)

12 Hamel, G and Zanini, M (2018) The end of bureaucracy, *Harvard Business Review*, December, https://hbr.org/2018/11/the-end-of-bureaucracy (archived at perma.cc/5QNP-3MYD)

13 Wharton School of the University of Pennsylvania (2018) For Haier's Zhang Ruimin, success means creating the future, *Knowledge at Wharton*, 20 April, https://knowledge. wharton.upenn.edu/article/haiers-zhang-ruimin-success-means-creating-the-future (archived at perma.cc/HQ3R-M4CW)

14 Warton University of Pennsylvania (2009) Zhang Ruimin, http://www.whartonbeijing09. com/bio-zhang-r.html (archived at perma.cc/4T3N-QYZL)

15 Haier (2022) Zhang Ruimin, www.haier.com/global/about-haier/ceo (archived at perma. cc/85PA-JZNU)

16 Ruimin, Z (2007) Raising Haier, *Harvard Business Review*, February, https://hbr. org/2007/02/raising-haier (archived at perma.cc/889V-8DGF)

17 Phillips, T (2016) The Cultural Revolution: All you need to know about China's political convulsion, *The Guardian*, 11 May, www.theguardian.com/world/2016/may/11/the-cultural-revolution-50-years-on-all-you-need-to-know-about-chinas-political-convulsion (archived at perma.cc/S5RQ-JVHW)

18 Ruimin, Z (2007) Raising Haier, *Harvard Business Review*, February, https://hbr. org/2007/02/raising-haier (archived at perma.cc/889V-8DGF)

19 Ruimin, Z (2007) Raising Haier, *Harvard Business Review*, February, https://hbr. org/2007/02/raising-haier (archived at perma.cc/889V-8DGF)

20 Wharton School of the University of Pennsylvania (2018) For Haier's Zhang Ruimin, success means creating the future, *Knowledge at Wharton*, 20 April, https://knowledge. wharton.upenn.edu/article/haiers-zhang-ruimin-success-means-creating-the-future (archived at perma.cc/HQ3R-M4CW)

21 McKinsey Quarterly (2021) Shattering the status quo: A conversation with Haier's Zhang Ruimin, 27 July, www.mckinsey.com/capabilities/people-and-organizational-performance/our-insights/shattering-the-status-quo-a-conversation-with-haiers-zhang-ruimin (archived at perma.cc/UX3Z-E4VQ)

22 Wharton School of the University of Pennsylvania (2018) For Haier's Zhang Ruimin, success means creating the future, *Knowledge at Wharton*, 20 April, https://knowledge. wharton.upenn.edu/article/haiers-zhang-ruimin-success-means-creating-the-future (archived at perma.cc/HQ3R-M4CW)

23 McKinsey Quarterly (2021) Shattering the status quo: A conversation with Haier's

생각의 속도가 부의 크기를 바꾼다

Zhang Ruimin, 27 July, www.mckinsey.com/capabilities/people-and-organizational-performance/our-insights/shattering-the-status-quo-a-conversation-with-haiers-zhang-ruimin (archived at perma.cc/UX3Z-E4VQ)

24 Ruimin, Z (2007) Raising Haier, *Harvard Business Review*, February, https://hbr.org/2007/02/raising-haier (archived at perma.cc/889V-8DGF)

14장 바이오엔테크 우구어 자힌, 외즐렘 튀레치

1 Thomson, A and Sylvester, R (2020) The Covid-19 vaccine is our duty and passion. We're not important, *The Times*, 14 November, www.thetimes.co.uk/article/the-vaccine-is-our-duty-and-passion-were-not-important-qxj0bnkw6 (archived at perma.cc/K488-VKZ2)

2 World Health Organization (2020) Weekly epidemiological update, 10 November, www.who.int/publications/m/item/weekly-epidemiological-update---10-november-2020 (archived at perma.cc/6XKG-AKU9)

3 Pfizer (2020) Pfizer and BioNTech announce vaccine candidate against COVID-19 achieved success in first interim analysis from phase 3 study, 9 November, https://www.pfizer.com/news/press-release/press-release-detail/pfizer-and-biontech-announce-vaccine-candidate-against (archived at perma.cc/Y9AF-4NF4)

4 Gelles, D (2020) The husband-and-wife team behind the leading vaccine to solve Covid-19, *The New York Times*, 10 November, www.nytimes.com/2020/11/10/business/biontech-covid-vaccine.html (archived at perma.cc/NKU9-BRB2)

5 Gelles, D (2020) The husband-and-wife team behind the leading vaccine to solve Covid-19, *The New York Times*, 10 November, www.nytimes.com/2020/11/10/business/biontech-covid-vaccine.html (archived at perma.cc/NKU9-BRB2)

6 Gelles, D (2020) The husband-and-wife team behind the leading vaccine to solve Covid-19, *The New York Times*, 10 November, www.nytimes.com/2020/11/10/business/biontech-covid-vaccine.html (archived at perma.cc/NKU9-BRB2)

7 Pfizer (2022) Our commitment to equitable access, www.pfizer.com/science/coronavirus/vaccine/working-to-reach-everyone-everywhere (archived at perma.cc/CJB6-969C)

8 Walsh, F (2022) BioNTech: Could Covid vaccine technology crack cancer?, *BBC*, 15 October, www.bbc.co.uk/news/health-63247997 (archived at perma.cc/LAL6-LSLG)

9 CompaniesMarketCap.com (2023) Market capitalization of BioNTech, 23 January, https://companiesmarketcap.com/biontech/marketcap (archived at perma.cc/5LFV-82KD)

10 Mikulic, M (2022) Number of employees at BioNTech SE from 2019 to 2021, *Statista*, 4 April, https://www.statista.com/statistics/1300627/biontech-employees-number (archived at perma.cc/BWL5-P8TA)

11 Gelles, D (2020) The husband-and-wife team behind the leading vaccine to solve

참고 자료   295

Covid-19, *The New York Times*, 10 November, www.nytimes.com/2020/11/10/business/biontech-covid-vaccine.html (archived at perma.cc/NKU9-BRB2)

12   Thomson, A and Sylvester R (2020) The Covid-19 vaccine is our duty and passion. We're not important, *The Times*, 14 November, www.thetimes.co.uk/article/the-vaccine-is-our-duty-and-passion-were-not-important-qxj0bnkw6 (archived at perma.cc/K488-VKZ2)

13   Thomson, A and Sylvester R (2020) The Covid-19 vaccine is our duty and passion. We're not important, *The Times*, 14 November, www.thetimes.co.uk/article/the-vaccine-is-our-duty-and-passion-were-not-important-qxj0bnkw6 (archived at perma.cc/K488-VKZ2)

14   Wright, W (2020) How one professor built two billion-dollar biotechs, *Life Science Leader*, 1 June, www.lifescienceleader.com/doc/how-one-professor-built-two-billion-dollar-biotechs-0001 (archived at perma.cc/2Z26-NY2W)

15   Frankly Speaking, S1 E9 (2021) Dr. Ugur Sahin Founder and CEO of BioNTech (Online video) *Arab News*, 8 March, www.youtube.com/watch?v=2q8qR3i2u0I (archived at perma.cc/W5SA-8QK7)

16   Frankly Speaking, S1 E9 (2021) Dr. Ugur Sahin Founder and CEO of BioNTech (Online video) *Arab News*, 8 March, www.youtube.com/watch?v=2q8qR3i2u0I (archived at perma.cc/W5SA-8QK7)

15장 범블 휘트니 울프 허드

1   CNN Business (2018) Men swipe right but women make the first move (Online video) https://edition.cnn.com/2018/10/03/tech/bumble-india-priyanka-chopra/index.html (archived at perma.cc/3BMH-2FUR)

2   Bumble (2022) We're not just for dating anymore, https://bumble.com/en (archived at perma.cc/YG8Y-SBDT)

3   Wolfe Herd, W (2022) A letter from Whitney Wolfe Herd, Bumble founder and CEO, https://bumble.com/the-buzz/a-letter-from-whitney-wolfe-herd-founder-and-ceo (archived at perma.cc/6YCE-ECYX)

4   Curry, D (2022) Bumble revenue and usage statistics, *Business of Apps*, 6 September, www.businessofapps.com/data/bumble-statistics (archived at perma.cc/KR9M-U463)

5   Bumble (2022) We're not just for dating anymore, https://bumble.com/en (archived at perma.cc/YG8Y-SBDT)

6   Wolfe Herd, W (2022) A letter from Whitney Wolfe Herd, Bumble founder and CEO, https://bumble.com/the-buzz/a-letter-from-whitney-wolfe-herd-founder-and-ceo (archived at perma.cc/6YCE-ECYX)

7   Planet Bee Foundation (2022) The bee in popular culture: Bumble, www.planetbee.org/planet-bee-blog//the-bee-in-popular-culture-bumble (archived at perma.cc/JV4V-TXKQ)

8   Gayles, C (2014) Tinder dating app hit with sexual harassment lawsuit, *CNN*, 1 July, https://money.cnn.com/2014/07/01/technology/social/tinder-sexist-lawsuit/index.html (archived at perma.cc/438A-7WUF)

9   O'Brien, SA (2019) She sued Tinder, founded Bumble and now, at 30, is the CEO of a $3 billion dating empire, *CNN*, 13 December, https://edition.cnn.com/2019/12/13/tech/whitney-wolfe-herd-bumble-risk-takers/index.html (archived at perma.cc/D8E2-GBMR)

10 O'Connor, C (2017) Billion-dollar Bumble: How Whitney Wolfe Herd built America's fastest-growing dating app, *Forbes*, 14 November, https://www.forbes.com/sites/clareoconnor/2017/11/14/billion-dollar-bumble-how-whitney-wolfe-herd-built-americas-fastest-growing-dating-app/?sh=2e1b1c97248b (archived at perma.cc/7WF9-4WGK)

11 O'Connor, C (2017) Billion-dollar Bumble: How Whitney Wolfe Herd built America's fastest-growing dating app, *Forbes*, 14 November, https://www.forbes.com/sites/clareoconnor/2017/11/14/billion-dollar-bumble-how-whitney-wolfe-herd-built-americas-fastest-growing-dating-app/?sh=2e1b1c97248b (archived at perma.cc/7WF9-4WGK)

12 Curry, D (2022) Bumble revenue and usage statistics, *Business of Apps*, 6 September, www.businessofapps.com/data/bumble-statistics (archived at perma.cc/KR9M-U463)

13 Tepper, F (2017) Match Group tried to acquire Bumble for $450 million, *TechCrunch*, 23 August, https://techcrunch.com/2017/08/23/match-group-tried-to-acquire-bumble-for-450-million (archived at perma.cc/7RVV-ZRQC)

14 O'Brien, SA (2018) Bumble to expand to India with the help of actress Priyanka Chopra, *CNN Business*, 4 October, https://edition.cnn.com/2018/10/03/tech/bumble-india-priyanka-chopra/index.html (archived at perma.cc/3BMH-2FUR)

15 O'Brien, SA (2019) She sued Tinder, founded Bumble and now, at 30, is the CEO of a $3 billion dating empire, *CNN*, 13 December, https://edition.cnn.com/2019/12/13/tech/whitney-wolfe-herd-bumble-risk-takers/index.html (archived at perma.cc/D8E2-GBMR)

16 Au-Yeung, A (2019) Sex, drugs, misogyny and sleaze at the HQ of Bumble's owner, *Forbes*, 8 July, www.forbes.com/sites/angelauyeung/2019/07/08/exclusive-investigation-sex-drugs-misogyny-and-sleaze-at-the-hq-of-bumbles-owner/?sh=62f154606308 (archived at perma.cc/F4KK-9TFZ)

17 Matney, L (2019) Bumble chief responds to reports of misconduct at parent company, *TechCrunch*, 9 July, https://techcrunch.com/2019/07/09/bumble-chief-responds-to-reports-of-misconduct-at-parent-company-badoo (archived at perma.cc/9TU9-HCRC)

18 Laporte, N (2020) Bumble hits 100 million users – and has new plans to take over the dating world, *Fast Company*, 15 July, www.fastcompany.com/90527896/bumble-hits-100-million-users-and-has-new-plans-to-take-over-the-dating-world (archived at perma.cc/CT8U-MQCL)

19 Bursztynsky, J (2021) Bumble stock closes up 63% after soaring in market debut, *CNBC*, 11 February, www.cnbc.com/2021/02/11/bumble-ipo-bmbl-starts-trading-on-nasdaq. html (archived at perma.cc/3KUF-4H3V)

20 Forbes (2022) Whitney Wolfe Herd, www.forbes.com/profile/whitney-wolfe-herd/?sh=5577283e3147 (archived at perma.cc/97XJ-3LHS)

21 Mulkerrins, J (2021) Whitney Wolfe Herd: How Bumble made her the world's youngest female self-made billionaire, *The Times*, 24 April, www.thetimes.co.uk/article/whitney-wolfe-herd-how-bumble-made-her-the-worlds-youngest-female-self-made-billionaire-5vvrzfkx9 (archived at perma.cc/PQE8-KUCN)

22 CNN Business (2018) Men swipe right but women make the first move (Online video) https://edition.cnn.com/2018/10/03/tech/bumble-india-priyanka-chopra/index.html (archived at perma.cc/3BMH-2FUR)

23 Mulkerrins, J (2021) Whitney Wolfe Herd: How Bumble made her the world's youngest female self-made billionaire, *The Times*, 24 April, www.thetimes.co.uk/article/whitney-wolfe-herd-how-bumble-made-her-the-worlds-youngest-female-self-made-billionaire-5vvrzfkx9 (archived at perma.cc/PQE8-KUCN)

24 Forbes (2022) Bumble CEO Whitney Wolfe Herd describes how life has changed since company went public, 14 December, www.forbes.com/sites/premium-video/2022/12/14/bumble-ceo-whitney-wolfe-herd-describes-how-life-has-changed-since-company-went-public/?sh=469f8b0e2848 (archived at perma.cc/LW49-SLTM)

25 Miller, H (2022) Whitney Wolfe Herd: Standing out in a saturated market, Leaders.com, 10 March, https://leaders.com/articles/leadership/whitney-wolfe-herd (archived at perma. cc/FL5X-P7NS)

26 Mulkerrins, J (2021) Whitney Wolfe Herd: How Bumble made her the world's youngest female self-made billionaire, *The Times*, 24 April, www.thetimes.co.uk/article/whitney-wolfe-herd-how-bumble-made-her-the-worlds-youngest-female-self-made-billionaire-5vvrzfkx9 (archived at perma.cc/PQE8-KUCN)

27 Forbes (2022) Bumble CEO Whitney Wolfe Herd describes how life has changed since company went public (Online video) 14 December, www.forbes.com/sites/premium-video/2022/12/14/bumble-ceo-whitney-wolfe-herd-describes-how-life-has-changed-since-company-went-public/?sh=469f8b0e2848 (archived at perma.cc/LW49-SLTM)

28 CNN Business (2018) Men swipe right but women make the first move (Online video) https://edition.cnn.com/2018/10/03/tech/bumble-india-priyanka-chopra/index.html (archived at perma.cc/3BMH-2FUR)

29 Ian (2022) Bumble founder: Guide to PR and marketing, *Pressfarm*, 31 October, https://press.farm/bumble-founder-whitney-wolfe-herd-guide-to-pr-and-marketing (archived at perma.cc/7SJ2-VT4E)

30 Miller, H (2022) Whitney Wolfe Herd: Standing out in a saturated market, Leaders.com, 10 March, https://leaders.com/articles/leadership/whitney-wolfe-herd (archived at perma.cc/FL5X-P7NS)

31 Mulkerrins, J (2021) Whitney Wolfe Herd: How Bumble made her the world's youngest female self-made billionaire, *The Times*, 24 April, www.thetimes.co.uk/article/whitney-wolfe-herd-how-bumble-made-her-the-worlds-youngest-female-self-made-billionaire-5vvrzfkx9 (archived at perma.cc/PQE8-KUCN)

32 Forbes (2022) Bumble CEO Whitney Wolfe Herd describes how life has changed since company went public (Online video) 14 December, www.forbes.com/sites/premium-video/2022/12/14/bumble-ceo-whitney-wolfe-herd-describes-how-life-has-changed-since-company-went-public/?sh=469f8b0e2848 (archived at perma.cc/LW49-SLTM)

16장 메타 플랫폼스 마크 저커버그

1 Pozin, I (2018) One piece of advice from Mark Zuckerberg that will determine your success (or failure) in 2018, *Inc.*, 19 February, www.inc.com/ilya-pozin/one-piece-of-advice-from-mark-zuckerberg-that-will-determine-your-success-or-failure-in-2018.html (archived at perma.cc/9QPK-7VUR)

2 Statista (2022) Number of monthly active Facebook users worldwide as of 3rd quarter 2022, www.statista.com/statistics/264810/number-of-monthly-active-facebook-users-worldwide (archived at perma.cc/V25J-TB5K)

3 Kaplan, C (2003) Facemash creator survives ad board, *The Harvard Crimson*, 19 November, www.thecrimson.com/article/2003/11/19/facemash-creator-survives-ad-board-the (archived at perma.cc/BAD7-UQ8V)

4 Carlson, N (2012) How Mark Zuckerberg booted his co-founder out of the company, *Business Insider*, 15 May, https://www.businessinsider.com/how-mark-zuckerberg-booted-his-co-founder-out-of-the-company-2012-5?r=US&IR=T (archived at perma.cc/5WFP-3NP9)

5 Carlson, N (2012) How Mark Zuckerberg booted his co-founder out of the company, *Business Insider*, 15 May, https://www.businessinsider.com/how-mark-zuckerberg-booted-his-co-founder-out-of-the-company-2012-5?r=US&IR=T (archived at perma.cc/5WFP-3NP9)

6 Gaudin, S (2009) Facebook, ConnectU reportedly reach $65 million settlement, *Computerworld*, 11 February, www.computerworld.com/article/2530833/facebook--connectu-reportedly-reach--65-million-settlement.html (archived at perma.cc/ZFB4-RJBP)

7 Lawson, S (2007) ConnectU suit against Facebook continues, *Computerworld*, 26 July, www.computerworld.com/article/2542696/connectu-suit-against-facebook-continues.html (archived at perma.cc/UP8R-GL6G)

8   Batty, D and Johnston, C (2014) Social Network 'made up stuff that was hurtful' says Mark Zuckerberg, *The Guardian*, 8 November, https://www.theguardian.com/technology/2014/nov/08/mark-zuckerberg-social-network-made-stuff-up-hurtful (archived at perma.cc/45NC-TNBK)

9   Grossman, L (2010) Person of the Year 2010 Mark Zuckerberg, *Time*, 15 December, https://content.time.com/time/specials/packages/article/0,28804,2036683_2037183_2037185-1,00.html (archived at perma.cc/5EK6-N6PR)

10 Hall, M (2002) Facebook, *Britannica*, 18 October, www.britannica.com/topic/Facebook (archived at perma.cc/A6ZU-SRGQ)

11 History.com (2023) Facebook raises $16 billion in largest tech IPO in U.S. history, www.history.com/this-day-in-history/facebook-raises-16-billion-in-largest-tech-ipo-in-u-s-history (archived at perma.cc/QMT5-DBEF)

12 Smith, A, Segall, L and Cowley, S (2012) Facebook reaches one billion users, https://money.cnn.com/2012/10/04/technology/facebook-billion-users (archived at perma.cc/35DM-LEJ4)

13 BBC (2012) Facebook buys Instagram photo sharing network for $1bn, 10 April, www.bbc.co.uk/news/technology-17658264 (archived at perma.cc/VEB2-ZDGW)

14 Ghaffary, S (2022) The Facebookification of Instagram, Vox, 27 July, https://www.vox.com/recode/23274761/facebook-instagram-land-the-giants-mark-zuckerberg-kevin-systrom-ashley-yuki (archived at perma.cc/XS8H-5YSD)

15 Warzel, C and Mac, R (2018) These confidential charts show why Facebook bought WhatsApp, www.buzzfeednews.com/article/charliewarzel/why-facebook-bought-whatsapp (archived at perma.cc/9BGA-ADFL)

16 Reuters (2022) U.S. sets high bar to settle Facebook antitrust suit – FTC chair, 9 June, https://www.reuters.com/technology/us-sets-high-bar-settle-facebook-antitrust-suit-ftc-chair-2022-06-09 (archived at perma.cc/F6MZ-LJQT)

17 Zuckerberg, M (2021) Founder's Letter 2021, Meta, 28 October, https://about.fb.com/news/2021/10/founders-letter (archived at perma.cc/5BRQ-X3S4)

18 Barinka, A (2022) Meta plummets 25%; Zuckerberg plea for 'patience' falls flat, *Yahoo!Finance*, 27 October, https://uk.finance.yahoo.com/news/zuckerberg-asks-patience-meta-costs-011642485.html (archived at perma.cc/T7ZY-SSGA)

19 Reuters (2022) Meta to cut more than 11,000 jobs in one of the biggest layoffs this year, 9 November, www.reuters.com/technology/meta-cut-more-than-11000-jobs-one-biggest-us-layoffs-this-year-2022-11-09 (archived at perma.cc/2QAU-WLLM)

20 Meta (2022) Mark Zuckerberg's message to Meta employees, 9 November, https://about.fb.com/news/2022/11/mark-zuckerberg-layoff-message-to-employees (archived at perma.cc/Z3HH-TW5D)

21 Bloomberg Billionaires Index (2022) Mark Zuckerberg, 6 November, https://www.bloomberg.com/billionaires/profiles/mark-e-zuckerberg/?leadSource=uverify%20wall (archived at perma.cc/3XHN-X29J)

22 Meisenzahl, M and Canales, K (2021) The 16 biggest scandals Mark Zuckerberg faced over the last decade as he became one of the world's most powerful people, *Business Insider*, 3 November, www.businessinsider.com/mark-zuckerberg-scandals-last-decade-while-running-facebook-2019-12?r=US&IR=T (archived at perma.cc/DAP3-2VRC)

23 Zialcita, P (2019) Facebook pays $643,000 fine for role in Cambridge Analytica scandal, *NPR*, 30 October, https://www.npr.org/2019/10/30/774749376/facebook-pays-643-000-fine-for-role-in-cambridge-analytica-scandal (archived at perma.cc/B3ZX-G9RD)

24 Warofka, A (2018) An independent assessment of the human rights impact of Facebook in Myanmar, *Meta*, 5 November, https://about.fb.com/news/2018/11/myanmar-hria (archived at perma.cc/L9DV-9T54)

25 Akhtar, A (2021) Sheryl Sandberg says the US Capitol siege was not primarily organized on Facebook, but acknowledges Facebook moderation not perfect, *Business Insider*, 12 January, https://www.npr.org/2021/10/22/1048543513/facebook-groups-jan-6-insurrection (archived at perma.cc/SX73-5LFB)

26 Zuckerberg, M (2012) Founder's Letter, 2012, Facebook, www.facebook.com/notes/2611 29471966151/?paipv=0&eav=Afb2qo_aLaz6kOgPIZHORhSs7i5HyxM2MmYjyecC1GwpL A3qW7v61VGWPiPjPfWql08 (archived at perma.cc/3K3R-RSJX)

27 Pozin, I (2018) One piece of advice from Mark Zuckerberg that will determine your success (or failure) in 2018, *Inc.*, 19 February, www.inc.com/ilya-pozin/one-piece-of-advice-from-mark-zuckerberg-that-will-determine-your-success-or-failure-in-2018.html (archived at perma.cc/9QPK-7VUR)

28 Southern, M (2022) Mark Zuckerberg announces Meta's new company values, *Search Engine Journal*, 15 February, www.searchenginejournal.com/mark-zuckerberg-announces-metas-new-company-values/438298/#close (archived at perma.cc/V52R-DRFN)

29 Grossman, L (2014) Inside Facebook's plan to wire the world, *Time*, 15 December, https://time.com/facebook-world-plan (archived at perma.cc/54SQ-2Q7Q)

30 BBC (2015) Facebook's Mark Zuckerberg to give away 99% of shares, 2 December, www.bbc.co.uk/news/world-us-canada-34978249 (archived at perma.cc/A6DL-8UV3)

31 Wilson, R (2021) Know why Mark Zuckerberg wears same grey t-shirt every day, *Marketing Mind*, 31 March, www.marketingmind.in/know-why-mark-zuckerberg-wears-same-grey-t-shirt-every-day (archived at perma.cc/FZU8-CKGS)

18장 투굿투고 메테 뤼케

1 Charles, K (2021) Food production emissions make up more than a third of global total,

New Scientist, 13 September, www.newscientist.com/article/2290068-food-production-emissions-make-up-more-than-a-third-of-global-total (archived at perma.cc/D8L3-5JV8)

2   World Wildlife Fund (2021) Over 1 billion tonnes more food being wasted than previously estimated, contributing 10% of all greenhouse gas emissions, 21 July, https://wwf.panda.org/wwf_news/?3211466/Over-1-billion-tonnes-more-food-being-wasted-than-previously-estimated-contributing-10-of-all-greenhouse-gas-emissions (archived at perma.cc/YK8B-9A6Q)

3   World Food Programme (2011) A 7 billionth child – 1 in 7 chance of being hungry, 31 October, www.wfp.org/videos/7-billionth-child-1-7-chance-being-hungry (archived at perma.cc/UH9K-LGYE)

4   Food Nation (2023) Food loss and waste is also a $1.2 trillion USD business opportunity, https://foodnationdenmark.com/news/food-loss-and-waste-is-also-a-1-2-trillion-usd-business-opportunity (archived at perma.cc/PRM9-MRDS)

19장 이지 솔라 은타비셍 모시아

1   Spencer Jones, J (2021) Democratic Republic of Congo – an off-grid solar opportunity, *Smart Energy International*, 6 May, www.smart-energy.com/renewable-energy/democratic-republic-of-congo-an-off-grid-solar-opportunity (archived at perma.cc/RZE9-LCLK)

20장 팜크라우디 아킨델레 필립스

1   Adeite, A (2022) Uncommon facts about smallholder farmers in Nigeria, *Babban Gona*, https://babbangona.com/uncommon-facts-about-smallholder-farmers-in-nigeria (archived at perma.cc/8NRU-9ESY)

21장 딜리전트 로보틱스 안드레아 토마즈

1   AI is the simulation of processes that normally require human intelligence, such as speaking and making decisions, while machine learning is the development of computer systems that can learn and adapt without following explicit instructions.

누구든 앞선 생각을 할 수 있다.
단 1%만 앞서도 놀라운 결과가
당신 앞에 펼쳐질 것이다.

옮긴이 **신용우**

성균관대학교 대학원에서 번역을 전공했으며, 현재 출판번역에이전시 글로하나에서 영어 번역가로 활동하고 있다. 주로 경제경영, 인문 분야를 중심으로 영미서를 번역 및 검토하고 있으며, 역서로《인생이 바뀌는 시간관리의 비밀》《소크라테스 성공법칙》《낭만적인 유럽 거리를 수놓다》《기네스 세계기록 2022》《실은 나도 과학이 알고 싶었어》《우리는 실패하지 않았다》《우아하게 랍스터를 먹는 법》등이 있다. 영화〈블레이드 러너〉, 다큐멘터리〈나의 시, 나의 도시〉〈데이비드 보위〉등을 포함해 해외 드라마와 영화도 70편 이상 번역했다. 개봉작으로는〈랜드 오브 마인〉이 있다.

생각의 속도가 부의 크기를 바꾼다

1판 1쇄 인쇄 2024년 11월 13일
1판 1쇄 발행 2024년 11월 27일

지은이 샐리 퍼시
발행인 김태웅
기획편집 이미순, 박지혜, 이슬기   **디자인** 호우인
마케팅 총괄 김철영   **마케팅** 서재욱, 오승수
온라인 마케팅 하유진   **인터넷 관리** 김상규
제작 현대순   **총무** 윤선미, 안서현, 지이슬
관리 김훈희, 이국희, 김승훈, 최국호

발행처 ㈜동양북스
등록 제2014-000055호
주소 서울시 마포구 동교로22길 14(04030)
구입 문의 (02)337-1737 **팩스** (02)334-6624
내용 문의 (02)337-1763 **이메일** dymg98@naver.com

ISBN 979-11-7210-071-1 03320